IT kompakt

Die Bücher der Reihe „IT kompakt" zu wichtigen Konzepten und Technologien der IT:

- ermöglichen einen raschen Einstieg,
- bieten einen fundierten Überblick,
- eignen sich für Selbststudium und Lehre,
- sind praxisorientiert, aktuell und immer ihren Preis wert.

Christian Baun

Computernetze kompakt

Eine praxisorientierte
Einführung für Studium
und Beruf

6. Auflage

 Springer Vieweg

Christian Baun
Fachbereich 2: Informatik
und Ingenieurwissenschaften
Frankfurt University of Applied
Sciences
Frankfurt, Hessen, Deutschland

ISSN 2195-3651   ISSN 2195-366X   (electronic)
IT kompakt
ISBN 978-3-662-65362-3   ISBN 978-3-662-65363-0   (eBook)
https://doi.org/10.1007/978-3-662-65363-0

Die Deutsche Nationalbibliothek verzeichnet diese Publikation in der Deutschen
Nationalbibliografie; detaillierte bibliografische Daten sind im Internet über http://
dnb.d-nb.de abrufbar.

Planung: David Imgrund
Springer Vieweg ist ein Imprint der eingetragenen Gesellschaft Springer-Verlag
GmbH, DE und ist ein Teil von Springer Nature.
Die Anschrift der Gesellschaft ist: Heidelberger Platz 3, 14197 Berlin, Germany

Vorwort zur 6. Auflage

Diese Auflage enthält einige neue Themen.

Umfangreiche Erweiterungen haben in Kap. 5 stattgefunden. So wurde der Abschnitt zum Thema Twisted-Pair-Kabel stark ausgebaut. Hier sind Informationen zu Massivkabeln, Litzenkabeln und zum Drahtdurchmesser sowie zahlreiche informative Abbildungen neu hinzugekommen. Der Abschnitt zum Thema Power over Ethernet wurde um zusätzliche Informationen zu Midspan und Endspan erweitert. Zudem wurde der Abschnitt zum Thema WLAN um die neuen Standards 802.11ac und 802.11be erweitert und insgesamt ausgebaut.

In Kap. 7 wurden unter anderem die Beschreibungen zur Arbeitsweise der netzübergreifenden Kommunikation erweitert.

Bei den Anwendungsprotokollen in Kap. 9 sind ausführlichere Beschreibungen der Arbeitsweise von HTTP/2 und erstmals eine Beschreibung von HTTP/3 und QUIC hinzugekommen.

Neu in das Buch aufgenommen wurden in Kap. 11 eine Beschreibung des Kommandozeilenwerkzeugs termshark zur Überwachung und Analyse des Datenverkehrs und einige hilfreiche Aufrufbeispiele.

An dieser Stelle möchte ich meinem Lektor David Imgrund für seine Unterstützung danken. Zudem danke ich meinen Kollegen Martin Kappes, Peter Ebinger, Oliver Hahm und Henry-Norbert Cocos von der Frankfurt UAS für die hilfreichen Verbesserungsvorschläge. Meiner Frau Katrin Baun danke ich

für das Korrekturlesen und die viele Motivation   und Unterstützung.

Frankfurt am Main   Prof. Dr. Christian Baun
April 2022

Vorwort zur 5. Auflage

Diese Auflage enthält neben Korrekturen und sprachlichen Verbesserungen auch zahlreiche aktualisierte Inhalte.

Abschn. 5.1.1 wurde um neue Ethernet-Standards (2.5GBASE-T, 5GBASE-T und 40GBASE-T) erweitert. Umfangreich überarbeitet wurde in Abschn. 5.2.2 und Tab. 5.7 die Beschreibung der Kategorien von Twisted-Pair-Kabeln.

Die Beschreibung des Phänomens der Mehrwegeausbreitung in Abschn. 5.1.3 ist dank der neuen Abb. 5.1 nun verständlicher. Die Darstellungen der Kollisionsdomänen in den Abb. 5.28, 6.15 und 7.2 wurden verbessert. Das Beispiel zu TCP in Abschn. 8.4.2 wurde dahingehend überarbeitet, dass Datenübertragung in beide Richtungen stattfindet. Die Adressen der Root-Server in Tab. 9.1 wurden aktualisiert.

An dieser Stelle möchte ich Katrin Baun für das Korrekturlesen und meiner Lektorin Sybille Thelen für ihre Unterstützung danken.

Frankfurt am Main   Prof. Dr. Christian Baun
August 2019

Vorwort zur 4. Auflage

Diese Auflage enthält außer neuen Inhalten auch zahlreiche didaktische Verbesserungen. Die Beschreibung
der komplementären Signale bei Twisted-Pair-Kabeln in
Abschn. 5.2.2 ist nun anschaulicher. Die Auswirkungen von
Kreisen auf der Sicherungsschicht werden in Abschn. 6.1.2
anhand eines Beispiels demonstriert. Abschn. 6.4 beschreibt
nun ausführlicher, wie die einzelnen Rahmen von Ethernet und
WLAN abgegrenzt sind. Umfangreich überarbeitet wurde in
Abschn. 6.8.2 die Beschreibung der verschiedenen Medienzugriffsverfahren von WLAN. Abschn. 8.4.2 beschreibt die
Verbindungszustände des Transportprotokolls TCP noch
anschaulicher.

Neu hinzugekommen sind Abschn. 6.7 zur Fehlerkorrektur
und Abschn. 6.9 zur Flusskontrolle in der Sicherungsschicht.
Weitere neue Abschnitte sind Abschn. 7.2 (IPv6), Abschn. 7.7
(NAT) und Abschn. 9.4 (HTTP/2).

Ein Aspekt der Computernetze, der aus Platzgründen auch
in dieser Auflage quasi ignoriert wird, ist der Themenkomplex
Netzwerksicherheit. Als Literatur zu diesem Thema empfehle
ich das Standardwerk von Martin Kappes [8].

Wie bei den vorherigen Auflagen auch, wird die Errata-Liste
zu dieser Auflage auf meiner Webseite[1] veröffentlicht, sobald
Verbesserungen vorliegen.

---

[1] http://www.christianbaun.de

An dieser Stelle möchte ich Marcus Legendre und ganz besonders Katrin Baun für das Korrekturlesen danken.

Frankfurt am Main   Prof. Dr. Christian Baun
Februar 2018

Vorwort zur 3. Auflage

Erneut erscheint nach wenig mehr als einem Jahr eine neue Auflage. Diese enthält im Vergleich zur 2. Auflage zahlreiche Korrekturen. Verbessert wurden unter anderem die Abbildungen zu Broadcast-Domänen und Kollisionsdomänen und die Unterscheidung zwischen Router und Layer-3-Switch.

Neu hinzugekommen ist Kap. 11, das eine Übersicht über wichtige Kommandozeilenwerkzeuge zur Netzwerkkonfiguration und Analyse von Netzwerkproblemen enthält. Der Aufbau des Kapitels orientiert sich an den Schichten im hybriden Referenzmodell und damit auch am Aufbau dieses Buches.

An dieser Stelle möchte ich Kristian Kraljic, Tobias Kurze, Michael Stapelberg, Torsten Wiens und ganz besonders Katrin Baun für das Korrekturlesen des neuen Kapitels danken.

Frankfurt am Main   Prof. Dr. Christian Baun
Februar 2015

Vorwort zur 2. Auflage

Aufgrund der positiven Rückmeldungen und Verbesserungsvorschläge haben ich nach nur knapp einem Jahr seit Erscheinen der 1. Auflage einige Teile des Buches überarbeitet und erweitert.

Neu hinzugekommen ist Abschn. 3.10, der eine Beschreibung der Themen Bandbreite und Latenz und des damit verbundenen Bandbreite-Verzögerung-Produkts enthält.

Umfangreich erweitert wurde das Thema Rahmen bei WLAN in Abschn. 6.4. Neu hinzugekommen ist ebenfalls Abschn. 6.5, der die Maximum Transmission Unit (MTU) beschreibt.

Die sehr knappe Beschreibung der verschiedenen Routing-Protokolle ist einer detaillierteren Betrachtung der beiden Routing-Protokolle RIP und OSPF in den Abschn. 7.4 und 7.5 gewichen. Neu hinzugekommen ist eine ausführliche Beschreibung des *Internet-working*, also der Kommunikation über verschiedene physische Netze in Abschn. 7.6.

Die Beschreibung des Transportprotokolls TCP in Abschn. 8.4 wurde unter anderem um die Themen Flusskontrolle und Überlastkontrolle erweitert.

Überarbeitet wurden auch die Abschn. 9.1 und 9.5, in denen die Anwendungsprotokolle DNS und DHCP beschrieben sind.

Komplett neu hinzugekommen ist Kap. 10, das eine Einführung in die Netzwerkvirtualisierung enthält.

Frankfurt am Main   Prof. Dr. Christian Baun
September 2013

Vorwort zur 1. Auflage

Computernetze sind ein dauerhaft aktuelles Thema der Informatik. Waren in der Vergangenheit die kabelgebundene Vernetzung von PCs und Workstations sowie das globale Internet dominierende Themen, sind es heute zunehmend mobile Systeme und Funknetze.

Dieses kompakte Werk über das breite Thema Computernetze wurde mit dem Ziel geschrieben, dem Leser einen Überblick über die wichtigsten Vernetzungstechnologien, Netzwerkgeräte, Protokolle und Übertragungsmedien zu verschaffen und so das Verständnis dafür zu wecken, wie Computernetze funktionieren.

Für das Korrekturlesen danke ich Maximilian Hoecker, Kristian Kraljic, Michael Stapelberg und Torsten Wiens.

An dieser Stelle möchte ich ganz besonders meiner Familie danken, die mich auch bei diesem Werk so viel unterstützt hat.

Mannheim   Prof. Dr. Christian Baun
Juli 2012

Inhaltsverzeichnis

Einleitung

1

Dieses Buch will einen Überblick über Computernetze und deren Komponenten schaffen, ohne dabei den Anspruch auf Vollständigkeit zu erheben. Das Ziel ist es, den Leserinnen und Lesern ein grundlegendes Wissen über die Funktionsweise moderner Computernetze und deren Komponenten zu vermitteln. Technische Vorkenntnisse sind dabei nicht erforderlich.

In den Kap. 2 und 3 findet eine Einführung in die Grundlagen der Informationstechnik (IT) und der Computervernetzung statt. Dies ist nötig, um die Thematik Computernetze und den Inhalt dieses Buchs verstehen zu können.

Kap. 4 beschäftigt sich mit den Grundlagen von Protokollen und deren Einordnung in etablierte Referenzmodelle. Das Kapitel beschreibt auch den Ablauf der Kommunikation und den Weg der Nutzdaten durch die einzelnen Protokollschichten.

In den Kap. 5 bis 9 werden die einzelnen Protokollschichten von der untersten Schicht, der Bitübertragungsschicht, bis zur obersten Schicht, der Anwendungsschicht, behandelt.

In Kap. 10 findet eine Einführung in die Varianten der Netzwerkvirtualisierung statt.

© Springer-Verlag GmbH Deutschland, ein Teil von Springer Nature 2022
C. Baun, *Computernetze kompakt*, IT kompakt,
https://doi.org/10.1007/978-3-662-65363-0_1

Kap. 11 enthält eine Übersicht über wichtige Kommandozeilenwerkzeuge zur Netzwerkkonfiguration und Analyse von Netzwerkproblemen.

Grundlagen der Informationstechnik

2

Um die Funktionsweise der Computernetze zu verstehen, ist ein grundlegendes Verständnis der Informationstechnik (IT) nötig. Bei diesen Grundlagen handelt es sich um die Möglichkeiten der Informationsdarstellung und Repräsentation von Zahlen, Größenordnungen und die Art und Weise, wie Informationen (speziell Texte) in Rechnern dargestellt werden.

2.1 Bit

Ein *Bit* ist die kleinstmögliche Einheit der Information und jede Information ist an einen Informationsträger gebunden [5]. Ein Informationsträger, der sich in genau einem von zwei Zuständen befinden kann, kann die Datenmenge 1 Bit darstellen. Den Wert eines oder mehrerer Bits nennt man *Zustand*. Ein Bit kann zwei Zustände darstellen. Verschiedene Sachverhalte können die Datenmenge 1 Bit darstellen. Beispiele sind:

- Die Stellung eines Schalters mit zwei Zuständen
- Der Schaltzustand eines Transistors
- Das Vorhandensein einer elektrischen Spannung oder Ladung
- Das Vorhandensein einer Magnetisierung
- Der Wert einer Variable mit den logischen Wahrheitswerten.

Benötigt man zur Speicherung einer Information mehr als zwei Zustände, sind Folgen von Bits *(Bitfolgen)* nötig. Mit n Bits kann man 2^n verschiedene Zustände darstellen (siehe Tab. 2.1). Also

© Springer-Verlag GmbH Deutschland, ein Teil von Springer Nature 2022
C. Baun, *Computernetze kompakt*, IT kompakt,
https://doi.org/10.1007/978-3-662-65363-0_2

Tab. 2.1 Die Anzahl der darstellbaren Zustände verdoppelt sich mit jedem zusätzlichen Bit

Bits	Zustände	Bits	Zustände	Bits	Zustände
1	$2^1 = 2$	9	$2^9 = 512$	17	$2^{17} = 131.072$
2	$2^2 = 4$	10	$2^{10} = 1024$	18	$2^{18} = 262.144$
3	$2^3 = 8$	11	$2^{11} = 2048$	19	$2^{19} = 524.288$
4	$2^4 = 16$	12	$2^{12} = 4096$	20	$2^{20} = 1.048.576$
5	$2^5 = 32$	13	$2^{13} = 8192$	21	$2^{21} = 2.097.152$
6	$2^6 = 64$	14	$2^{14} = 16.384$	22	$2^{22} = 4.194.304$
7	$2^7 = 128$	15	$2^{15} = 32.768$	23	$2^{23} = 8.388.608$
8	$2^8 = 256$	16	$2^{16} = 65.536$	24	$2^{24} = 16.777.216$

kann man mit 2 Bits $2^2 = 4$ verschiedene Zustände repräsentieren, nämlich `00`, `01`, `10` und `11`. Mit 3 Bits kann man schon $2^3 = 8$ verschiedene Zustände (`000`, `001`, `010`, `011`, `100`, `101`, `110` und `111`) repräsentieren. Jedes zusätzliche Bit verdoppelt die Anzahl der möglichen darstellbaren Zustände (Bitfolgen) [5].

2.2   Repräsentation von Zahlen

Zahlen kann man auf unterschiedliche Arten darstellen. Eine Aufgabe der IT ist es, Zahlen aus der *realen Welt* im Computer abzubilden. Wichtig ist dabei die Unterscheidung zwischen *Wert* und *Darstellung*.

In der Mathematik unterscheidet man Zahlen als Elemente verschiedener Wertemengen (natürliche Zahlen, ganze Zahlen, reelle Zahlen, komplexe Zahlen, usw.). Den Wert einer Zahl nennt man auch *abstrakte Zahl* und der Wert ist unabhängig von der Darstellung (zum Beispiel $0,5 = 1/2$).

Operationen eines Rechners werden aber nicht auf Werten, sondern auf Bitfolgen ausgeführt. Darum ist für die IT besonders die Darstellung der Zahlen interessant. Die Darstellung wird vom verwendeten Stellenwertsystem (Positionssystem) bestimmt. Die für die IT wichtigen Stellenwertsysteme sind das Dezimalsystem, das Dualsystem, das Oktalsystem und das Hexadezimalsystem.

2.2.1   Dezimalsystem

Das Dezimalsystem verwendet als Basis die Zahl 10. Jede Ziffer D an der Stelle i hat den Wert $D \times 10^i$. Ein Beispiel ist:

$$2013 = 2 \times 10^3 + 0 \times 10^2 + 1 \times 10^1 + 3 \times 10^0$$

Computer-Systeme unterscheiden prinzipiell zwischen zwei elektrischen Zuständen. Darum ist aus Sicht der IT als Basis die Zahl 2 und damit das Dualsystem optimal geeignet.

2.2.2   Dualsystem

Das Dualsystem verwendet als Basis die Zahl 2. Zahlen werden nur mit den Ziffern der Werte Null und Eins dargestellt. Zahldarstellungen im Dualsystem heißen Dualzahlen oder Binärzahlen. Alle positiven natürlichen Zahlen inklusive der Null können durch Folgen von Symbolen aus der Menge {0, 1} repräsentiert werden. Das niederwertigste Bit (x_0) heißt *Least Significant Bit* (LSB) und das höchstwertigste Bit (x_{n-1}) ist das *Most Significant Bit* (MSB), wobei n der Anzahl der Bits entspricht.

Da lange Reihen von Nullen und Einsen für Menschen schnell unübersichtlich werden, verwendet man zur Darstellung von Bitfolgen häufig das Oktalsystem oder das Hexadezimalsystem.

Die Umrechnung der Stellenwertsysteme ist einfach möglich. Zur Verdeutlichung ist das Stellenwertsystem der jeweiligen Zahl in den folgenden Beispielen tiefgestellt beigefügt.le positiven natürliche.

Tab. 2.2 Die Dezimalzahl 164_{10} in die Dualzahl 10100100_2 umwandeln

k	Quotient k DIV 2	Rest k MODULO 2
164	82	$0 = x_0$
82	41	$0 = x_1$
41	20	$1 = x_2$
20	10	$0 = x_3$
10	5	$0 = x_4$
5	2	$1 = x_5$
2	1	$0 = x_6$
1	0	$1 = x_7$

Bei der Umwandlung von Dualzahlen in Dezimalzahlen werden die Ziffern mit ihren Stellenwertigkeiten ausmultipliziert und die Ergebnisse addiert.

$$10100100_2 = 2^7 + 2^5 + 2^2 = 164_{10}$$

Die Umwandlung von Dezimalzahlen in Dualzahlen ist unter anderem mit Hilfe des Restwertalgorithmus (siehe Tab. 2.2) möglich. Dabei wird die Dezimalzahl durch die Basis 2 dividiert und das Ergebnis und der Rest (Wert Null oder Eins) werden notiert. Das Ergebnis der Division wird in der nächsten Runde (Zeile der Tabelle) erneut durch die Basis dividiert und erneut werden das Ergebnis und der Rest notiert. Der Algorithmus wird so lange weitergeführt, bis das Ergebnis der Division Null ist.

2.2.3 Oktalsystem

Das Oktalsystem verwendet als Basis die Zahl 8 und kann Gruppen von 3 Bits mit einem Zeichen darstellen.

Bei der Umwandlung von Dualzahlen in Oktalzahlen wird die Bitkette vom niederwertigsten Bit beginnend in Dreiergruppen unterteilt. Jede Dreiergruppe entspricht einer Stelle der Oktalzahl.

$$164_{10} = 10|100|100_2 = 244_8$$

Die Umwandlung von Oktalzahlen in Dualzahlen erfolgt analog. Eine Stelle im Oktalsystem entspricht drei Stellen im Dualsystem.

2.2.4 Hexadezimalsystem

Das Hexadezimalsystem verwendet als Basis die Zahl 16. Die Darstellung positiver natürlicher Zahlen erfolgt mit den 16 Ziffern und Buchstaben aus der Menge $\{0, 1, \ldots 8, 9, A, B, C, D, E, F\}$. Ein Zeichen kann eine Gruppe von 4 Bits (Tetrade, Halbbyte oder Nibble) darstellen.

Bei der Umwandlung von Dualzahlen in Hexadezimalzahlen wird die Bitkette vom niederwertigsten Bit beginnend in Tetraden unterteilt. Jede Tetrade entspricht einer Stelle der Hexadezimalzahl.

$$164_{10} = 1010|0100_2 = A4_{16}$$

Die Umwandlung von Hexadezimalzahlen in Dualzahlen geschieht analog. Eine Stelle im Hexadezimalsystem entspricht vier Stellen im Dualsystem.

Tab. 2.3 enthält eine Übersicht der verschiedenen Darstellungen der ersten 16 positiven natürlichen Zahlen im Dezimalsystem, Dualsystem, Oktalsystem und Hexadezimalsystem.

Tab. 2.3 Verschiedene Darstellungen positiver natürlicher Zahlen

Dezimale Darstellung	Binäre Darstellung	Oktale Darstellung	Hexadezimale Darstellung
00	0000	00	0
01	0001	01	1
02	0010	02	2
03	0011	03	3
04	0100	04	4
05	0101	05	5
06	0110	06	6
07	0111	07	7
08	1000	10	8
09	1001	11	9
10	1010	12	A
11	1011	13	B
12	1100	14	C
13	1101	15	D
14	1110	16	E
15	1111	17	F

2.3   Datei- und Speichergrößen

Rechner lesen und schreiben aus Geschwindigkeitsgründen meist nicht einzelne Bits, sondern arbeiten mit Bitfolgen, deren Längen Vielfache von Acht sind. Eine Gruppe von 8 Bits nennt man *Byte*. Den Wert eines Bytes kann man entweder durch 8 Bits oder zwei Hexadezimalziffern darstellen.

Eine Datei ist eine beliebig lange Folge von Bytes und enthält inhaltlich zusammengehörende Daten. Alle Informationen (Zahlen, Texte, Musik, Programme, usw.), mit denen ein Rechner arbeiten soll, müssen als Folge von Bytes repräsentiert werden können und als Datei gespeichert werden [5].

Da sich die Größenordnungen der meisten Dateien im Bereich mehrerer Tausend oder Millionen Bytes befinden, gibt es verschiedene Größeneinheiten zur verkürzten Zahlendarstellung. Für Datenspeicher mit binärer Adressierung ergeben sich Speicherkapazitäten von 2^n Byte, also Zweierpotenzen (siehe Tab. 2.4).

Die Maßeinheiten in Tab. 2.4 haben sich für die Größenangabe von Hauptspeicher und Speichermedien in Betriebssystemen eingebürgert. Die Hersteller von Festplatten, CD/DVDs und USB-Speichermedien bevorzugen zur Berechnung der Kapazität und zur Angabe auf der Verpackung aber lieber Dezimal-Präfixe, also zum Beispiel den Faktor 10^9 anstatt 2^{30} für GB und 10^{12} anstatt 2^{40} für TB. Aus diesem Grund wird zum Beispiel bei einem DVD-Rohling mit einer angegebenen Kapazität von 4,7 GB in vielen Anwendungen korrekterweise nur die Kapazität 4,38 GB angezeigt.

$$10^9 = 1.000.000.000\,, \quad 2^{30} = 1.073.741.824$$

Der Kapazitätsunterschied zwischen Zweierpotenz und Zehnerpotenz ist in diesem Fall ca. 7,37 %.

Bei größeren Speichern ist der Unterschied noch größer. So können von einer Festplatte mit angeblich 1 TB Speicherkapazität tatsächlich nur etwa 930 GB verwendet werden.

$$10^{12} = 1.000.000.000.000\,, \quad 2^{40} = 1.099.511.627.776$$

Tab. 2.4 Datei- und Speichergrößen

Name	Symbol	Bytes
Kilobyte	kB	$2^{10} = 1024$
Megabyte	MB	$2^{20} = 1.048.576$
Gigabyte	GB	$2^{30} = 1.073.741.824$
Terabyte	TB	$2^{40} = 1.099.511.627.776$
Petabyte	PB	$2^{50} = 1.125.899.906.842.624$
Exabyte	EB	$2^{60} = 1.152.921.504.606.846.976$
Zettabyte	ZB	$2^{70} = 1.180.591.620.717.411.303.424$
Yottabyte	YB	$2^{80} = 1.208.925.819.614.629.174.706.176$

Der Kapazitätsunterschied zwischen Zweierpotenz und Zehnerpotenz ist in diesem Fall schon ca. 9,95 % und mit jeder weiteren
Maßeinheit (PB, EB, ZB, usw.) wächst der Kapazitätsunterschied
zwischen Zweierpotenzen und Zehnerpotenzen weiter.

Die International Electrotechnical Commission (IEC) schlug
1996 vor, die populären Größenfaktoren, die auf den Zweierpotenzen basieren, mit einem kleinen „i" zu kennzeichnen und die etablierten Bezeichnungen der Maßeinheiten für die Zehnerpotenzen
zu reservieren. Dieser Vorschlag konnte sich bislang nicht durchsetzen und die daraus resultierenden alternativen Bezeichnungen
Kibibyte (KiB), Mebibyte (MiB), Gibibyte (GiB), Tebibyte (TiB),
Pebibyte (PiB), Exbibyte (EiB) und Zebibyte (ZiB) sind außerhalb
des akademischen Bereichs nicht besonders populär.

2.4   Informationsdarstellung

Daten sind Folgen von Nullen und Einsen, die beliebige Informationen repräsentieren. Um Texte und Zahlen durch Daten darzustellen, kodiert man die Zeichen des Alphabets (Groß- und
Kleinschreibung), Satzzeichen wie Punkt, Komma und Semiko-
lon, sowie einige Spezialzeichen wie zum Beispiel +, %, & und $
in Bitfolgen. Zudem sind Sonderzeichen wie Leerzeichen (SP),
Wagenrücklauf (CR) und Tabulator (TAB) nötig. Die am besten etablierte Kodierung ist der *American Standard Code for Information
Interchange (ASCII)*.

2.4.1   ASCII-Kodierung

Die ASCII-Kodierung, häufig auch US-ASCII genannt, ist eine
7-Bit-Zeichenkodierung. Das heißt, dass jedem Zeichen eine Bitfolge aus 7 Bits zugeordnet ist. Es existieren also $2^7 = 128$ verschiedene Bitfolgen und exakt so viele Zeichen definiert die Zei-
chenkodierung (siehe Tab. 2.5). Von den 128 Zeichen sind 95 Zei-

Tab. 2.5 Tabelle der ASCII-Zeichenkodierung (US-ASCII)

Dez	Hex	Zeichen	Dez	Hex	Zeichen	Dez	Hex	Zeichen	Dez	Hex	Zeichen
000	00	NUL	032	20	Space	064	40	@	096	60	`
001	01	SOH	033	21	!	065	41	A	097	61	a
002	02	STX	034	22	"	066	42	B	098	62	b
003	03	ETX	035	23	#	067	43	C	099	63	c
004	04	EOT	036	24	$	068	44	D	100	64	d
005	05	ENQ	037	25	%	069	45	E	101	65	e
006	06	ACK	038	26	&	070	46	F	102	66	f
007	07	BEL	039	27	'	071	47	G	103	67	g
008	08	BS	040	28	(	072	48	H	104	68	h
009	09	TAB	041	29	)	073	49	I	105	69	i
010	0A	LF	042	2A	*	074	4A	J	106	6A	j
011	0B	VT	043	2B	+	075	4B	K	107	6B	k
012	0C	FF	044	2C	,	076	4C	L	108	6C	l
013	0D	CR	045	2D	-	077	4D	M	109	6D	m
014	0E	SO	046	2E	.	078	4E	N	110	6E	n
015	0F	SI	047	2F	/	079	4F	O	111	6F	o
016	10	DLE	048	30	0	080	50	P	112	70	p
017	11	DC1	049	31	1	081	51	Q	113	71	q
018	12	DC2	050	32	2	082	52	R	114	72	r
019	13	DC3	051	33	3	083	53	S	115	73	s
020	14	DC4	052	34	4	084	54	T	116	74	t
021	15	NAK	053	35	5	085	55	U	117	75	u
022	16	SYN	054	36	6	086	56	V	118	76	v
023	17	ETB	055	37	7	087	57	W	119	77	w
024	18	CAN	056	38	8	088	58	X	120	78	x
025	19	EM	057	39	9	089	59	Y	121	79	y
026	1A	SUB	058	3A	:	090	5A	Z	122	7A	z
027	1B	ESC	059	3B	;	091	5B	[	123	7B	{
028	1C	FS	060	3C	<	092	5C	\	124	7C		
029	1D	GS	061	3D	=	093	5D	]	125	7D	}
030	1E	RS	062	3E	>	094	5E	^	126	7E	~
031	1F	US	063	3F	?	095	5F	_	127	7F	DEL

chen druckbar und 33 Zeichen nicht druckbar. Die druckbaren Zeichen sind (beginnend mit dem Leerzeichen):

```
 !"#$%&'()*+,-./0123456789:;<=>?
@ABCDEFGHIJKLMNOPQRSTUVWXYZ[\]^_
`abcdefghijklmnopqrstuvwxyz{|}~
```

Die nicht druckbaren Zeichen 00_{16} bis 20_{16} und $7F_{16}$, zum Beispiel Backspace (BS) und Carriage Return (CR), sind Steuerzeichen, die ursprünglich zur Steuerung eines Fernschreibers verwendet wurden. ASCII ist also nicht nur ein Standard zur Datenablage,
sondern auch zur Datenübertragung geeignet. Den Anfang und das
Ende einer Datenübertragung markiert man mit Start of Text (STX)
bzw. End of Text (ETX). Die Steuerung der Übertragung ist mit
nicht druckbaren Zeichen wie Acknowledge (ACK) und negative
Acknowledge (NAK) möglich. Mit Bell (BEL) kann ein Sender,
zum Beispiel bei einem Fehler, ein Alarmsignal an den Empfänger senden.

Das 8. Bit kann als Paritätsbit zur Fehlererkennung verwendet
werden. In diesem Fall hat es den Wert 0, wenn die Anzahl der Einsen an den übrigen sieben Bitpositionen gerade ist und ansonsten
den Wert 1.

Durch verbesserte Protokolle zur Datenübertragung benötigt
man das 8. Bit bei der Datenübertragung von ASCII-kodierten Texten nicht mehr zur Fehlererkennung. Darum wurde, um zusätzliche
Zeichen kodieren zu können, US-ASCII mit zahlreichen Erweiterungen zu einer 8-Bit-Zeichenkodierung erweitert. Wird jedem
Zeichen eine Bitfolge aus 8 Bits zugeordnet, sind $2^8 = 256$ verschiedene Bitfolgen verfügbar. Es sind also 128 Zeichen mehr
verfügbar, als bei US-ASCII. Da diese 128 zusätzlichen Zeichen
nicht ausreichen, um alle international benötigten Sonderzeichen
zu kodieren, existieren verschiedene ASCII-Erweiterungen für die
verschiedenen Sprachen und Regionen.

Die Erweiterungen sind mit dem ursprünglichen US-ASCII
kompatibel. Alle im US-ASCII definierten Zeichen werden in
den verschiedenen Erweiterungen durch die gleichen Bitfolgen
kodiert. Die ersten 128 Zeichen einer ASCII-Erweiterung sind
also mit der ursprünglichen ASCII-Tabelle identisch. Die Erweiterungen wie zum Beispiel ISO Latin 9 (ISO 8859-15) enthalten
sprachspezifische Zeichen (zum Beispiel Umlaute) und Sonderzeichen (zum Beispiel das Euro-Symbol €), die nicht im lateinischen
Grundalphabet enthalten sind.

Ein Nachteil der ASCII-Erweiterungen ist, dass nicht in allen Betriebssystemen alle Erweiterungen verfügbar sind. Wenn zwei Kommunikationspartner nicht die identische Erweiterung verwenden, werden unter anderem die Sonderzeichen im Text falsch angezeigt.

2.4.2 Unicode

Um die Probleme durch unterschiedliche Zeichenkodierungen in Zukunft zu vermeiden, wurde die Mehrbyte-Kodierung Unicode (ISO 10646) entwickelt. Diese wird laufend erweitert und soll in Zukunft alle bekannten Schriftzeichen enthalten.

Es existieren verschiedene Unicode-Standards. Am populärsten ist UTF-8. Die ersten 128 Zeichen werden mit einem Byte codiert und sind mit US-ASCII identisch. Die Kodierungen aller anderen Zeichen verwenden zwischen 2 und 6 Bytes. Aktuell enthält UTF-8 über 100.000 Zeichen.

Bei UTF-8 entspricht jedes mit 0 beginnende Byte einem 7-Bit US-ASCII-Zeichen. Jedes mit 1 beginnende Byte gehört zu einem aus mehreren Bytes kodierten Zeichen. Besteht ein mit UTF-8 kodiertes Zeichen aus $n \geq 2$ Bytes, beginnt das erste Byte mit n Einsen und jedes der $n-1$ folgenden Bytes mit der Bitfolge 10 (siehe Tab. 2.6).

2.4.3 Darstellung von Zeichenketten

Um einen fortlaufenden Text zu kodieren, werden die einzelnen Zeichen zu einer Zeichenkette *(String)* aneinandergefügt. Der Text „Netzwerke kompakt." wird zur nachstehenden Zeichenfolge.

```
N, e, t, z, w, e, r, k, e,
 , k, o, m, p, a, k, t, .
```

Tab. 2.6 Mehrbyte-Zeichenkodierung mit UTF-8

Codelänge	Bits für die Zeichenkodierung	Format
1 Byte	7 Bits	`0xxxxxxx`
2 Bytes	11 Bits	`110xxxxx` `10xxxxxx`

3 Bytes	16 Bits	`1110xxxx`
		`10xxxxxx`
		`10xxxxxx`

4 Bytes	21 Bits	`11110xxx`
		`10xxxxxx`
		`10xxxxxx`
		`10xxxxxx`

5 Bytes	26 Bits	`111110xx`
		`10xxxxxx`
		`10xxxxxx`
		`10xxxxxx`
		`10xxxxxx`

6 Bytes	31 Bits	`1111110x`
		`10xxxxxx`
		`10xxxxxx`
		`10xxxxxx`
		`10xxxxxx`
		`10xxxxxx`

Alle Zeichen (auch das Leerzeichen) werden durch die dezimalen Zeichennummern der ASCII-Tabelle ersetzt.

```
078 101 116 122 119 101 114 107 101
032 107 111 109 112 097 107 116 046
```

Alternativ kann man die hexadezimalen Zeichennummern der ASCII-Tabelle angeben.

```
4E 65 74 7A 77 65 72 6B 65
20 6B 6F 6D 70 61 6B 74 2E
```

Konvertiert man die Zeichennummern in Dualzahlen, erhält man die Repräsentation als Bitfolge.

```
01001110 01100101 01110100 01111010
01110111 01100101 01110010 01101011
01100101 00100000 01101011 01101111
01101101 01110000 01100001 01101011
01110100 00101110
```

Grundlagen der Computervernetzung

3

Dieses Kapitel behandelt grundlegende Begriffe der Computervernetzung. Dazu gehört die Einteilung der Netze anhand ihrer räumlichen Ausdehnung und Topologien sowie Aspekte der Datenübertragung und die verschiedenen Netzwerkgeräte.

3.1 Entwicklung der Computernetze

Betrachtet man die Generationen von Computersystemen, deren zeitliche Grenzen unschärfer sind, als es Tab. 3.1 vermuten lässt, wird deutlich, warum es erst in den 1960er und 1970er Jahren erste Entwicklungen im Bereich Computernetze gab. Die Rechner der ersten Generation waren leistungsschwach und wurden nicht für universelle Zwecke, sondern nur für spezielle Aufgaben wie zum Beispiel Flugbahnberechnungen verwendet.

Das erste dezentrale Computernetz war das Advanced Research Projects Agency Network (Arpanet), das in den 1960er Jahren entwickelt wurde und bis Dezember 1969 vier amerikanische Hoch-

© Springer-Verlag GmbH Deutschland, ein Teil von Springer Nature 2022
C. Baun, *Computernetze kompakt*, IT kompakt,
https://doi.org/10.1007/978-3-662-65363-0_3

Tab. 3.1 Generationen von Computersystemen

	Zeitraum	Technologischer Fortschritt
0	bis 1940	(Elektro-)mechanische Rechenmaschinen
1	1940–1955	Elektronenröhren, Relais, Steckfelder
2	1955–1965	Transistoren, Stapelverarbeitung
3	1965–1980	Integrierte Schaltungen, Dialogbetrieb
4	1980–2000	Hochintegrierte Schaltungen, PCs/Workstations
5	2000 bis ?	Verteilte Systeme, *Das Netz ist der Computer*

schulen verband. Der Fokus des Arpanet war Robustheit[1] gegenüber dem Ausfall einzelner Knoten. Dieses Ziel wurde durch die
dezentrale Struktur und Paketvermittlung erreicht. In den folgenden Jahren schlossen sich zahlreiche amerikanische Universitäten
und Forschungsinstitute dem Arpanet an. Im Rahmen des Arpanet
wurden auch zahlreiche Anwendungsprotokolle wie Telnet und
FTP entwickelt.

Ab den 1970er Jahren wurden Netzwerke verfügbar, um Termi-
nals mit Großrechnern über serielle Leitungen zu verbinden und
so Dialogbetrieb[2] zu ermöglichen. Ein Beispiel ist die ab 1974
verfügbare Systems Network Architecture (SNA) von IBM. Ab
1975 war auch DECnet verfügbar, das die Vernetzung von zwei
direktverbundenen PDP-11-Rechnern und ab 1976 von bis zu 32

---

[1] Dass die Angst vor den Folgen eines Atomkriegs der Grund für den Aufbau des Arpanet sei, ist eine gerne erzählte Geschichte. Dabei handelt es
sich aber um einen unbewiesenen Mythos. Das Ziel des Arpanet war der
Aufbau eines robusten Computernetzes, um die damals knappen Rechenka-
pazitäten der verbundenen Hochschulen besser nutzbar zu machen. Besonders die Unzulänglichkeiten der Telefonleitungen, die als Übertragungsmedium dienten (Lösung: Paketvermittlung) und der Wunsch nach Skalierbarkeit
(Lösung: dezentrale Struktur) haben die Entwicklung beeinflusst.
[2] Beim Dialogbetrieb *(Time Sharing)* arbeiten mehrere Benutzer über Dia-
logstationen *(Teminals)* an einem Computer gleichzeitig und konkurrierend,
indem sie sich die verfügbare Rechenzeit des Hauptprozessors teilen. Die Ver-
teilung der Rechenzeit geschieht mit Zeitscheiben *(Time Slices)*.

Rechnern ermöglichte. Handelte es sich bei diesen frühen Computernetzen um proprietäre Technologien, basierten spätere Netzwerke überwiegend auf offenen Standards und Protokollen.

Das Aufkommen von Personal Computern (PCs) und Workstations in den 1980er und 1990er Jahren sowie die Verfügbarkeit preisgünstiger Netzwerktechnologien wie Ethernet und Token Ring führten zur zunehmenden Vernetzung in Hochschulen und Unternehmen.

Das Arpanet wurde in den 1980er Jahren durch den Wechsel hin zu den Protokollen TCP/IP ein Teil des Internet und schließlich Ende der 1980er Jahre abgeschaltet.

Ab Mitte der 1990er Jahre führten preisgünstige Internetverbindungen und mobile Systeme wie Notebooks, Tablet-Computer und Mobiltelefone auch dazu, dass sich Computernetze im privaten Umfeld etablieren konnten. Steigende Rechenleistung und Speicherkapazität sowie leistungsfähige und preisgünstige Vernetzungstechnologien wie WLAN, LTE (4G) und 5G machen Computernetze auch in Zukunft zu einem aktuellen Thema.

3.2   Komponenten von Computernetzen

Für den Aufbau und Betrieb eines Computernetzes sind mindestens zwei Endgeräte mit *Netzwerkdiensten,* ein *Übertragungsmedium* zum Datenaustausch und *Netzwerkprotokolle* nötig.

Die Rechner in einem Computernetz sollen miteinander kommunizieren oder gemeinsam Ressourcen nutzen. Ein Netzwerkdienst stellt einen Dienst (Service) zur Kommunikation oder gemeinsamen Ressourcennutzung bereit.

Gängige Übertragungsmedien für leitungsgebundene Netze sind elektrische Leiter (Twisted-Pair-Kabel oder Koaxialkabel) und Lichtwellenleiter. Zudem ist auch nicht-leitungsgebundene (drahtlose) Übertragung möglich.

Netzwerkprotokolle sind Regeln, die festlegen, wie die Netzwerkgeräte miteinander kommunizieren können. Diese Regeln sind zwingend nötig, denn ansonsten können sich die Kommu-

nikationspartner nicht verstehen. Zur Verdeutlichung kann man
sich einen Telefonanruf ins Ausland vorstellen, bei der die Verbindung zustande kommt, aber kein Teilnehmer die Sprache des anderen versteht. Nur wenn beide Kommunikationspartner die gleiche
Sprache sprechen, kommt eine Kommunikation zustande [12].

3.3   Räumliche Ausdehnung von Computernetzen

Abhängig von der räumlichen Ausdehnung unterscheidet man verschiedene Gruppen von Computernetzen.

Netze aus mobilen Kleingeräten wie Mobiltelefonen heißen
Personal Area Network (PAN). Diese können kabelgebunden (zum
Beispiel via USB oder FireWire) sein oder Funknetze (zum Beispiel via WLAN, Bluetooth oder IrDA). Die Reichweite beträgt
nur wenige Meter.

Ein lokales Netz – *Local Area Network* (LAN) – erstreckt sich
über eine Wohnung, ein Gebäude, ein Firmengelände oder einen
Campus. Kabelgebundene LANs basieren heute meist auf Varianten des Ethernet-Standards (IEEE 802.3). Bis in die 1990er Jahre
war auch Token Ring (IEEE 802.5) populär. Lokale Funknetze
heißen Wireless LAN (WLAN) und basieren in der Regel auf
Standards der Normenfamilie IEEE 802.11. Je nach verwendetem
Übertragungsmedium beträgt die maximale Ausdehnung 500 bis
1000 m. Speziell bei Funknetzen spielen die räumlichen Gegebenheiten und Sendeleistung im Bezug auf die maximale Ausdehnung
eine große Rolle.

Ein *Metropolitan Area Network* (MAN) verbindet LANs. Als
Übertragungsmedium werden wegen der geringen Dämpfung und
hohen Datentransferrate meist Lichtwellenleiter verwendet. Für
Funknetze existiert in der Normenfamilie IEEE 802.16 der Standard Wireless Metropolitan Area Networks (WiMAX). MANs
erstrecken sich über ein Ballungsgebiet oder eine Großstadt und
haben eine Ausdehnung bis zu 100 km.

Netze, die große geografische Bereiche innerhalb einer Nation oder eines Kontinents abdecken und MANs verbinden, heißen *Wide Area Network* (WAN). Sie basierten in der Vergangenheit zumeist auf dem Standard Asynchronous Transfer Mode (ATM). Aktuelle Installationen verwenden häufig Ethernet mit einer Datendurchsatzrate von 10 Gbit/s. Die Ausdehnung von WANs ist bis zu 1000 km.

Über unbegrenzte geografische Entfernungen erstreckt sich ein *Global Area Network* (GAN), das WANs verbindet. Das Internet ist ein Beispiel für ein GAN, aber nicht jedes GAN ist das Internet. Die Vernetzung weltweit verteilter Niederlassungen eines Unternehmens ist ein Beispiel für ein GAN. Zur Datenübertragung werden Satelliten oder Lichtwellenleiter eingesetzt.

3.4   Datenübertragung

Die Kommunikation zwischen Rechnern ist mit serieller und paralleler sowie synchroner und asynchroner Datenübertragung möglich. Zudem unterscheidet man abhängig von der Richtungsabhängigkeit der Übertragung Simplex, Duplex und Halbduplex.

3.4.1   Serielle und parallele Übertragung

Bei *serieller Datenübertragung* werden die Bits auf einer einzelnen Datenleitung nacheinander übertragen. Der Transfer eines Bytes dauert acht mal so lange wie bei paralleler Datenübertragung. Anwendungsbeispiele sind lokale Bus-Systeme und Verbindungen in Computernetzen [20].

Neben den Steuerleitungen sind bei *paralleler Datenübertragung* mehrere Datenleitungen zur Übertragung der Datenbits vorhanden. Ein Beispiel ist die parallele Schnittstelle zum Anschluss von Druckern, die in den vergangenen Jahren von der seriellen USB-Schnittstelle verdrängt wurde. Über die parallele Schnittstelle können pro Zeiteinheit so viele Bits übertragen werden wie

Datenleitungen vorhanden sind. Gibt es acht Datenleitungen, kann ein vollständiges Byte Daten übertragen werden.

Ein weiteres Beispiel ist Parallel ATA (PATA). Diese parallele Schnittstelle zum Anschluss von Speicherlaufwerken wie Festplatten und CD/DVD-Laufwerken kann pro Zeiteinheit zwei vollständige Bytes Daten übertragen. Auch PATA wurde in den vergangenen Jahren von einem seriellen Nachfolger, nämlich Serial ATA (SATA), abgelöst.

Parallele Datenübertragung ermöglicht einen höheren Datendurchsatz, benötigt aber dafür eine größere Anzahl an Leitungen. Das macht die Überbrückung großer Distanzen kostspieliger. Serielle Datenübertragung ist auch für große Distanzen geeignet.

3.4.2 Synchrone und asynchrone Übertragung

Um Daten aus einem Bitstrom auszulesen, muss dieser über ein *Zeitfenster* abgetastet werden. Dieses Zeitfenster wird über eine *Taktquelle* gewonnen. Bei *synchroner Datenübertragung* synchronisieren die Kommunikationspartner die Übertragung zeitlich mit einem Taktsignal. Dieses kann über eine eigene Leitung gesendet werden oder es wird vom Empfänger aus dem Datensignal zurückgewonnen. Dieser Vorgang heißt *Taktrückgewinnung*. Durch die Taktrückgewinnung müssen die Daten nicht regelmäßig neu synchronisiert werden. Die Realisierung der Taktrückgewinnung ist aber aufwändig.

Bei *asynchroner Datenübertragung* verwenden die Kommunikationspartner unabhängige Taktquellen. Werden Daten übertragen, wird vor die Daten ein Startbit gesetzt. Dieses signalisiert dem Empfänger, dass er seine Taktquelle starten soll. Am Ende der Daten folgt ein Stopbit, das die Datenübertragung beendet. Es ist keine Synchronisation der Taktquellen nötig. Weil aber die Taktquellen voneinander abweichen können, ist die maximale Größe der am Stück übertragbaren Daten eingeschränkt. Zudem stellen Startbit und Stopbit einen Overhead[3] dar.

Bei Computernetzen gibt der Sender den Takt vor und liefert ihn mit dem Datenstrom. Es findet also immer synchrone Datenübertragung statt. Man unterscheidet aber dennoch synchrone und asynchrone Computernetze. Bei synchronen Computernetzen bleibt die Verbindung zwischen den Kommunikationspartnern bestehen und damit ist die Verbindung dauerhaft synchronisiert. Bei asynchronen Computernetzen besteht zwischen den Phasen des Datentransfers keine Verbindung. Die Kommunikationspartner müssen sich beim Verbindungsaufbau somit immer wieder neu synchronisieren.

3.4.3   Richtungsabhängigkeit der Übertragung

Die Richtungsabhängigkeit der Datenübertragung geben die Begriffe Simplex, Duplex und Halbduplex an. Bei *Simplex* funktioniert der Informationstransfer nur in einer Richtung (unidirektional). Nach dem Ende der Übertragung kann der Kommunikationskanal von einem anderen Sender verwendet werden. Anwendungsbeispiele sind Radio, klassisches Fernsehen ohne Rückkanal und Funkmeldeempfänger (Pager).

Im Gegensatz dazu funktioniert die Übertragung bei *Duplex* (Vollduplex) in beide Richtungen gleichzeitig (bidirektional). Beispiele für Systeme mit Duplex-Übertragung sind Netzwerke mit Twisted-Pair-Kabeln (siehe Abschn. 5.2.2), denn diese bieten separate Leitungen zum Senden und Empfangen.

Bei *Halbduplex* (Wechselbetrieb) funktioniert der Informationstransfer in beide Richtungen (bidirektional), aber nicht gleichzeitig. Beispiel für solche Kommunikationssysteme sind Netzwerke auf Basis von Glasfaser- oder Koaxialkabeln (siehe die Abschn. 5.2.1 und 5.2.3), denn hier gibt es nur eine Leitung für

---

[3] Als Overhead bezeichnet man einen Verwaltungsaufwand oder Zusatzinformation, die nicht Teil der Nutzdaten sind.

Senden und Empfangen. Ein weiteres Beispiel sind Funknetze mit nur einem Kanal.

3.5   Geräte in Computernetzen

Die einfachsten Geräte in Computernetzen sind *Repeater.* Diese vergrößern die Reichweite lokaler Netze, indem sie die elektrischen oder optischen Signale, die im Übertragungsmedien abgeschwächt werden, verstärken und vom Rauschen und Jitter (Genauigkeitsschwankungen im Übertragungstakt) reinigen. Ein Repeater leitet Signale (Bits) zwar weiter, analysiert aber nicht deren Bedeutung oder untersucht deren Korrektheit. Ein Repeater für kabelgebundene Computernetze verfügt lediglich über zwei Schnittstellen *(Ports).*

Hubs sind Multiport-Repeater, denn sie haben die gleiche Funktionalität wie Repeater, bieten aber mehr als zwei Schnittstellen. Ein Hub leitet eintreffende Signale einfach zu allen Ausgangsports weiter. Da Repeater und Hubs die Signale nur weiterleiten und nicht analysieren, haben sie selbst keine Adressen und arbeiten für die übrigen Netzwerkgeräte transparent.

Sollen Signale über weite Strecken transportiert werden, kann ein *Modem* diese auf eine Trägerfrequenz im Hochfrequenzbereich aufmodulieren und ein anderes Modem diese durch demodulieren wieder zurückgewinnen. Beispiele sind (A)DSL- oder Kabelmodems für Breitbandinternetzugänge und Telefon- oder Faxmodems für Schmalbandinternetzugänge.

Den Zusammenschluss verschiedener physischer Netze ermöglichen *Bridges.* Eine Bridge leitet Datenrahmen von einem physischen Netz zum anderen, verfügt aber lediglich über zwei Schnittstellen. Auch Modems und WLAN-Basisstationen (Access Points) gehören zur Gruppe der Bridges.

(Layer-2-)Switche sind Multiport-Bridges. Sie haben die gleiche Funktionalität wie Bridges, verfügen aber über mehr als zwei Schnittstellen. Bridges und Switche filtern die Datenrahmen. Das heißt, dass sie Datenrahmen nur weiterleiten, wenn es sinnvoll

ist. Zudem untersuchen sie die Datenrahmen mit Prüfsummen auf Korrektheit. Da sie nicht aktiv an der Kommunikation teilnehmen, brauchen sie zum Filtern und Weiterleiten selbst keine Adressen.

Große Netzwerkinfrastrukturen bestehen meist aus mehreren kleineren Netzen mit eigenen logischen Adressbereichen. Die Weiterleitung der Datenpakete zwischen logischen Netzen erledigen *Router*. Zudem ermöglichen Router die Verbindung des lokalen Netzes (LAN) mit einem WAN.

Eine ähnliche Funktionalität wie Router haben *Layer-3-Switche*. Diese werden aber nur innerhalb lokaler Netze verwendet, um verschiedene logischen Adressbereiche zu realisieren und sie ermöglichen keine Verbindung mit einem WAN. Eine weitere typische Funktionalität von Layer-3-Switchen ist die Bereitstellung virtueller (logischer) Netzwerke (siehe Abschn. 10.2).

Gateways (Protokollumsetzer) ermöglichen die Kommunikation zwischen Netzen, die auf unterschiedlichen Protokollen basieren und/oder unterschiedliche Adressierung verwenden.

Firewalls basieren auf einer Firewall-Software und schränken anhand festgelegter Firewall-Regeln die Kommunikation zwischen unterschiedlichen Netzen oder von/zu einzelnen Teilnehmern ein. Mögliche Komponenten mit denen die Firwall-Regeln definiert werden sind u. a. die IP-Adressen von Sender und Empfänger, Portnummern und Netzwerkprotokolle. Bei Personal- bzw. Desktop-Firewalls handelt es sich lediglich um eine lokal installierte Software, die einen einzelnen Computer vor unerwünschten Zugriffen aus dem Netzwerk schützt. Bei einer externen Firewall befindet sich die Firewall-Software nicht auf den zu schützenden Systemen selbst, sondern auf einem separaten Netzwerkgerät, welches das zu schützende vom öffentlichen Netz trennt.

Die bereits erwähnten *Endgeräte* können beliebige Geräte sein, die Computernetze zur Kommunikation nutzen. Beispiele sind PCs, Großrechner, Mobiltelefone, Kühlschränke usw. Alle Geräte in Computernetzen werden auch *Knoten (Nodes)* und bei Funknetzen *Stationen* genannt.

Eine Übersicht über die verschiedenen Geräte in Computernetzen und deren Zuordnung zu den Schichten des hybriden Referenzmodells (siehe Abschn. 4.2) enthält Tab. 3.2. Die in der Tabelle angegeben Schichten beziehen sich auf die zwingend nötigen

Tab. 3.2 Geräte in Computernetzen und deren Zuordnung zu den Schichten des hybriden Referenzmodells

Gerät	Schicht(en)
Repeater	1
Multiport-Repeater (Hub)	1
Modem[a]	1–2
Bridge	1–2
Multiport-Bridge (Layer-2-Switch)	1–2
WLAN-Basisstation (Access Point)	1–2
Router	1–3
Layer-3-Switch	1–3
Gateway (Protokollumsetzer)	1–5
Firewall	1–5
Endgerät (Knoten, Node, Station)	1–5

[a] z. B. Telefonmodem, ISDN-Anschlussgerät, (A)DSL-Modem, Kabelmodem, 3G/4G/5G-Modem, etc.

Funktionalitäten der Geräte. Bieten Geräte wie z. B. Kabelmodems auch weitere Funktionalitäten wie zum Beispiel eine Weboberfläche zur Administration oder einen DHCP-, SMTP- oder Telnet-Server, benötigen Sie auch Protokolle der Vermittlungsschicht (Schicht 3), Transportschicht (Schicht 4) und Anwendungsschicht (Schicht 5).

3.6   Topologien von Computernetzen

Die Topologie eines Computernetzes legt fest, wie die Kommunikationspartner miteinander verbunden sind. Die *physische Topologie* beschreibt den Aufbau der Netzverkabelung und die *logische Topologie* den Datenfluss zwischen Endgeräten.

Die physische und logische Topologie eines Computernetzes können sich unterscheiden. Die Struktur großer Netze ist oftmals aus mehreren unterschiedlichen Topologien zusammensetzt. Die Auswahl der Topologie ist entscheidend für die Ausfallsicherheit.

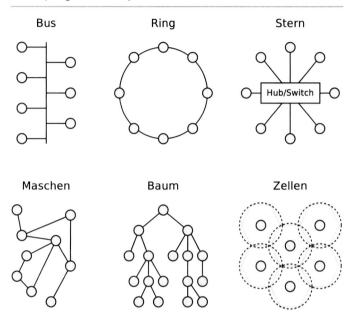

Abb. 3.1 Topologien von Computernetzen

Die Darstellung von Topologien erfolgt grafisch mit Knoten und Kanten (siehe Abb. 3.1).

3.6.1 Bus-Topologie

Alle Knoten sind über ein Übertragungsmedium, den Bus, verbunden. Zwischen den Knoten und dem Medium befinden sich keine aktiven Komponenten. Der Ausfall einzelner Knoten führt darum auch nicht zum Ausfall des Netzes. Die Bus-Topologie war bis in Mitte der 1990er Jahre als Topologie für LANs populär, da zentrale Komponenten wie Hubs oder Switches waren zu dieser Zeit noch kostspielig waren. Der Vorteil dieser Topologie sind die geringen Kosten für den Aufbau.

Nachteilig ist, dass eine Unterbrechung des Bus zum Ausfall des Netzes führt. Es kann auch zu jedem Zeitpunkt nur ein Teilnehmer

Daten senden, da es sonst zu Kollisionen kommt. Ein Medienzugriffsverfahren wie CSMA/CD ist nötig, um den Zugriff auf das Medium zu regeln.

Netzwerktechnologien, die auf dieser Topologie basieren, sind Thin Ethernet (10BASE2) und Thick Ethernet (10BASE5).

Eine modernere Netzwerktechnologie, die auf der Bus-Topologie basiert, ist *PowerLAN,* das auch *Powerline Communication* genannt wird. Dabei wird das Stromnetz als gemeinsames Übertragungsmedium verwendet. Die Netzwerkgeräte arbeiten nach dem Prinzip von Modems. Signale werden auf eine oder mehrere unterschiedliche Trägerfrequenzen im Hochfrequenzbereich aufmoduliert und bei der Zurückgewinnung wieder demoduliert.

3.6.2 Ring-Topologie

Jeweils zwei Knoten sind direkt miteinander verbunden. Die zu übertragende Information wird von Knoten zu Knoten bis zum Bestimmungsort weitergeleitet. Eine Unterbrechung des Rings führt zum Ausfall des Netzes.

Da jeder Teilnehmer gleichzeitig auch ein Signalverstärker (Repeater) ist, sind abhängig vom Übertragungsmedium große Ringlängen von mehreren hundert Metern möglich.

Netzwerktechnologien, die auf dieser Topologie basieren, sind Token Ring und das Fiber Distributed Data Interface (FDDI). Bei FDDI ist der Ring doppelt ausgeführt, um für den Fehlerfall eine redundante Leitung vorzuhalten.

3.6.3 Stern-Topologie

Alle Knoten sind direkt an einer zentralen Komponente (Hub oder Switch) angeschlossen.

Vorteile dieser Topologie sind gute Erweiterbarkeit und Stabilität. Der Ausfall eines Knotens beeinflusst die anderen Knoten nicht und führt nicht zum Ausfall des Netzes. Nachteilig ist der hohe Aufwand für die Verkabelung und die Abhängigkeit von der

zentralen Komponente, da der Ausfall dieser Komponente zum
Ausfall des Netzes führt. Um dieses Risiko abzumildern, kann die
zentrale Komponente redundant ausgelegt werden.

Beispiele für Netzwerktechnologien, die auf der Stern-
Topologie basieren, sind Fast-Ethernet, Fibre Channel, InfiniBand
und Token Ring[4].

3.6.4   Maschen-Topologie

In vermaschten Netzen ist jeder Teilnehmer mit einem oder mehreren anderen Teilnehmern verbunden. Ist das Netz *vollständig
vermascht,* ist jeder Teilnehmer mit jedem anderen verbunden.

Fallen Teilnehmer oder Verbindungen aus, ist die Kommunikation im Regelfall über alternative Routen weiter möglich. Der
Vorteil dieser Topologie ist die (abhängig vom Verkabelungsauf-
wand) hohe Ausfallsicherheit. Nachteilig sind der hohe Verkabe-
lungsaufwand und erhöhte Energieverbrauch. Zudem ist in nicht
vollständig vermaschten Netzen komplex im Zuge der Weiterleitung der Pakte vom Sender zum Empfänger den besten Weg zu
ermitteln.

Computernetze, welche die Maschen-Topologie verwenden,
sind häufig Ad-hoc-(Funk-)Netze. Auch die logische Topologie
zwischen Routern entspricht der Maschen-Topologie.

3.6.5   Baum-Topologie

In einer Baum-Topologie gehen von einer Wurzel eine oder mehrere Kanten aus. Jede Kante führt zu einem Blattknoten oder zu

---

[4] Token Ring ist ein Beispiel dafür, dass sich die physische und die logische Topologie unterscheiden können, denn es basiert auf einer logischen
Ring-Topologie, wird aber aus Gründen der Ausfallsicherheit mit Hilfe eines
Ringleitungsverteilers (RLV), der sogenannten Media Access Unit (MAU),
meist als physische Stern-Topologie verkabelt. Eine MAU ist ein *Ring in der
Box.* Ist ein Knoten nicht angeschlossen oder ausgefallen, überbrückt die MAU
den Knoten und der Ring ist nicht unterbrochen.

Wurzeln weiterer Bäume. Mehrere Netze der Sterntopologie sind in einer Baum-Topologie hierarchisch verbunden.

Der Ausfall eines Endgeräts (Blattknotens) hat keine Konsequenzen für die Funktionalität des Netzes. Zudem ist die Erweiterbarkeit gut und große Entfernungen sind realisierbar. Netze mit dieser Topologie eignen sich gut für Such- und Sortieralgorithmen. Nachteilig ist, dass beim Ausfall eines Knotens oder sogar der Wurzel der davon ausgehende (Unter-)Baum nicht mehr erreichbar ist. Bei einem großen Baum kann die Wurzel zum Engpass werden, da die Kommunikation von der einen Baumhälfte in die andere Hälfte immer über die Wurzel geht.

Beispiel für Computernetze mit der Baum-Topologie sind Verbindungen zwischen Hubs oder Switches via Uplink (siehe Abb. 5.17).

3.6.6 Zellen-Topologie

Diese Topologie kommt bei drahtlosen Netzen zum Einsatz. Eine Zelle ist der Bereich, in dem Endgeräte mit der Basisstation kommunizieren können. Der Ausfall eines Endgeräts hat hat keinen Einfluss auf die Funktionalität des Netzes. Nachteilig ist die begrenzte Reichweite der Basisstationen, abhängig von deren Anzahl und Positionen.

Beispiele für Computernetze mit der Zellen-Topologie sind WLAN und Bluetooth.

3.7 Frequenz und Datensignal

Die Elektrotechnik unterscheidet die Spannungsarten *Gleichspannung,* bei der die Höhe und Polarität der Spannung immer gleich bleibt, und *Wechselspannung,* bei der die sich die Höhe und Polarität periodisch ändern.

Die *Periodendauer* ist die Zeit des periodischen Spannungsverlaufs. Die *Frequenz* ist die Anzahl der Schwingungen pro Sekunde. Je niedriger die Periodendauer ist, desto höher ist die Frequenz.

Frequenzen gibt man in der Einheit Hertz (Hz) an. Ein Hertz bedeutet eine Schwingung pro Sekunde.

$$\text{Frequenz [Hz]} = \frac{1}{\text{Periodendauer [s]}}$$

Die Kommunikation in Computernetzen erfolgt durch den Austausch binärer Daten in Form analoger Signale, die physikalischen Gesetzmäßigkeiten unterliegen. Dazu gehört die *Dämpfung* (Signalabschwächung), welche die Amplitude eines Signals mit zunehmender Wegstrecke auf allen Übertragungsmedien abschwächt. Hat die Amplitude eines Datensignals einen bestimmten Wert unterschritten, kann es nicht mehr eindeutig erkannt werden. Die Dämpfung begrenzt also die maximal überbrückbare Distanz bei allen Übertragungsmedien. Je höher die Frequenz ist, desto höher ist auch die Dämpfung.

3.8   Fourierreihe und Bandbreite

Ein Rechtecksignal – also auch ein Binärsignal – lässt sich mit der *Fourierreihe* als Überlagerung von harmonischen Schwingungen darstellen. Ein Rechtecksignal besteht aus einer *Grundfrequenz* und aus *Oberwellen.* Diese Oberwellen sind ganzzahlige Vielfache der Grundfrequenz und heißen *Harmonische.* Je mehr Harmonische berücksichtigt werden, umso näher kommt man einem Rechtecksignal. Die Fourierreihe gibt Auskunft über die Verformung des Datensignals und die nötige Bandbreite des Übertragungsmediums.

Jede periodische Schwingung lässt sich aus der Summe von Sinusschwingungen mit dem Vielfachen der *Grundfrequenz* zusammensetzen. Um ein Rechtecksignal eindeutig erkennbar zu übertragen, müssen mindestens die Grundfrequenz und die 3. und 5. Oberwelle übertragen werden. Das Übertragungsmedium muss also nicht nur die Grundfrequenz, sondern auch die 3- und 5-fache Frequenz fehlerfrei übertragen. In der Praxis werden die Oberwellen immer stärker gedämpft als die Grundfrequenz. Die *Bandbreite* aus Sicht des Übertragungsmediums ist der Bereich von Frequenzen, der über das Übertragungsmedium ohne Beeinflussung übertragen werden kann [20].

3.9 Bitrate und Baudrate

Die *Bitrate* ist die Anzahl der übertragenen Nutzdaten in Bits pro Zeiteinheit. Typischerweise wird in Bit pro Sekunde (b/s) gemessen.

Die *Baudrate*[5] ist die Anzahl der übertragenen Symbole pro Zeiteinheit. Baud nennt man auch Schrittgeschwindigkeit oder Symbolrate. Ein Baud ist die Geschwindigkeit, wenn ein Symbol pro Sekunde übertragen wird.

Das Verhältnis zwischen Bitrate und Baudrate hängt von der verwendeten Kodierung (siehe Abschn. 5.5) ab.

3.10 Bandbreite und Latenz

Für die Leistungsfähigkeit eines Computernetzes sind dessen *Bandbreite (Durchsatz)* und *Latenz (Verzögerung)* entscheidend.

Die Bandbreite gibt an, wie viele Bits innerhalb eines Zeitraums über das Netzwerk übertragen werden können.

Bei einem Netzwerk mit einer Bandbreite bzw. Durchsatzrate von 1 Mbit/s können eine Millionen Bits pro Sekunde übertragen werden. Ein Bit ist somit eine millionstel Sekunde, also 1 µs *breit*. Verdoppelt sich die Bandbreite, verdoppelt sich die Bits, die pro Sekunde übertragen werden können.

Die Latenz eines Netzwerks ist die Zeit, die nötig ist, bis eine Nachricht (mit einer bestimmten Größe) von einem Ende des Netzwerks zum anderen Ende gelangt ist. Die Latenz ist die Summe

---

[5] Ursprünglich gab die Baudrate die Signalisierungsgeschwindigkeit beim Telegrafen an, also die Anzahl der Morsezeichen pro Sekunde.

aus der *Ausbreitungsverzögerung, Übertragungsverzögerung* und *Wartezeit* [18].

$$\text{Latenz} = \text{Ausbreitungsverzögerung} + \text{Übertragungsverzögerung}$$
$$+ \text{Wartezeit}$$
$$\text{Ausbreitungsverzögerung} = \frac{\text{Entfernung}}{\text{Lichtgeschwindigkeit} * \text{Ausbreitungsfaktor}}$$
$$\text{Übertragungsverzögerung} = \frac{\text{Nachrichtengröße}}{\text{Bandbreite}}$$

Die Lichtgeschwindigkeit ist 299.792.458 m/s und der Ausbreitungsfaktor, der auch Verkürzungsfaktor genannt wird, hängt vom Übertragungsmedium ab. Der Ausbreitungsfaktor ist 1 für Vakuum, 0,6 für Twisted-Pair-Kabel, 0,67 für Glasfaser und 0,77 für Koaxialkabel.

Die Entfernung entspricht der Länge der Netzwerkverbindung, über die die Daten gesendet werden. Wartezeiten ergeben sich durch Netzwerkgeräte (z. B. Switche) auf dem Weg zum Ziel, die empfangene Daten erst zwischenspeichern müssen, bevor sie diese weiterleiten. Besteht die Nachricht nur aus einem einzigen Bit und handelt es sich bei der Netzwerkverbindung zwischen Sender und Empfänger nur um eine einzige Leitung oder einen einzelnen Kanal, sind die Übertragungsverzögerung und die Wartezeit irrelevant. In diesem Fall entspricht die Latenz der Ausbreitungsverzögerung [18].

3.10.1 Bandbreite-Verzögerung-Produkt

Mit dem *Bandbreite-Verzögerung-Produkt*[6] (Bandwidth-Delay Product) ist es möglich, das Volumen einer Netzwerkverbindung zu berechnen.

Signale können sich auf Übertragungsmedien nicht unendlich schnell bewegen. Die Ausbreitungsgeschwindigkeit wird in jedem

---

[6] Es berechnet das Produkt aus der Bandbreite die in Bits pro Sekunde angegeben ist und der Verzögerung, die in Sekunden angeben ist.

Fall von der Lichtgeschwindigkeit begrenzt und hängt vom Übertragungsmedium und dem sich daraus ergebenden Ausbreitungsfaktor (Verkürzungsfaktor) ab. Aus diesem Grund können sich auf
dem Übertragungsmedium Daten befinden, die der Sender bereits
losgeschickt hat, die aber noch nicht beim Empfänger angekommen sind.

Das Produkt aus Bandbreite und Verzögerung entspricht der
maximalen Anzahl Bits, die sich zwischen Sender und Empfänger
in der Leitung befinden können.

Das folgende Rechenbeispiel berechnet das Bandbreite-
Verzögerungs-Produkt für eine Netzwerkverbindung mit
100 Mbit/s Bandbreite bei einer Verzögerung von 10 ms.

$$100.000.000 \, \text{Bits/s} \times 0,01 \, \text{s} = 1.000.000 \, \text{Bits}$$

Es befinden sich also maximal 1.000.000 Bits auf der Netzwerkverbindung, was 125.000 Bytes (ca. 123 kB) entspricht.

Im Zusammenhang mit dem Bandbreite-Verzögerung-Produkt
gibt es unterschiedliche Sichtweisen, was genau unter der Verzögerung zu verstehen ist.

Einige Quellen [18,29] definieren das Bandbreite-Verzögerung-
Produkt als Produkt aus Bandbreite und halber *Round-Trip-Time*
(RTT), die sogenannte *Einweglatenz*. Diese Sichtweise ist besonders im Hinblick auf die Sicherungsschicht und Ethernet pas-
send (siehe Kap. 6), weil dort keine Bestätigungen *(Acknowledgements)* für korrekt empfangene Rahmen zum Sender zurückge-
schickt werden.

Andere Quellen [3,15,19,29] definieren das Bandbreite-
Verzögerung-Produkt als Produkt aus Bandbreite und vollständiger RTT (siehe auch RFC 1072). Diese Sichtweise ist besonders
im Hinblick auf die Transportschicht und dort für das Transportprotokoll TCP sinnvoll, da für jede Übertragung auch zusätzlich
die Bestätigung (ACK) berücksichtigt werden muss. Die RTT kann
mit den Kommandozeilenwerkzeugen ping oder traceroute
(siehe Abschn. 7.8 und Kap. 11) gemessen werden. Typischerweise
ist die RTT eines 1,5 kB großen IP-Pakets in einem Ethernet-LAN
mit Twisted-Pair-Kabeln kleiner als 1 ms. Innerhalb eines WLAN
ist die typische RTT kleiner als 10 ms. Bei netzübergreifender

Kommunikation hängt die RTT von den zu überwindenden Netzwerkabschnitten, deren Netzwerktechnologien und Distanzen ab.

3.11   Zugriffsverfahren

Bei kabelgebundenen Computernetzen wie Thin Ethernet (10BASE2) oder Token Ring sowie bei Funknetzen greifen alle Teilnehmer auf ein gemeinsames Übertragungsmedium zu. Man spricht in diesem Zusammenhang von *Shared Media.*

Über ein *Zugriffsverfahren* muss sichergestellt sein, dass innerhalb eines Zeitraums immer nur ein Teilnehmer Daten sendet, denn nur dann können die Daten fehlerfrei übertragen und Kollisionen vermieden werden. Bei Shared Media unterscheidet man *Deterministische* und *Nicht-deterministische Zugriffsverfahren.*

3.11.1 Deterministisches Zugriffsverfahren

Der Zugriff auf das Übertragungsmedium erfolgt zu einem bestimmten Zeitpunkt in Übereinstimmung mit den anderen Teilnehmern.

Ein Beispiel ist das *Token-Passing-Verfahren* bei Token Ring und FDDI. Das Senderecht wird über ein Token realisiert. Der Teilnehmer, der das Token hat, ist berechtigt, für einen bestimmten Zeitraum Daten zu versenden. Ist ein Teilnehmer mit dem Senden fertig, gibt er das Senderecht weiter. Macht der Teilnehmer von seinem Senderecht keinen Gebrauch, gibt er das Senderecht weiter. Die Sendezeit für jeden Teilnehmer ist nach dem Erhalt des Token beschränkt und jeder Teilnehmer erhält irgendwann das Token. Darum ist das Token-Passing-Verfahren fair, denn kein Teilnehmer wird bei der Weitergabe des Tokens übergangen. Jeder Teilnehmer darf nach einer bestimmten Wartezeit, deren maximale Dauer vorhersehbar ist, Daten senden.

3.11.2 Nicht-deterministisches Zugriffsverfahren

Alle Teilnehmer stehen in Bezug auf den Zugriff auf das Übertragungsmedium in direktem Wettbewerb zueinander. Die Wartezeit des Zugriffs und die Datenmenge, die nach einem bestimmten Zeitpunkt übertragen werden kann, sind nicht vorhersagbar und hängen von der Anzahl der Teilnehmer und der Datenmenge ab, die von den einzelnen Teilnehmern versendet wird.

Ein Beispiel ist Carrier Sense Multiple Access Collision Detection (CSMA/CD) bei Thin Ethernet (10BASE2). Will ein Teilnehmer Daten senden, prüft er vorher, ob das Übertragungsmedium frei ist. Ist es frei, kann der Teilnehmer senden. Wollen zwei oder mehr Teilnehmer zur selben Zeit senden, gehen beide von einem freien Medium aus und es kommt zur Kollision. Durch CSMA/CD werden Kollisionen durch alle Teilnehmer erkannt, worauf die sendenden Teilnehmer das Senden abbrechen. Die Teilnehmer versuchen nach einer Wartezeit, die jeder selbst nach dem Zufallsprinzip ermittelt, erneut zu senden. Das soll die Wahrscheinlichkeit einer erneuten Kollision verringern.

3.12   Kollisionsdomäne (Kollisionsgemeinschaft)

Versuchen mehrere Netzwerkgeräte, die ein gemeinsames Übertragungsmedium nutzen, gleichzeitig zu senden, kommt es zu unerwünschten Kollisionen. Der Bereich, in dem sich Kollisionen ausdehnen können, heißt *Kollisionsdomäne* (Kollisionsgemeinschaft). Eine Kollisionsdomäne ist ein Netzwerk oder ein Teil eines Netzwerks, in dem mehrere Netzwerkgeräte ein gemeinsames Übertragungsmedium nutzen.

Zur Kollisionserkennung verwendet der kabelgebundene Netzwerkstandard Ethernet das Medienzugriffsverfahren CSMA/CD. Bei Funknetzen ist eine garantierte Kollisionserkennung unmöglich. Aus diesem Grund verwendet WLAN zur Kollisionsvermeidung das Medienzugriffsverfahren CSMA/CA.

Protokolle und Protokollschichten

4

Die Kommunikation in Computernetzen basiert auf dem Austausch von Nachrichten. Sollen Teilnehmer miteinander kommunizieren, müssen sie einander verstehen können. Darum werden Absprachen getroffen, die klären, wie die Kommunikation funktioniert. Diese Absprachen heißen Protokolle und sind auf verschiedenen Ebenen (Schichten) anzutreffen. Das beginnt mit den Details der Bitübertragung auf der untersten Ebene bis zu den Details auf hoher Ebene, die festlegen, wie die Informationen dargestellt werden.

Protokolle definieren die *Syntax,* also das Format gültiger Nachrichten, und mit der *Semantik* das Vokabular gültiger Nachrichten und deren Bedeutung.

Wegen der zahlreichen Anforderungen an Computernetze wird die Kommunikation in diesen mit *Schichtenmodellen* unterteilt. Jede *Schicht (Layer)* behandelt einen bestimmten Aspekt der Kommunikation und bietet *Schnittstellen* zur darüberliegenden und darunterliegenden Schicht. Jede Schnittstelle besteht aus einer Menge von *Operationen,* die zusammen einen *Dienst* definieren. In den Schichten werden die Daten gekapselt (siehe *Datenkapselung* in Abschn. 4.3). Weil jede Schicht in sich abgeschlossen ist, können einzelne Protokolle verändert oder ersetzt werden, ohne alle Aspekte der Kommunikation zu beeinflussen. Das ist mög-

© Springer-Verlag GmbH Deutschland, ein Teil von Springer Nature 2022
C. Baun, *Computernetze kompakt*, IT kompakt,
https://doi.org/10.1007/978-3-662-65363-0_4

Abb. 4.1 Jede Schicht fügt der Nachricht weitere Daten hinzu

lich, solange es keine Änderung an der Schnittstelle und dem
Verhalten für die nächsthöhere Schicht gibt. Die drei bekanntes-
ten Schichtenmodelle sind das TCP/IP-Referenzmodell, das OSI-
Referenzmodell und das hybride Referenzmodell.

4.1 TCP/IP-Referenzmodell

Das *TCP/IP-Referenzmodell* wurde ab 1970 vom Department of
Defense (DoD) der USA entwickelt. Es ist auch unter dem Namen
DoD-Schichtenmodell bekannt. Die Aufgaben der Kommunikation wurden in vier aufeinander aufbauende Schichten unterteilt
(siehe Tab. 4.1).

Dieses Referenzmodell wurde im Rahmen des Arpanet entwickelt und gilt als Basis des Internet [16]. Für jede Schicht ist festgelegt, was sie zu leisten hat. Diese Anforderungen müssen Kommu-
nikationsprotokolle realisieren. Die konkrete Umsetzung ist nicht
vorgegeben und kann unterschiedlich sein. Daher existieren für
jede der vier Schichten zahlreiche Protokolle.

Tab. 4.1 Schichten im TCP/IP-Referenzmodell

Schicht	Aufgabe	Protokolle (Beispiele)
4	Anwendung	HTTP, FTP, SMTP, POP3, DNS, SSH, Telnet
3	Transport	TCP, UDP
2	Internet	IP (IPv4, IPv6), ICMP, IPsec, IPX
1	Netzzugang	Ethernet, WLAN, ATM, FDDI, PPP, Token Ring

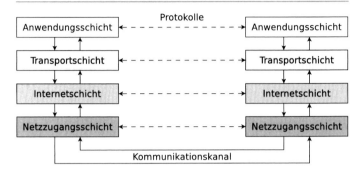

Abb. 4.2 Kommunikation im TCP/IP-Referenzmodell

Jede Schicht fügt einer Nachricht zusätzliche Informationen als *Header* hinzu (siehe Abb. 4.1). Einige Protokolle (zum Beispiel Ethernet) fügen in der Netzgangsschicht nicht nur einen Header, sondern auch einen *Trailer* am Ende der Nachricht an. Header (und Trailer) werden beim Empfänger auf gleicher Schicht ausgewertet (siehe Abb. 4.2).

Das TCP/IP-Referenzmodell wird in der Literatur häufig, so unter anderem bei Andrew S. Tanenbaum [29], als fünfschichtiges Modell dargestellt, da es sinnvoll ist, die *Netzgangsschicht* (englisch: *Network Access Layer* oder *Link Layer*) in zwei Schichten aufzuteilen, weil diese völlig unterschiedliche Aufgabenbereiche haben. Dieses Modell ist eine Erweiterung des TCP/IP-Modells und heißt *hybrides Referenzmodell.*

Die Aufgaben der einzelnen Schichten werden anhand des hybriden Referenzmodells im nächsten Abschnitt diskutiert.

4.2   Hybrides Referenzmodell

Die Namen der obersten beiden Schichten und die Aufgabenbereiche der obersten drei Schichten sind mit den Schichten des TCP/IP-Referenzmodells identisch (siehe Abb. 4.3). Die Internetschicht *(Internet Layer)* beim TCP/IP-Referenzmodell und die Vermitt-

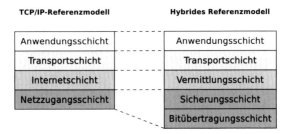

Abb. 4.3 TCP/IP-Referenzmodell und hybrides Referenzmodell

lungsschicht beim hybriden Referenzmodell unterscheiden sich nur im Namen.

4.2.1 Bitübertragungsschicht

Die Bitübertragungsschicht (englisch: *Physical Layer*) beschäftigt sich unter anderem mit den Merkmalen der verschiedenen Übertragungsmedien. Diese Schicht ist für das Übertragen der Einsen und Nullen zuständig. Hier findet der physische Anschluss an das Medium und die Umsetzung der Daten in Signale statt. Protokolle der Bitübertragungsschicht definieren unter anderem, wie viele Bits pro Sekunde gesendet werden können und ob die Übertragung in beide Richtungen gleichzeitig stattfinden kann.

4.2.2 Sicherungsschicht

Treten bei der Übertragung der Bitfolgen Fehler auf – das kommt in der Praxis häufig vor – ist ein Verfahren nötig, um diese Fehler zu erkennen. Das ist einer der Aufgaben der Sicherungsschicht (englisch: *Data Link Layer*). Zudem regeln die Protokolle der Sicherungsschicht den Zugriff auf das Übertragungsmedium (zum Beispiel via CSMA/CD oder CSMA/CA).

Beim Sender verpackt die Sicherungsschicht die Pakete der Vermittlungsschicht in *Rahmen (Frames)* und überträgt sie mit der gewünschten Zuverlässigkeit innerhalb eines physischen Netzes von einem Netzwerkgerät zum anderen. Beim Empfänger erkennt die Sicherungsschicht die Rahmen im Bitstrom der Bitübertragungsschicht. Für die Zustellung der Rahmen auf einem physischen Netzwerk sind physische Adressen (MAC-Adressen) nötig, deren Format die Sicherungsschicht definiert. Zur Fehlererkennung fügen die Protokolle der Sicherungsschicht jedem Rahmen eine Prüfsumme an. So können fehlerhafte Rahmen vom Empfänger erkannt und verworfen werden. Ein erneutes Anfordern verworfener Rahmen sieht die Sicherungsschicht nicht vor.

Auf der Sicherungsschicht können ausschließlich Rahmen zwischen Netzwerkgeräten innerhalb eines physischen Netzes versendet werden. Die Verbindung unterschiedlicher physische Netze geschieht mit Bridges und Switches (Multiport-Bridges).

4.2.3   Vermittlungsschicht

Die Aufgabe der *Vermittlungsschicht* (englisch: *Network Layer*), die im TCP/IP-Referenzmodell *Internetschicht* (englisch: *Internet Layer*) heißt, ist die Weitervermittlung von Daten *(Paketen)* zwischen logischen Netzen über physische Übertragungsabschnitte hinweg. Für dieses *Internetworking* definiert die Vermittlungsschicht logische Adressen (IP-Adressen).

Beim Sender verpackt die Vermittlungsschicht die Segmente der Transportschicht in Pakete. Beim Empfänger erkennt und entpackt die Vermittlungsschicht die Pakete in den Rahmen der Sicherungsschicht.

Router begrenzen logische Subnetze. Das Routing, also das Weiterleiten von Paketen auf dem Weg vom Sender zum Empfänger, ist eine Aufgabe dieser Schicht. Meist wird das verbindungslose Internetprotokoll IP (Internet Protocol) verwendet. Jedes IP-Paket wird unabhängig an sein Ziel vermittelt *(geroutet)* und der Pfad dabei nicht aufgezeichnet. Andere Internetprotokolle wie IPX wurden von IP weitgehend verdrängt.

4.2.4 Transportschicht

Die *Transportschicht* (englisch: *Transport Layer*) ermöglicht den
Transport von *Segmenten* zwischen Prozessen auf unterschiedlichen Geräten über sog. Ende-zu-Ende-Protokolle.

Beim Sender verpackt die Transportschicht die Daten der
Anwendungsschicht in Segmente. Beim Empfänger erkennt die
Transportschicht die Segmente in den Paketen der Vermittlungs-
schicht.

Während die Sicherungsschicht und die Vermittlungsschicht
Netzwerkgeräte physisch und logisch adressieren, werden in dieser Schicht die laufenden Prozesse mit Portnummern adressiert.
Die Transportschicht sorgt also dafür, dass die Daten der Vermittlungsschicht korrekt an die richtigen Anwendungen ausgeliefert
werden. Sie teilt die Daten beim Sender mit Transportprotokollen
in kleinere Teile (Segmente) auf, die das Protokoll der Vermittlungsschicht weiterleiten kann. Die Größe der Segmente entspricht
der maximalen Größe der Nutzdaten eines Pakets in der Vermittlungsschicht.

Transportprotokolle bieten unterschiedliche Kommunikations-
formen. Die *verbindungslose Kommunikation* funktioniert analog zum Briefkasten. Nachrichten werden vom Sender verschickt,
ohne zuvor eine Verbindung aufzubauen. Bei verbindungsloser
Kommunikation gibt es in der Transportschicht keine Kontrolle,
dass ein Segment ankommt. Ist eine Kontrolle gewünscht, muss
diese in der Anwendungsschicht erfolgen. Die fehlende Zustellungsgarantie ist ein Nachteil dieser Kommunikationsform. Ein
Vorteil ist der höhere Datendurchsatz, da weniger Overhead anfällt.

Alternativ ist *verbindungsorientierte Kommunikation* möglich.
Diese funktioniert analog zum Telefon. Vor dem Datenaustausch
wird zwischen Sender und Empfänger eine Verbindung aufgebaut.
Die Verbindung bleibt auch dann bestehen, wenn keine Daten über-
tragen werden. Sobald alle Daten ausgetauscht sind, wird einer der
Kommunikationspartner die Verbindung abbauen.

Verbindungsorientierte Kommunikation ermöglicht Datenfluss-
kontrolle, bei welcher der Empfänger die Sendegeschwindigkeit
des Senders steuert. Je nach verwendetem Transportprotokoll
sichert die Transportschicht auch die verlustfreie Lieferung der

Segmente. Es gibt somit eine Zustellungsgarantie. Auch die korrekte Reihenfolge der Segmente beim Empfänger ist bei dieser Kommunikationsform garantiert.

Beispiele für Transportprotokolle sind das verbindungslose *User Datagram Protocol* (UDP) und das verbindungsorientierte *Transport Control Protocol* (TCP).

4.2.5 Anwendungsschicht

Die *Anwendungsschicht* (englisch: *Application Layer*) enthält alle Protokolle, die mit Anwendungsprogrammen (zum Beispiel Browser oder Email-Programm) zusammenarbeiten. Hier befinden sich die eigentlichen Nachrichten (zum Beispiel HTML-Seiten oder Emails) entsprechend dem jeweiligen Anwendungsprotokoll.

Beispiele für Anwendungsprotokolle sind HTTP, FTP, SMTP, POP3, DNS, SSH und Telnet.

4.3 Ablauf der Kommunikation

Der *Ablauf der Kommunikation* wird am Beispiel des hybriden Referenzmodells demonstriert (siehe Abb. 4.4).

Die *vertikale Kommunikation* beschreibt den Vorgang, bei dem die Daten die Schichten des verwendeten Referenzmodells durchlaufen. Eine Nachricht wird von der obersten Schicht beginnend nach unten Schicht für Schicht immer weiter verpackt und beim Empfänger in umgekehrter Reihenfolge von der untersten Schicht nach oben immer weiter entpackt. Beim Sender wird den Daten in jeder Schicht ein Header und und in der Sicherungsschicht ein Trailer angefügt. Beim Empfänger werden diese zusätzlichen Header und Trailer in den jeweiligen Schichten ausgewertet und entfernt. Diese Vorgänge heißen *Datenkapselung (Encapsulation)* und *Entkapselung (De-encapsulation)*.

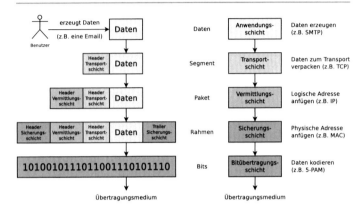

Abb. 4.4 Datenkapselung bei vertikaler Kommunikation

Bei *horizontaler Kommunikation* verwenden Sender und Empfänger jeweils die gleichen Protokollfunktionen auf den gleichen Schichten (siehe Abb. 4.2).

4.4   OSI-Referenzmodell

Einige Jahre nach dem TCP/IP-Referenzmodell, das aus den frühen 1970er Jahren stammt, wurde das *OSI-Referenzmodell* (Open Systems Interconnection) entwickelt und 1983 von der Internationalen Organisation für Normung (ISO) standardisiert. Der Aufbau ist dem TCP/IP-Referenzmodell ähnlich, allerdings verwendet das OSI-Modell sieben Schichten (siehe Abb. 4.5).

Im Gegensatz zum hybridem Referenzmodell sind einige Aufgaben der Anwendungsschicht beim OSI-Referenzmodell auf die beiden zusätzlichen Schichten Sitzungsschicht und Darstellungsschicht aufgeteilt.

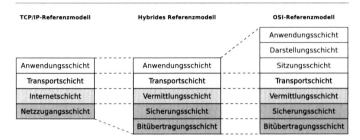

Abb. 4.5 Vergleich der Referenzmodelle

4.4.1 Sitzungsschicht

Aufgaben der Sitzungsschicht (englisch: *Session Layer*) sind Aufbau, Überwachung und Beenden einer Sitzung. Eine Sitzung ist die Grundlage für eine virtuelle Verbindung zwischen zwei Anwendungen auf physisch unabhängigen Rechnern. Zudem ist der Sitzungsschicht die Dialogkontrolle zugedacht. Eine weitere Aufgabe ist die Bereitstellung von Kontrollpunkten, die in längeren Datenübertragungen zur Synchronisierung eingebaut werden können. Kommt es zum Verbindungsabbruch, kann zum letzten Kontrollpunkt zurückgekehrt werden und die Übertragung muss nicht von vorne beginnen.

Protokolle, die den geforderten Fähigkeiten der Sitzungsschicht entsprechen, sind unter anderem Telnet zur Fernsteuerung von Rechnern und FTP zur Übertragung von Dateien. Allerdings können diese Protokolle auch der Anwendungsschicht zugeordnet werden. Die Anwendungsschicht enthält die Protokolle, die die Anwendungsprogramme verwenden. Da FTP und Telnet direkt von den entsprechenden Anwendungsprogrammen verwendet werden und nicht von abstrakteren Protokollen in höheren Ebenen, ist es sinnvoller, die Protokolle der Sitzungsschicht der Anwendungsschicht zuzuordnen.

4.4.2 Darstellungsschicht

Die Darstellungsschicht (englisch: *Presentation Layer*) enthält
Regeln zur Formatierung (Präsentation) der Nachrichten. Der Sender kann den Empfänger informieren, dass eine Nachricht in einem
bestimmten Format (zum Beispiel ASCII) vorliegt, um die eventuell nötige Konvertierung beim Empfänger zu ermöglichen. Daten-
sätze können hier mit Feldern (zum Beispiel Name, Matrikelnum-
mer …) definiert werden. Auch die Art und Länge der Datentypen
sowie Kompression und Verschlüsselung sind der Darstellungsschicht zugedachte Aufgabenbereiche.

Genau wie die Sitzungsschicht wird auch die Darstellungsschicht in der Praxis kaum benutzt, weil alle dieser Schicht zuge-
dachten Aufgaben heute Anwendungsprotokolle erfüllen.

4.5   Fazit zu den Referenzmodellen

Das TCP/IP-Referenzmodell gilt als Basis des Internet. Es macht
Vorgaben, welche Funktionalitäten in den jeweiligen Schichten zu
erbringen sind, aber nicht, wie das zu geschehen hat.

Das OSI-Referenzmodell ist dem TCP/IP-Referenzmodell sehr
ähnlich. Beide Modelle unterscheiden sich nur in zwei Punkten.
Beim OSI-Referenzmodell sind die Aufgaben der Netzzugangs-
schicht auf die Bitübertragungsschicht und Sicherungsschicht aufgeteilt. Die Aufgaben der Anwendungsschicht sind beim OSI-
Referenzmodell auf die Sitzungsschicht, Darstellungsschicht und
Anwendungsschicht aufgeteilt.

Das hybride Referenzmodell hat seine Berechtigung, weil das
TCP/IP-Referenzmodell nicht zwischen Bitübertragungs- und
Sicherungsschicht unterscheidet, dabei sind deren Aufgabenbereiche vollkommen unterschiedlich. Die Trennung der Anwendungsschicht in drei Schichten hat sich jedoch nicht als sinnvoll heraus-
gestellt und findet in der Praxis nicht statt, denn die Funktionalitäten, die für die Sitzungsschicht und Darstellungsschicht vorgesehen sind, sind heute Teil der Protokolle in der Anwendungsschicht.

Das hybride Referenzmodell bildet die Funktionsweise von Computernetzen realistisch ab, da es die Bitübertragungsschicht und Sicherungsschicht unterscheidet und gleichzeitig die Anwendungsschicht nicht unterteilt. Es kombiniert die Vorteile des TCP/IP-Referenzmodells und des OSI-Referenzmodells, ohne deren jeweilige Nachteile zu übernehmen.

Bitübertragungsschicht

5

Die Bitübertragungsschicht (englisch: *Physical Layer*) ist die erste Schicht des OSI-Referenzmodells und des hybriden Referenzmodells. Die Übertragungsmedien und alle Geräte, die direkt mit den Medien verbunden sind, das schließt auch Antennen, Stecker und Repeater ein, sind Teil der Bitübertragungsschicht. Die Art und Weise, wie die Daten (Bitfolgen) auf den Übertragungsmedien gesendet werden, legen Leitungscodes fest, deren Definition auch Teil dieser Schicht ist.

5.1 Vernetzungstechnologien

Dieser Abschnitt behandelt die kabelgebundenen Vernetzungstechnologien Ethernet und Token Ring und die Funknetztechnologien Bluetooth und WLAN, wobei der Fokus auf Ethernet und WLAN liegt. Die Vernetzungstechnologien spezifizieren jeweils Software (Protokolle der Bitübertragungsschicht und Sicherungsschicht), Hardware (Endgeräte und Anschlussmöglichkeiten) sowie Übertragungsmedien.

© Springer-Verlag GmbH Deutschland, ein Teil von Springer Nature 2022
C. Baun, *Computernetze kompakt*, IT kompakt,
https://doi.org/10.1007/978-3-662-65363-0_5

5.1.1 Ethernet

Ethernet (IEEE 802.3) wurde in den 1970er Jahren entwickelt
und ist seit den 1990er Jahren die meistverwendete LAN-Technik.
Durch Ethernet wurden andere Standards wie Token Ring vollständig verdrängt oder wie FDDI zu Nischenprodukten für Spezi-
alanwendungen gemacht.

Es existieren zahlreiche Ethernet-Standards, die sich unter
anderem in der Übertragungsrate und dem Übertragungsmedium
unterscheiden. So existieren Versionen für Koaxialkabel, Twisted-
Pair-Kabel und Glasfaser-Kabel bis maximal 10 Gbit/s. Weil alle
Ethernet-Varianten Erweiterungen von Thick Ethernet (10BASE5)
sind, ist die *Anschlussart* an das Medium *passiv.* Das heißt, dass
Netzwerkgeräte nur dann aktiv sind, wenn sie selbst senden.
Tab. 5.1 enthält eine Auswahl bekannter Ethernet-Standards.

In Tab. 5.1 ist auch das einheitliche Namensschema der
Ethernet-Standards erkennbar. Jeder Name besteht aus drei Teilen.
Teil 1 definiert die Übertragungsrate, Teil 2 das Übertragungsver-
fahren (Basisband oder Breitband) und Teil 3 den hundertfachen
Faktor der maximalen Segmentlänge oder das Übertragungsme-
dium. Der Name 10BASE5 zum Beispiel sagt folgendes aus:

- Übertragungsrate: 10 Mbit/s
- Übertragungsverfahren: Basisband
- Maximale Segmentlänge: $5 \times 100\,\mathrm{m} = 500\,\mathrm{m}$

Übertragungsverfahren bei Ethernet

Mit einer Ausnahme arbeiten alle Ethernet-Standards mit dem
Basisband=Übertragungsverfahren (BASE). Basisbandsysteme
haben keine Trägerfrequenzen. Das heißt, die Daten werden direkt
(im Basisband) auf dem Übertragungsmedium übertragen. Digitale
Signale werden direkt als Impulse in das Kabel oder den Lichtwellenleiter eingespeist und belegen die vollständige Bandbreite des
Kabels oder einen Teil davon. Dabei kann der ungenutzte Teil der
Bandbreite nicht mehr für andere Dienste genutzt werden. Basisbandsysteme bieten also nur einen einzigen Kanal.

Tab. 5.1 Datenübertragungsraten der Ethernet-Standards

Standard	Mbit/s	Übertragungsmedium
10BASE2/5	10	Koaxialkabel (50 Ohm Wellenwiderstand)
10BROAD36	10	Koaxialkabel (75 Ohm Wellenwiderstand)
10BASE-F	10	Glasfaserkabel
10BASE-T	10	Twisted-Pair-Kabel
100BASE-FX	100	Glasfaserkabel
100BASE-T4	100	Twisted-Pair-Kabel (Cat 3)
100BASE-TX	100	Twisted-Pair-Kabel (Cat 5)
1000BASE-LX	1000	Glasfaserkabel
1000BASE-SX	1000	Glasfaserkabel (Multimode-Fasern)
1000BASE-ZX	1000	Glasfaserkabel (Singlemode-Fasern)
1000BASE-T	1000	Twisted-Pair-Kabel (Cat 5)
1000BASE-TX	1000	Twisted-Pair-Kabel (Cat 6)
2.5GBASE-T	2500	Twisted-Pair-Kabel (Cat 5e)
5GBASE-T	5000	Twisted-Pair-Kabel (Cat 6)
10GBASE-SR	10.000	Glasfaserkabel (Multimode-Fasern)
10GBASE-LR	10.000	Glasfaserkabel (Singlemode-Fasern)
10GBASE-T	10.000	Twisted-Pair-Kabel (Cat 6A)
25GBASE-T	25.000	Twisted-Pair-Kabel (Cat 8.1)
40GBASE-T	40.000	Twisted-Pair-Kabel (Cat 8.1)

Bei *Breitband*-Übertragungsverfahren (BROAD) werden die Daten auf eine Trägerfrequenz aufmoduliert. Dadurch können mehrere Signale gleichzeitig in unterschiedlichen Frequenzbereichen (Trägern) übertragen werden. Ausschließlich 10BROAD36 verwendet das Breitbandverfahren, aber wegen der hohen Hardwarekosten für die Modulation war das System wirtschaftlich nicht erfolgreich.

Zwar konnte sich das Breitbandkonzept bei Ethernet nicht durchsetzen, doch wird es heute in viele Bereichen der Nachrichtenübermittlung und Telekommunikation verwendet. Beispiele sind das Kabelfernsehnetz, in dem verschiedene Fernsehkanäle, und mit unterschiedlichen Trägerfrequenzen auch Radiokanäle, Telefon und Internet zur Verfügung stehen, sowie das Elektrizitätsnetz, über das via *PowerLAN* bzw. *Powerline Communication* auch Netzwerkverbindungen möglich sind.

5.1.2 Token Ring

Token Ring (IEEE 802.5) ist ein Standard für LANs, in dem die Endgeräte logisch zu einem Ring verbunden sind. Über den Ring kreist ein *Token,* das von einem Teilnehmer zum nächsten weitergereicht wird.

Die *Anschlussart* an das Übertragungsmedium ist *aktiv.* Das heißt, die Netzwerkstationen beteiligen sich fortwährend aktiv an der Weitergabe des Tokens. Token Ring mit 4 Mbit/s wurde 1985 für den IBM PC vorgestellt. Der Standard für 16 Mbit/s erschien 1989. Seit 1998 gibt auch einen Standard für 100 Mbit/s. Token Ring war bis Mitte der 1990er Jahre die von IBM bevorzugte Vernetzungstechnologie, wird heute aber kaum noch verwendet, da IBM Token Ring im Jahr 2004 aufgegeben hat.

Das über den Ring kreisende Token realisiert ein *deterministisches Zugriffsverfahren* (siehe Abschn. 3.11.1). Das Token wird von einem Endgerät zum nächsten weitergereicht. Auch im Leerlauf, also wenn kein Teilnehmer senden möchte, geben die Endgeräte den Token-Rahmen fortwährend weiter. Möchte ein Endgerät Daten senden, wartet es, bis das Token ihn erreicht hat. Dann hängt das Endgerät seine Nutzdaten an das Token an, ergänzt es um die nötigen Steuersignale und setzt das Token-Bit von 0 *(Freies Token)* auf 1 *(Datenrahmen).* Das Endgerät gibt das Datenrahmen-Token in den Ring, wo es von einem Endgerät zum nächsten weitergereicht wird. Empfängt der Empfänger das an ihn adressierten Datenrahmen-Token, kopiert er die Nutzdaten und quittiert den Datenempfang. Der Sender empfängt die Quittung und sendet das

Token mit den nächsten Nutzdaten oder setzt ein Frei-Token auf den Ring.

5.1.3 Wireless Local Area Network (WLAN)

Die bekannteste Technologie zum Aufbau von Funknetzen im Bereich der Computernetze ist WLAN, das auch unter der Bezeichnung *Wi-Fi* bekannt ist. Einige spezielle Eigenschaften des Übertragungsmediums sind der Grund für die folgenden Herausforderungen, die beim Aufbau und der Arbeit mit Funknetzen zu beachten sind [12]:

- *Interferenzen mit anderen Quellen.* Beispiele hierfür sind WLAN und Bluetooth. Beide Netzwerktechnologien arbeiten auf dem gleichen Frequenzband und können interferieren. Auch elektromagnetisches Rauschen durch Motoren oder Mikrowellengeräte können zu Interferenzen führen.
- *Mehrwegeausbreitung (Multipath Propagation).* Dieser Effekt tritt auf, wenn Teile der elektromagnetischen Wellen reflektiert werden und darum unterschiedlich lange Wege vom Absender zum Empfänger zurücklegen. Das Resultat ist ein unscharfes Signal beim Empfänger, weil die Reflektionen nachfolgende Übertragungen beeinflussen. Das Prinzip zeigt Abb. 5.1. Auch wenn sich Objekte zwischen Sender und Empfänger bewegen, können sich die Ausbreitungswege im Laufe der Zeit ändern.
- *Hidden-Terminal* (unsichtbare bzw. versteckte Endgeräte). Hindernisse sind dafür verantwortlich, dass Endgeräte, die mit dem gleichen Gerät (zum Beispiel einer Basisstation) kommunizieren, einander nicht erkennen und sich dadurch gegenseitig stören. Das Prinzip zeigt Abb. 6.25.
- *Fading* (abnehmende Signalstärke). Elektromagnetische Wellen werden durch Hindernisse (zum Beispiel Wände) und im freien Raum allmählich abgeschwächt. Das Prinzip zeigt Abb. 6.26.

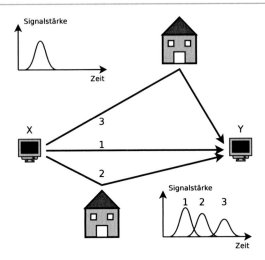

Abb. 5.1 Mehrwegeausbreitung

WLANs sind lokale Funknetze, die meist auf Standards der Normenfamilie IEEE 802.11 basieren. Die Kommunikation zwischen
Endgeräten kann direkt im *Ad-hoc-Modus* oder im *Infrastruktur-
Modus* via Basisstation (Access Point) erfolgen.

Im Ad-hoc-Modus bilden die Endgeräte ein vermaschtes Netz.
Sie kommunizieren also direkt miteinander. Jedes Endgerät kann
mehrere Verbindungen zu anderen Geräten unterhalten. Zum Aufbau eines Ad-hoc-Netzes müssen bei allen Endgeräten der gleiche
Netzwerkname – *Service Set Identifier* (SSID) und dieselben Verschlüsselungsparameter eingestellt sein.

Im Infrastruktur-Modus melden sich die Endgeräte mit ihren
MAC-Adressen an der Basisstation an. Diese sendet in einstellbaren Intervallen (zum Beispiel 10 × pro Sekunde) kleine
Leuchtfeuer-Rahmen (Beacons) an alle Endgeräte im Empfangsbereich. Die Beacons enthalten unter anderem den Netzwerknamen
(SSID), die Liste der unterstützten Übertragungsraten und die Art
der Verschlüsselung.

Datenübertragungsraten bei WLAN

Die verschiedenen WLAN-Standards bieten unterschiedliche Datenübertragungsraten. Alle Stationen teilen sich die Bandbreite für Up- und Download, die durch das verwendete Medienzugriffsverfahren (siehe Abschn. 6.8.2) weiter reduziert wird. Zudem enthält die Bruttoübertragungsrate noch diejenigen Daten in den WLAN-Rahmen (siehe Abb. 6.22), die nicht den Nutzdaten zugerechnet werden. Darum liegt die erreichbare Nettoübertragungsrate, die nur die reinen Nutzdaten berücksichtigt, selbst unter optimalen Bedingungen nur wenig über der Hälfte der Bruttowerte (siehe Tab. 5.2). An der Stelle zeigt sich ein deutlicher Nachteil des gemeinsamen Übertragungsmediums von WLAN gegenüber Ethernet mit Twisted-Pair-Kabeln, denn dort entspricht bei guter Kabelqualität und Kabellängen innerhalb der Spezifikation die realistische (Netto-)Datenübertragungsrate fast der maximalen (Brutto-)Datenübertragungsrate.

Besonders bei den neueren WLAN-Standards wie 802.11n, 802.11ac und 802.11ax hängt die Datenübertragungsrate auch immer von der Anzahl der Antennen in den Stationen ab.

Die Benennung der WLAN-Standards mit fortlaufenden Nummern (siehe erste Spalte in Tab. 5.2) wurde von der Wi-Fi Alliance im Jahr 2018 erstmals aus Marketinggründen für die IEEE-Standards 802.11n, 802.11ac und 802.11ax eingeführt [31]. Die älteren Standards wurden nicht rückwirkend mit entsprechenden Nummern versehen.

Da WLAN für den Einsatz innerhalb von Gebäuden entwickelt wurde, sendet es auch nur mit einer niedrigen Leistung (maximal 100 mW bei 2,4 GHz und 1 W bei 5 GHz), was als gesundheitlich unbedenklich gilt. Die maximal erlaubte Sendeleistung von GSM-Telefonen, die im Frequenzbereich 880–960 MHz senden, zum Vergleich, ist 2 W. Es existieren auch WLAN-Geräte für 2,4 GHz mit einer Sendeleistung von bis zu 1 W. Deren Betrieb ist in Deutschland aber illegal.

Frequenzen von WLAN

Die meisten WLAN-Standards verwenden die Frequenzblöcke 2,4000–2,4835 GHz und 5,150–5,725 GHz im Mikrowellenbereich. Die Standards (siehe Tab. 5.2) unterscheiden sich unter ande-

Tab. 5.2 Datenübertragungsraten und Frequenzen der IEEE-Standards für WLAN

Wi-Fi	IEEE-Standard	Verab-schiedet	Frequenzen			Maximale (Brutto-) Übertragungsrate	Realistische (Netto-) Übertragungsrate
			2,4 GHz	5 GHz	6 GHz		
–	802.11	1997	X			2 Mbit/s	1 Mbit/s
–	802.11b	1999	X			11 Mbit/s[a]	5–6 Mbit/s
–	802.11a	1999		X		54 Mbit/s[b]	20–22 Mbit/s
–	802.11h[c]	2003		X		54 Mbit/s[b]	20–22 Mbit/s
–	802.11g	2003	X			54 Mbit/s	20–22 Mbit/s
4	802.11n	2009	X	X		600 Mbit/s[d]	50–60 Mbit/s[g]
5	802.11ac	2013		X		6930 Mbit/s[e]	400–500 Mbit/s[f]
6	802.11ax	2021	X	X		9600 Mbit/s[e]	500–600 Mbit/s[f]
6E	802.11ax	2021	X	X	X	9600 Mbit/s[f]	500–600 Mbit/s[f]
7	802.11be	2024[g]	X	X	X	40000 Mbit/s[g]	noch unklar

[a] Herstellerabhängig auch 22 Mbit/s bei 40 MHz Kanalbreite

[b] Herstellerabhängig auch 108 Mbit/s bei 40 MHz Kanalbreite

[c] IEEE 802.11h ist eine Anpassung von IEEE 802.11a für den legalen Einsatz in Europa außerhalb von Gebäuden

[d] Bei 4 × 4 MIMO und 40 MHz Kanalbreite

[e] Die angegebenen Werte beziehen sich auf das theoretische Maximum bei MIMO mit 8 Antennen und 160 MHz Kanalbreite. In der Praxis sind solche Werte aber unüblich. Ein realistisches Szenario ist z. B. MIMO mit 4 Antennen im Access Point und 80 MHz Kanalbreite. Hier wäre die maximale (Brutto-)Übertragungsrate bei 802.11ac 1733 Mbit/s und bei 802.11ax 2400 Mbit/s

[f] Pro Antenne in der Station bzw. im Endgerät

[g] Prognose [10] zur Drucklegung dieses Buches

rem in den Datenübertragungsraten, verwendeten Frequenzblöcken und Modulationsverfahren, mit den daraus resultierenden
Kanalbandbreiten (siehe Tab. 5.4).

IEEE 802.11h ist eine Anpassung von IEEE 802.11a, damit in
Europa unter anderem militärische Radarsysteme und Satelliten-
funk nicht gestört werden. Die einzigen Unterschiede zu IEEE
802.11a sind die zusätzlichen Fähigkeiten Dynamic Frequency
Selection *(Dynamisches Frequenzwahlverfahren)* und Transmission Power Control *(Übertragungssendeleistungs-Steuerung)*.

Obwohl WLAN weltweit verwendet wird, gibt es rechtliche
Unterschiede. So darf zum Beispiel in Deutschland der Bereich
5,15–5,35 GHz nur innerhalb geschlossener Räume und mit einer
maximalen Strahlungsleistung von 200 mW genutzt werden.

Die Frequenzblöcke sind in Kanäle unterteilt, vergleichbar mit
Fernseh- oder Radioübertragungen. Der Frequenzblock 2,4000–
2,4835 GHz zum Beispiel ist in 13 Kanäle zu je 5 MHz Bandbreite
unterteilt. In Japan existiert noch ein zusätzlicher 14. Kanal, der nur
für das Modulationsverfahren DSSS freigegeben ist und 12 MHz
über dem 13. Kanal liegt (siehe Tab. 5.3).

Die unterschiedlichen WLAN-Standards verwenden unterschiedliche Modulationsverfahren (siehe Tab. 5.4).

Wegen des Modulationsverfahrens DSSS bei 802.11b mit
22 MHz breiten Kanälen und einem Kanalrasterabstand von 5 MHz
existieren nur drei (EU und USA) bzw. vier (Japan) Kanäle, deren
Signale sich nicht überlappen, nämlich die Kanäle 1, 6 und 11,
sowie zusätzlich nur in Japan Kanal 14 (siehe Abb. 5.2). DSSS ist
ein Frequenzspreizverfahren, das die Nutzdaten über einen breiten Frequenzbereich verteilt und darum weitgehend unempfindlich
ist gegenüber schmalbandigen Störungen wie zum Beispiel Bluetooth.

Die Standards 802.11g, 802.11n und 802.11ac verwenden das
Modulationsverfahren OFDM. Bei diesem handelt es sich um ein
Mehrträgerverfahren. Jeder Kanal ist 20 MHz breit und besteht aus
64 Zwischenträgern bzw. Unterfrequenzen (englisch: *Subcarrier*)
zu je 0,3125 MHz, von denen aber nur 52 verwendet werden. Die
Nutzbandbreite pro Kanal ist also nur 16,25 MHz (siehe Abb. 5.3).
Es gibt also nur die vier überlappungsfreien Kanäle 1, 5, 9 und 13.

Tab. 5.3 Erlaubte Nutzung der WLAN-Frequenzen im 2,4-GHz-Band

Kanal	Frequenz [GHz]	EU	USA	Japan
1	2,412	X	X	X
2	2,417	X	X	X
3	2,422	X	X	X
4	2,427	X	X	X
5	2,432	X	X	X
6	2,437	X	X	X
7	2,442	X	X	X
8	2,447	X	X	X
9	2,452	X	X	X
10	2,457	X	X	X
11	2,462	X	X	X
12	2,467	X	X	X
13	2,472	X	X	X
14	2,484			X

Endgeräte nach 802.11a verwenden auch das Modulationsverfahren OFDM mit 20 MHz breiten Kanälen, arbeiten aber ausschließlich im Frequenzblock 5,150–5,725 GHz.

Bei 802.11n ist wahlweise ein Betrieb mit 40 MHz Kanalbreite möglich. Bei 40 MHz breiten Kanälen existieren im Frequenzblock 2,4000–2,4835 GHz nur zwei Kanäle, nämlich Kanal 3 und 11, deren Signale sich nicht überlappen. Jeder Kanal besteht aus 128 Zwischenträgern zu je 0,3125 MHz, von denen aber nur 108 verwendet werden. Die Nutzbandbreite pro Kanal ist also nur 33,75 MHz (siehe Abb. 5.4).

Viele Endgeräte, die 802.11n unterstützten, können zusätzlich den Frequenzblock 5,150–5,725 GHz nutzen (siehe Tab. 5.5).

802.11ac verwendet ausschließlich den Frequenzblock 5,150–5,725 GHz mit bis zu 160 MHz breiten Kanälen.

802.11ax verwendet in der Ausprägung Wi-Fi 6E zusätzlich zu den Kanälen in den Frequenzblöcken 2,4000–2,4835 GHz und

Tab. 5.4 Modulationsverfahren und Kanalbreiten der IEEE-Standards für WLAN

IEEE-Standard	Modulationsverfahren	Kanalbreite
802.11	FHSS[a] oder DSSS[b]	22 MHz
802.11b	DSSS[b]	22 MHz
802.11a	OFDM[c]	20 MHz
802.11h	OFDM[c]	20 MHz
802.11g	OFDM[c]	20 MHz
802.11n	OFDM[c]	20 oder 40 MHz
802.11ac	OFDM[c]	20, 40, 80 oder 160 MHz
802.11ax	OFDMA[d]	20, 40, 80 oder 160 MHz
802.11be	Enhanced OFDMA[e]	20, 40, 80, 160 MHz oder 320 MHz[e]

[a] Frequency Hopping Spread Spectrum (Frequenzsprungverfahren)
[b] Direct Sequence Spread Spectrum (Frequenzspreizverfahren)
[c] Orthogonal Frequency-Division Multiplexing (orthogonales Frequenzmultiplexverfahren)
[d] Orthogonal Frequency Division Multiple Access
[e] Prognose [10] zur Drucklegung dieses Buches.

5,150–5,725 GHz noch das Spektrum 5,945-6,425 GHz (in vielen Regionen – u. a. in den USA – sogar 5,945-7,125 GHz). Bei 802.11ax gibt es, wenn nur die Frequenzbereiche 2,4 und 5 GHz verwendet werden, keinen signifikanten Geschwindigkeitsvorteil gegenüber dem Vorgängerstandard 802.11ac für einzelne Endgeräte. 802.11ax verwendet mit dem Modulationsverfahren OFDMA eine Erweiterung von OFDM. Durch dieses Modulationsverfahren kann 802.11ax einzelne Zwischenträger verschiedenen Endgeräten zuweisen und somit effizienter die Kanalressourcen nutzen. Dieses ist besonders in Situationen vorteilhaft, in denen mehrere Stationen Teil eines Netzes sind und relativ häufig kleine Datenmengen senden. Ein naheliegendes Anwendungsszenario sind Anwendungen aus dem Bereich Internet of Things (IoT).

Signale mit höheren Frequenzen haben kürzere Wellenlängen. Darum bereiten Hindernisse einem Funknetz im Bereich 6 GHz oder 5 GHz mehr Schwierigkeiten als im Bereich 2,4 GHz. Die

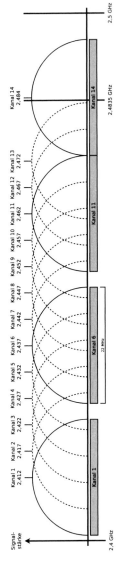

Abb. 5.2 Kanäle bei WLAN 802.11b mit 22 MHz Kanalbandbreite und dem Modulationsverfahren DSSS

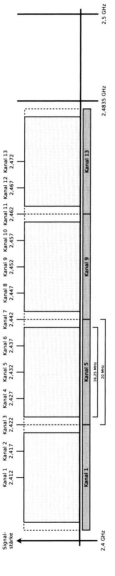

Abb. 5.3 Kanäle bei WLAN 802.11g/n mit 20 MHz Kanalbandbreite und dem Modulationsverfahren OFDM

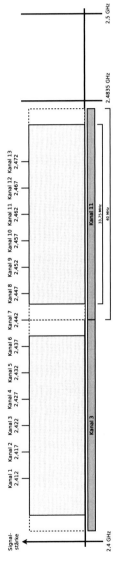

Abb. 5.4 Kanäle bei WLAN 802.11n mit 40 MHz Kanalbandbreite und dem Modulationsverfahren OFDM

Tab. 5.5 Erlaubte Nutzung der WLAN-Frequenzen 5-GHz-Band

Kanal	Frequenz [GHz]	EU	USA	Japan
36	5,180	X^a	X	X^a
40	5,200	X^a	X	X^a
44	5,220	X^a	X	X^a
48	5,240	X^a	X	X^a
52	5,260	X^{a,b,c}	X^b	X^{a,b,c}
56	5,280	X^{a,b,c}	X^b	X^{a,b,c}
60	5,300	X^{a,b,c}	X^b	X^{a,b,c}
64	5,320	X^{a,b,c}	X^b	X^{a,b,c}
100	5,500	X^{b,c}	X^b	X^{b,c}
104	5,520	X^{b,c}	X^b	X^{b,c}
108	5,540	X^{b,c}	X^b	X^{b,c}
112	5,560	X^{b,c}	X^b	X^{b,c}
116	5,580	X^{b,c}	X^b	X^{b,c}
120	5,600	X^{b,c}	X^b	X^{b,c}
124	5,620	X^{b,c}	X^b	X^{b,c}
128	5,640	X^{b,c}	X^b	X^{b,c}
132	5,660	X^{b,c}	X^b	X^{b,c}
136	5,680	X^{b,c}	X^b	X^{b,c}
140	5,700	X^{b,c}	X^b	X^{b,c}
144	5,720	X^{b,d}	X^b	—
149	5,745	X^{b,d}	X	—
153	5,765	X^{b,d}	X	—
157	5,785	X^{b,d}	X	—
161	5,805	X^{b,d}	X	—
165	5,825	X^{b,d}	X	—

[a] Nutzung nur innerhalb geschlossener Räume erlaubt
[b] Dynamic Frequency Selection (DFS)
[c] Transmit Power Control (TPC)
[d] Short Range Devices (SRD) = 25 mW max.

reduzierte Wellenlänge bei 5 GHz oder gar 6 GHz wirkt sich auch
auf die Sendeleistung aus. Je kürzer die Wellenlänge ist, desto
stärker wirkt sich die Dämpfung durch das Übertragungsmedium
aus. Darum erreicht WLAN bei 2,4 GHz bei gleicher Sendeleistung
größere Reichweiten als WLAN bei 5 GHz oder 6 GHz.

Multiple Input Multiple Output (MIMO)

Die maximale Bruttodatenrate bei IEEE 802.11n liegt je
nach Anzahl der Antennen in den Stationen bei 150, 300,
450 oder 600 Mbit/s. Diese Leistungssteigerung gegenüber
IEEE 802.11a/b/g/h ist darauf zurückzuführen, dass 802.11n
MIMO verwendet. Zusätzlich zur Verbreiterung der Kanäle auf
40 MHz kommen bei 802.11n bis zu vier Antennen zum Einsatz. Diese ermöglichen gleichzeitiges Arbeiten in den Frequenzbereichen 2,4 und 5 GHz. Pro parallelem Datenstrom (Antenne)
sind maximal 150 Mbit/s (Brutto-)Datendurchsatz möglich. Bis
zu vier Datenströme können gebündelt werden. Die entsprechende
Anzahl Antennen (bis zu vier) ist jeweils auf beiden Seiten nötig.
Abb. 5.5 zeigt als Beispiel eine WLAN-Erweiterungskarte gemäß
Standard IEEE 802.11n, die über drei Antennen verfügt und damit
450 Mbit/s maximale (brutto) Übertragungsrate bietet.

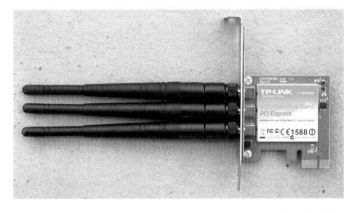

Abb. 5.5 WLAN-Erweiterungskarte gemäß IEEE 802.11n als Beispiel für
eine Station mit mehreren Antennen

Auch die Standards IEEE 802.11ac und IEEE 802.11ax verwenden MIMO. Bei diesen Standards sind sogar maximal acht parallel nutzbare Antennen möglich. Zudem ist eine Verbreiterung der Kanäle auf 40 MHz, 80 MHz und 160 MHz möglich (siehe Abb. 5.6). Die Kanäle 149-165 sind in Abb. 5.6 nicht dargestellt, da deren Nutzung in Deutschland nur für Geräte mit kurzer Sendereichweite und mit maximal 25 mW zulässig ist

Im Gegensatz zu 802.11n arbeitet 802.11ac ausschließlich im 5-GHz-Band. Die mögliche maximale (brutto) Übertragungsrate bei MIMO mit jeweils acht Antennen (8 × 8 MIMO) bei den Kommunikationspartnern und 160 MHz Kanalbreite ist fast 7 GBit/s. In der Praxis haben Basisstationen meist nicht mehr als drei oder vier Antennen. Bei 3 × 3 MIMO mit 80 MHz Kanalbreite ist die maximale (brutto) Übertragungsrate 1,3 Gbit/s. Eine Verdoppelung der Kanalbreite verdoppelt auch die maximale brutto Übertragungsrate. Mobile Geräte haben wegen des Energieverbrauchs üblicherweise nur eine oder zwei Antennen.

Der Standard IEEE 802.11ax verwendet nicht nur die Frequenzbereiche 2,4 und 5 GHz sondern in der Ausprägung Wi-Fi 6E auch 6 GHz. Durch verbesserte Nutzung der Kanäle (u. a. durch gleichzeitiges Senden und Empfangen der Stationen mit individueller Datenrate von und zum Access Point) steigt bei IEEE 802.11ax die mögliche maximale (brutto) Übertragungsrate auf 9600 GBit/s.

Zusätzliche Erweiterungen des WLAN-Standards
Es existieren zusätzliche Erweiterungen des WLAN-Standards, die zum Teil nur regional verwendet werden (dürfen). Ein Beispiel ist der Standard IEEE 802.11j, der 2004 für Japan verabschiedet wurde und im Frequenzblock 4,9–5 GHz sendet. Die maximale (Brutto-)Datenübertragungsrate ist 54 Mbit/s.

Ein weiteres Beispiel ist IEEE 802.11y. Dieser Standard wurde 2008 verabschiedet und darf nur in den USA genutzt werden, weil er im Frequenzblock 3,65–3,7 GHz sendet. Durch eine höhere Sendeleistung sind Reichweiten im Freien bis zu 5000 m möglich. Der Standard eignet sich unter anderem für städtische WLAN-Netze, die *letzte Meile* und Unternehmens- oder Hochschulnetze zur Abdeckung eines Campus. Auch bei diesem Standard ist die maximale (Brutto) Daten-über-tragungsrate 54 Mbit/s.

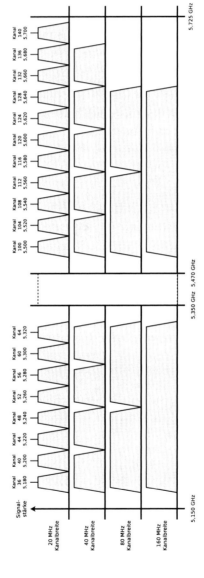

Abb. 5.6 Kanäle bei WLAN 802.11ac mit unterschiedlichen Kanalbandbreiten und dem Modulationsverfahren OFDM

Außer den genannten Beispielen gibt es noch zahlreiche weitere Erweiterungen des WLAN-Standards, die aber im Rahmen dieses Buches aus Platzgründen nicht behandelt werden können.

Sicherheit bei WLAN

WLAN gemäß IEEE 802.11 enthält den Sicherheitsstandard *Wired Equivalent Privacy* (WEP), der auf dem RC4-Algorithmus basiert. Bei diesem findet eine XOR-Verknüpfung des Bitstroms der Nutzdaten mit einem aus dem RC4-Algorithmus generierten, pseudozufälligen Bitstrom statt. Der Algorithmus arbeitet mit 40 Bit bzw. 104 Bit langen, statischen Schlüsseln. Das Verfahren kann durch Known-Plaintext-Angriffe geknackt werden, weil die Header des IEEE 802.11-Protokolls vorhersagbar sind. Die Berechnung des WEP-Schlüssels mit Hilfe von einigen Minuten aufgezeichneter Daten dauert mit Werkzeugen wie Aircrack nur wenige Sekunden.

Mehr Sicherheit bietet der Sicherheitsstandard *Wi-Fi Protected Access* (WPA). Auch dieser basiert auf dem RC4-Algorithmus, enthält jedoch zusätzlichen Schutz durch dynamische Schlüssel. Diese basieren auf dem Temporal Key Integrity Protocol (TKIP), das jedes Datenpaket mit einem anderen Schlüssel verschlüsselt. Auch WPA kann mit der Brute-Force-Methode oder mit Wörterbuchangriffen auf das benutzte Passwort geknackt werden.

Deutlich mehr Sicherheit garantiert *Wi-Fi Protected Access 2* (WPA2). Dieser Standard basiert auf dem Advanced Encryption Standard (AES) und enthält zusätzlich zu TKIP das Verschlüsselungsprotokoll Counter-Mode/CBC-Mac Protocol (CCMP), das eine höhere Sicherheit als TKIP bietet. Ein mit einem ausreichend langen Passwort geschütztes WLAN mit WPA2-Verschlüsselung gilt trotz der 2017 bekannt gewordenen Angriffsmethode *Key Reinstallation AttaCK* (KRACK) als sicher. KRACK nutzt eine Schwachstelle des Vier-Wege-Handshakes von WPA2 aus.

WPA und WPA2 sind beide im Standard IEEE 802.11i definiert, der IEEE 802.11 erweitert.

Der gegenwärtig beste Sicherheitsstandard ist *Wi-Fi Protected Access 3* (WPA3), der u. a. mit dem Verfahren Simultaneous Authentication of Equals (SAE) ein verbessertes Schlüsselverhandlungs- und -austauschverfahren (kryptografischer Handshake) implementiert und somit Angriffe wie KRACK verhindert.

Das Verfahren basiert auf dem Diffie-Hellman-Algorithmus zur Schlüsselverteilung und ist u. a. im Standard IEEE 802.11s definiert, der IEEE 802.11 erweitert.

5.1.4 Bluetooth

Bluetooth ist ein Funksystem zur Datenübertragung auf kurzen Distanzen. Die Entwicklung wurde von der schwedischen Firma Ericsson 1994 begonnen. Die Weiterentwicklung erfolgt durch die Interessengemeinschaft Bluetooth Special Interest Group (BSIG). Bluetooth wurde entwickelt, um kurze Kabelverbindungen zwischen verschiedenen Geräten zu ersetzen.

Bluetooth-Geräte dürfen weltweit zulassungsfrei betrieben werden und senden im Frequenzblock 2,402–2,480 GHz. WLANs, schnurlose Telefone oder Mikrowellenherde können Störungen verursachen, wenn Sie im gleichen Frequenzband arbeiten. Um Störungen zu vermeiden, verwendet Bluetooth ein Frequenzsprungverfahren, bei dem das Frequenzband in 79 verschiedene Frequenzstufen im Abstand von je 1 MHz eingeteilt wird. Die Frequenzstufen werden bis zu 1600 mal pro Sekunde gewechselt [25, 26].

Bluetooth definiert drei Leistungsklassen. Endgeräte der Klasse 1 haben eine maximale Sendeleistung von 100 mW. Endgeräte der Klasse 2 haben eine maximale Sendeleistung von 2,5 mW und Endgeräte der Klasse 3 eine maximale Sendeleistung von 1 mW.

Bluetooth-Topologien
Via Bluetooth sind verbindungslose sowie verbindungsorientierte Übertragungen von Punkt zu Punkt oder als Ad-hoc-Netze (sogenannte Piconetze) möglich.

Bluetooth-Geräte organisieren sich in sogenannten *Piconetzen* (siehe Abb. 5.7). Ein Piconetz besteht aus maximal 255 Teilnehmern, wovon maximal acht aktiv sein dürfen. Ein aktiver Teilnehmer ist der *Master* und die restlichen sieben sind *Slaves*. Die übrigen 247 Teilnehmer sind passiv und können jederzeit vom Master

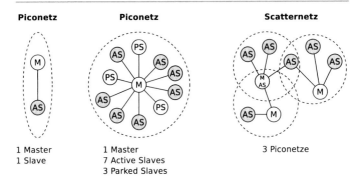

Abb. 5.7 Bluetooth-Topologien

aktiviert werden. Der Master regelt den vollständigen Datenverkehr, indem er die Kommunikation steuert. Er teilt das Übertragungsmedium auf die Teilnehmer auf, indem er Sendeslots an die Slaves (Zeitmultiplexverfahren) vergibt. Der Master koordiniert also den Medienzugriff. [25]

Steigt die Anzahl der Teilnehmer, sinkt die Bandbreite, die jeder Teilnehmer zur Verfügung hat. Ein Bluetooth-Gerät kann in mehreren Piconetzen angemeldet sein. Es kann aber nur in einem Netz der Master sein. Ist ein Teilnehmer im Empfangsbereich zweier Piconetze, kann er diese zu einem *Scatternetz* zusammenschließen. Bis zu zehn Piconetze bilden ein Scatternet. Jedes Piconet wird durch die unterschiedlichen Wechselfolgen im Frequenzsprungverfahren identifiziert. Die Datentransferraten in Scatternets sind meist gering.

Bluetooth-Standards

Es gibt verschiedene Versionen des Bluetooth-Standards.

Bot Bluetooth bis Version 1.2 eine maximale Datentransferrate von 1 Mbit/s (davon 721 kbit Nutzdaten), stieg die Datentransferrate bei Bluetooth 2.0 auf 3 Mbit/s (davon 2,1 Mbit/s Nutzdaten).

Bluetooth 3.0 + HS (High Speed) steigert die maximale Datentransferrate durch einen Rückgriff auf WLAN. Der Standard verwendet eine Verbindung mit 3 Mbit/s zur Übertragung der Steuerdaten und Sitzungsschlüssel. Wollen zwei Endgeräte große Daten-

mengen austauschen, schalten diese in den Highspeed-Modus
und bauen eine Ad-hoc-Verbindung via WLAN 802.11g mit
54 Mbit/s auf. Die erreichbare (Netto-) Datentransferrate ist dann
ca. 24 Mbit/s. Bluetooth 3.0 + HS ist also eine Kombination aus
Bluetooth und WLAN.

Bluetooth 4 bietet unter anderem einen reduzierten Stromver-
brauch. Der Fokus von Bluetooth 5 sind unter anderem Verbesserungen der Reichweite und der Datentransferrate.

Pairing von Bluetooth-Geräten
Bevor zwei Endgeräte via Bluetooth miteinander kommunizieren
können, müssen sie sich kennen. Der Vorgang des *Kennenlernens*
heißt *Pairing*. Bis einschließlich Bluetooth 2.0 ist das Pairing aufwändig, denn die Benutzer beider Endgeräte müssen eine identische PIN eingeben. Diese PIN ist der gemeinsame Schlüssel für
die Verschlüsselung und Authentifizierung. Damit wird sichergestellt, dass kein drittes Gerät die Verbindung mithören bzw. einen
Man-in-the-Middle-Angriff ausüben kann. Das Pairing muss aber
nur einmalig für zwei Geräte ausgeführt werden.

Mit Bluetooth 2.1 wurde das *Secure Simple Pairing* eingeführt.
Dieses Verfahren verwendet den Diffie-Hellman-Algorithmus
zur Schlüsselverteilung anstatt einer PIN. Die Sicherheit dieses
Pairing-Verfahrens hängt davon ab, ob die Endgeräte ein Display
haben. Haben beide Endgeräte ein Display, müssen die Benutzer
jeweils einen gemeinsamen Code durch Tastendruck bestätigen.
Für Geräte, die kein Display zum Anzeigen des Codes haben, ent-
fällt die Bestätigung. Ein Man-in-the-Middle-Angriff ist bei diesem Verfahren ohne Bestätigung nach wie vor möglich.

5.2   Übertragungsmedien

Es existieren verschiedene *leitungsgebundene Übertragungsmedien* für Computernetze. Es gibt *elektrische Leiter* aus Kupfer,
auf denen Daten über Twisted-Pair-Kabel (verdrillte Kabel) oder
Koaxialkabel in Form elektrischer Impulse übertragen werden, und

es gibt *Lichtwellenleiter,* auf denen Daten als Lichtimpulse übertragen werden.

Zudem gibt es die Möglichkeit *nicht-leitungsgebundener Übertragung* (drahtlose Übertragung), die *gerichtet* und *ungerichtet* möglich ist. Gerichtete drahtlose Übertragung kann auf folgenden Technologien basieren:

- *Funktechnik:* Daten werden als elektromagnetische Wellen (Radiowellen) im Radiofrequenzbereich übertragen. Beispiele sind WLAN und Satelliten-Direktfunk.
- *Infrarot:* Daten werden als elektromagnetische Wellen im Bereich des unsichtbaren Spektrums übertragen. Ein Beispiel ist IrDA.
- *Laser:* Daten werden via Laser-Bridge als Lichtimpulse übertragen.

Ungerichtete Übertragung basiert immer auf Funktechnik. Anwendungsbeispiele sind Mobilfunk, LTE, terrestrischer Rundfunk und Satelliten-Rundfunk.

Ethernet kennt drei Arten leitungsgebundener Übertragungsmedien: Koaxialkabel, Twisted-Pair-Kabel und Lichtwellenleiter.

5.2.1 Koaxialkabel

Koaxialkabel sind zweipolige Kabel mit konzentrischem (koaxialem) Aufbau. Der innere Leiter *(Seele)* führt das Signal und der äußere Leiter liegt auf Masse (Grundpotential) und umhüllt den inneren vollständig (siehe Abb. 5.8). Wegen der Abschirmung des signalführenden Leiters durch die Umhüllung mit der Masse werden elektromagnetische Störungen reduziert.

Die beiden Ethernet-Standards Thick Ethernet und Thin Ethernet verwenden Koaxialkabel als Übertragungsmedium.

Bei *Thick Ethernet* (10BASE5), das auch *Yellow Cable* genannt wird, werden 10 mm dicke Koaxialkabel (RG-8) mit 50 Ohm Wellenwiderstand verwendet. Zum Anschluss eines Endgeräts muss ein Loch in das Kabel gebohrt werden. Durch das Loch wird über eine *Vampirklemme* der *Transceiver* (siehe Abb. 5.9) mit der

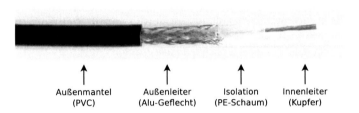

↑	↑	↑	↑
Außenmantel (PVC)	**Außenleiter** (Alu-Geflecht)	**Isolation** (PE-Schaum)	**Innenleiter** (Kupfer)

Abb. 5.8 Aufbau eines Koaxialkabels

Abb. 5.9 Transceiver
bei Thick Ethernet
(10BASE5)

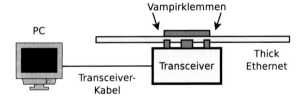

Abb. 5.10 Verkabelung bei Thick Ethernet (10BASE5)

Seele verbunden und das Endgerät wird über ein Transceiver-Kabel (DB15) – auch AUI (Attachment Unit Interface) genannt – mit dem Transceiver verbunden (siehe Abb. 5.10).

Der Hardwareaufwand bei Thick Ethernet ist kostenintensiv. Eine preisgünstigere Lösung ist Thin Ethernet (10BASE2), das auch *Cheapernet* oder *ThinWire* genannt wird. Dieser Standard verwendet 6 mm dicke Koaxialkabel (RG-58) mit 50 Ohm Wel-

Abb. 5.11 Verkabelung
bei Thin Ethernet
(10BASE2)

Abb. 5.12 T-Stücke und
Abschlusswiderstand bei
Thin Ethernet
(10BASE2)

lenwiderstand. Die Kabel sind dünner und flexibler und dadurch einfacher zu verlegen. Die Kabel und Netzwerkgeräte haben BNC-Anschlüsse (Bayonet Neill Concelman). Mit Verbindungssteckern, die wegen ihres Aussehens *T-Stücke* heißen, verbindet man die Endgeräte mit dem Übertragungsmedium (siehe Abb. 5.11). Abschlusswiderstände verhindern Reflexionen auf dem Medium (siehe Abb. 5.12).

5.2.2 Twisted-Pair-Kabel

Die Adern von *Twisted-Pair-Kabeln* sind paarweise miteinander verdrillt. Verdrillte Adernpaare bieten besseren Schutz gegen magnetischen Wechselfelder und elektrostatische Beeinflussungen von außen als Adern, die nur parallel geführt sind. Über das Adernpaar wird jeweils ein *Komplementärsignal* gesendet (auf einer Ader $0\,V$ bis $+2,5\,V$ und auf der anderen Ader $0\,V$ bis $-2,5\,V$). So kann der Empfänger Leitungsstörungen herausfiltern. Zudem wird die elektromagnetische Abstrahlung reduziert [20]. Das Funktionsprinzip zeigt Abb. 5.13. Die Signalamplitude von Leitung A=Nutzsignal+Störsignal und die Signalamplitude von Leitung B= −Nutzsignal+Störsignal. Unabhängig von der Höhe des Störsignals bleibt die Differenz zwischen Nutzsignal und Kom-

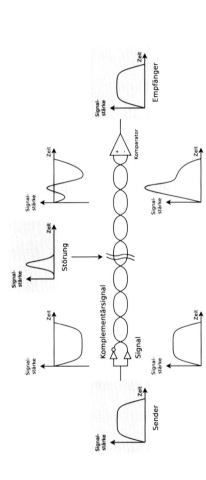

Abb. 5.13 Bei der Datenübertragung via Twisted-Pair-Kabel überträgt jedes verwendete Adernpaar komplementäre Signale

Abb. 5.14
8P8C-Stecker (RJ45)

plementärsignal gleich. Die Differenz der Signalamplituden von
Leitung A und von Leitung B beim Empfänger ist [28]:

$$[+\text{Nutzsignal} + \text{Störsignal}] - [-\text{Nutzsignal} + \text{Störsignal}] = 2 * \text{Nutzsignal}$$

Alle Varianten des Ethernet-Standards, bei denen Twisted-Pair-
Kabel das Übertragungsmedium sind, verwenden Stecker und
Buchsen nach dem Standard 8P8C, die meist RJ45 genannt werden
(siehe Abb. 5.14). In den vergangenen Jahren haben sich Twisted-
Pair-Kabel und RJ45-Stecker und -Buchsen als Standard für kup-
ferbasierte IT-Vernetzung etabliert.

Ethernet 10BASE-T und Fast-Ethernet 100BASE-TX verwenden von den vier Adernpaaren nur eins zum Senden und eins zum
Empfangen (siehe Abb. 5.15). TD+ und TD− (Transceive Data) sind
das Signalpaar für den Datenausgang und RD+ und RD− (Receive
Data) das Signalpaar für den Dateneingang. Die übrigen Adernpaare werden nicht verwendet. Fast-Ethernet 100BASE-T4 und
Gigabit-Ethernet 1000BASE-T sowie alle nachfolgenden Standards verwenden jeweils alle vier Adernpaare zum Senden und
zum Empfangen.

T568A und T568B sind Standards für die Pinbelegung der
RJ45-Stecker und -Buchsen und werden bei Ethernet 10BASE-
T, Fast-Ethernet 100BASE-TX, Gigabit-Ethernet 1000BASE-T,
2.5GBASE-T, 5GBASE-T, 10GBASE-T sowie 40GBASE-T verwendet.

Der einzige Unterschied zwischen den Standards ist die Vertau-
schung der beiden Adernpaare 2 und 3 (grün und orange). Bei der

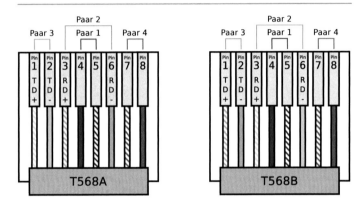

Abb. 5.15 8P8C-Steckerbelegung (RJ45) für Ethernet

Verkabelung von Computernetzen achtet man darauf, dass einheit-
lich nach einem der beiden Standards vorgegangen wird. In Europa
wird meistens nach T568A verkabelt.

Crossover-Kabel und Patch-Kabel
Zwei Endgeräte verbindet man direkt via ein *Crossover-Kabel*
(siehe Abb. 5.16). Es verbindet die Dateneingänge und -ausgänge
von Geräten miteinander.

Mehr als zwei Netzwerkgeräte vernetzt man mit *Patch-Kabeln*
(1 : 1-Verdrahtung). In diesem Fall benötigt man einen Hub oder
Switch. Einige Hubs und Switches haben einen *Uplink-Port* (siehe
Abb. 5.17) zur Verbindung mit einem weiteren Hub oder Switch.
Der Uplink-Port ist im Gegensatz zu den übrigen Ports intern
gekreuzt.

Moderne Netzwerkgeräte erkennen selbstständig die Sende-
und Empfangsleitungen verbundener Netzwerkgeräte. Diese
Fähigkeit heißt *Auto-MDIX* und sie ermöglicht die beliebige Verwendung von Patch-Kabeln und Crossover-Kabeln. Alle Netzwerkgeräte, die Gigabit-Ethernet 1000BASE-T oder schneller
beherrschen, unterstützen Auto-MDIX.

Patch-Kabel

Hub / Switch

Crossover-Kabel

Endgerät

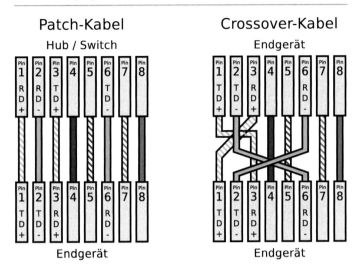

Endgerät

Endgerät

Abb. 5.16 Belegung von Patch-Kabeln und Crossover-Kabeln

Abb. 5.17 Verfügt ein Hub oder Switch über einen Uplink-Port, so ist dieser intern gekreuzt

Schirmung bei Twisted-Pair-Kabeln

Ein elektrisch leitender Schirm bietet zusätzlich Schutz gegen äußere elektromagnetische Felder (siehe Tab. 5.6). Das Bezeichnungsschema hat die Form XXYZZ.

- XX steht für die Gesamtschirmung (U = ungeschirmt, F = Folie, S = Drahtgeflecht, SF = Drahtgeflecht und Folie)
- Y steht für die Aderpaarschirmung (U = ungeschirmt, F = Folie, S = Drahtgeflecht)

Tab. 5.6 Varianten von Twisted-Pair-Kabeln

Bezeichnung	Bedeutung	Gesamtschirm	Paarschirm
UUTP	Unshielded Twisted Pair	—	—
UFTP	Foiled Twisted Pair	—	Folie
USTP	Shielded Twisted Pair	—	Drahtgeflecht
SUTP	Screened Unshielded Twisted Pair	Drahtgeflecht	—
SFTP	Screened Foiled Twisted Pair	Drahtgeflecht	Folie
SSTP	Screened Shielded Twisted Pair	Drahtgeflecht	Drahtgeflecht
FUTP	Foiled Unshielded Twisted Pair	Folie	—
FFTP	Foiled Foiled Twisted Pair	Folie	Folie
FSTP	Foiled Shielded Twisted Pair	Folie	Drahtgeflecht
SFUTP	Screened Foiled Unshielded Twisted Pair	Folie und Drahtgeflecht	—
SFFTP	Screened Foiled Foiled Twisted Pair	Folie und Drahtgeflecht	Folie

- ZZ steht für Twisted Pair (TP)

Aus der Praxis gängige Varianten von Twisted-Pair-Kabeln zeigen die Abb. 5.18, 5.19 und 5.20.

Die Schirme müssen auf beiden Seiten des Kabels geerdet sein. Einseitige Erdung führt zu Antennenwirkung (siehe Abb. 5.21).

Abb. 5.18 Aufbau eines
UTP-Kabels

Abb. 5.19 Aufbau eines
FTP-Kabels (FUTP)

Abb. 5.20 Aufbau eines
SFTP-Kabels

Es kommt zum Ausgleichsstrom zwischen den Systemen ($I = \frac{U}{R}$). Die Existenz dieses Ausgleichsstroms führt zu Störungen im Betrieb oder gar zur Zerstörung von Netzwerkgeräten. Schirmung ist also nur dann sinnvoll, wenn beide Seiten auf demselben Erdungspotenzial liegen. Darum sollten Kabel mit Schirmung niemals zwischen Gebäuden verlegt werden. Lösungsmöglichkeiten sind das Verlegen von Lichtwellenleitern zwischen Gebäuden, die Verwendung von Laser-Bridges oder von Funknetzen.

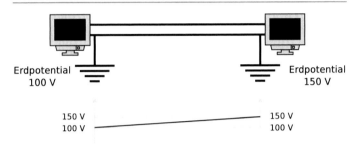

Abb. 5.21 Schirmung zwischen Gebäuden führt zu Antennenwirkung

Kategorien von Twisted-Pair-Kabeln

Es existieren Twisted-Pair-Kabel (siehe Tab. 5.7) unterschiedlicher Leistungsfähigkeit (Kategorie). Die Leistungsfähigkeit einer Netzwerkverbindung wird von der Komponente mit der geringsten Kategorie (Cat) bestimmt. Sind zum Beispiel Cat-6-fähige Netzwerkgeräte über ein Cat-5-Kabel verbunden, reduziert sich die Leistungsfähigkeit der Verbindung auf Kategorie 5.

Kabel der Kategorie 1 sind für Modems geeignete Telefonkabel ohne Abschirmung. Einfache ISDN-Kabel entsprechen der Kategorie 2. Kabel der Kategorie 3 ermöglichen Datenübertragungen via 10 Mbit-Ethernet (10BASE-T) und via 100 Mbit-Ethernet (100BASE-T4), das vier Adernpaare verwendet. Diese Kabel sind außer für Telefon/ISDN kaum noch verbreitet. Kabel der Kategorie 4 sind wenig verbreitet, da der Gewinn gegenüber Kategorie 3 gering ist. Kabel der Kategorie 5 ermöglichen Datenübertragungen via Fast-Ethernet (100BASE-TX) und via Gigabit-Ethernet (1000BASE-T), das vier Adernpaare verwendet. Kabel der Kategorie 5e sind garantiert Gigabit-Ethernet-tauglich und erfüllen strengere Prüfstandards als Kabel der Kategorie 5. Zudem unterstützen diese Kabel auch 2,5 Gbit-Ethernet (2.5GBASE-T). Kabel der Kategorie 5e sind die häufigste Verkabelung für Ethernet-Computernetze. Kabel der Kategorie 6 sind ebenfalls für Gigabit-Ethernet (1000BASE-T) geeignet und unterstützten 10-Gigabit-Ethernet (10GBASE-T) mit Kabelsegmenten bis 55 m. Kabel der

Tab. 5.7 Kategorien von Twisted-Pair-Kabeln

Kategorie	Maximale Betriebsfrequenz	Kompatibel mit …
Cat 1	100 kHz	Modem
Cat 2	1 oder 1,5 MHz	ISDN
Cat 3	16 MHz	10BASE-T (10 Mbit/s, 2 Adernpaare, 100 m)
		100BASE-T4 (100 Mbit/s, 4 Adernpaare, 100 m)
Cat 4	20 MHz	Token Ring (16 Mbit/s, 2 Adernpaare)
Cat 5	100 MHz	100BASE-TX (100 Mbit/s, 2 Adernpaare, 100 m)
		1000BASE-T (1 Gbit/s, 4 Adernpaare, 100 m)
Cat 5e	100 MHz	2.5GBASE-T (2,5 Gbit/s, 4 Adernpaare, 100 m)
Cat 6	250 MHz	5GBASE-T (5 Gbit/s, 4 Adernpaare, 100 m)
		10GBASE-T (10 Gbit/s, 4 Adernpaare, 55 m)
Cat 6A	500 MHz	10GBASE-T (10 Gbit/s, 4 Adernpaare, 100 m)
Cat 7	600 MHz	10GBASE-T (10 Gbit/s, 4 Adernpaare, 100 m)
Cat 7A	1000 MHz	10GBASE-T (10 Gbit/s, 4 Adernpaare, 100 m)
Cat 8.1/8.2	2000 MHz	40GBASE-T (40 Gbit/s, 4 Adernpaare, 30 m)

Kategorie 6A eignen sich für 10-Gigabit-Ethernet (10GBASE-T) mit bis zu 100 m langen Kabelsegmenten.

Für Kabel der Kategorien 7 und 7A waren ursprünglich andere Stecker (z. B. TERA oder alternativ GG45) und Buchsen als RJ45 vorgesehen. Diese Stecker konnten sich am Markt aber nicht durchsetzen. Eine Verkabelung der Kategorien 7 und 7A bietet mit RJ45-Steckern keine Vorteile gegenüber Kabeln der Kategorie 6A.

Kabel der Kategorie 8.1 eignen sich für 40-Gigabit-Ethernet (40GBASE-T) mit RJ45-Steckern. Dieser Standard unterstützt Kabel bis zu einer Länge von 30 m. Solche Kabellängen sind in der Regel ausreichend für Rechenzentren. Zusätzlich existieren noch Kabel der Kategorie 8.2. Der einzige Unterschied zu Kabeln der Kategorie 8.1 sind die verwendeten Stecker. Die Betriebsfrequenz ist identisch.

Draht oder Litze

Twisted-Pair-Kabel können als Massivkabel *(Solid)* oder Litzenkabel *(Stranded)* bezogen werden.

Bei Massivkabeln (siehe Abb. 5.22) ist jede Ader ein massi-
ver Kupferdraht. Solche Kabel sind gut geeignet zur dauerhaften
Infrastruktur-Installation. Massivkabel sind ideal zum Anschluss
an Patchfeldern und Wandanschlussdosen, da die einzelnen Drähte
zuverlässig auf die Schneidklemme aufgelegt werden können.
Im Vergleich zu Litzenkabeln haben Massivkabel eine geringere
Signalabschwächung (Dämpfung) und sie sind kostengünstiger.

Bei Litzenkabeln (siehe Abb. 5.23) besteht jede Ader aus mehreren Litzen von Drähten, die umeinander gewickelt sind. Litzenkabel eigenen sich wegen ihrer guten Flexibilität ideal für Patchkabel
und sind wegen der höheren Dämpfung eher für kürzere Entfernungen geeignet.

Drahtdurchmesser

Außer den bislang genannten Kriterien können sich Twisted-Pair-
Kabel auch im Drahtdurchmesser (Durchmesser der einzelnen
Adern) unterscheiden. Dieser ist bei Twisted-Pair-Kabeln üblicherweise im amerikanischen System American Wire Gauge (AWG)
angegeben.

In der Praxis sind die Größen 24 AWG, 26 AWG und 28 AWG am
häufigsten anzutreffen. Tab. 5.8 enthält die gängigen AWG-Größen
für Twisted-Pair-Kabel für Computernetze und deren Umrechnung.

Abb. 5.22 Eine Ader
bei einem Twisted-Pair-
Massivkabel *(Solid)*

Abb. 5.23 Eine Ader
bei einem Twisted-Pair-
Litzenkabel *(Stranded)*

Tab. 5.8 Typische Drahtdurchmesser (AWG-Größen) für Twisted-Pair-Kabel

AWG	Durchmesser der einzelnen Adern (mm)
24	0,511
26	0,405
28	0,321

Je größer der Drahtdurchmesser ist, desto geringerer ist elektrische Widerstand für die elektronischen Signale und desto geringer ist die Signalabschwächung (Dämpfung). 24AWG-Kabel haben somit eine geringere Dämpfung als Kabel mit einem Durchmesser 26AWG oder 28AWG.

Ein Vorteil von 28AWG-Kabeln gegenüber Kabeln mit einem Durchmesser 24AWG oder 26AWG ist, das sie dünner sind. Dünnere Kabel blockieren den Luftstrom in Server-Schränken weniger und vereinfachen die Installation. Zudem enthalten dünnere Kabel weniger Kupfer und sind damit in der Anschaffung günstiger.

Power over Ethernet (PoE)

PoE steht für eine Gruppe von Protokollen, die beschreibt, wie Netzwerkgeräte über Twisted-Pair-Kabel mit Strom versorgt werden können. Besonders bei Geräten wie IP-Kameras, IP-Telefonen, WLAN-Basisstationen (Access Points) und Einplatinencomputern, die gelegentlich an Stellen ohne direkten Stromanschluss betrieben werden sollen, ist es von großem Vorteil, wenn nur das Netzwerkkabel verlegt werden muss.

Der in der Praxis am häufigsten verwendete Standard ist IEEE 802.3af. Dieser kann die bei Ethernet 10BASE-T und Fast-Ethernet 100BASE-TX ungenutzten Adernpaare oder alternativ auch die signalführenden Adernpaare bei den genannten Ethernet-Standards sowie bei Gigabit-Ethernet zur Stromversorgung nutzen. Werden die signalführenden Adernpaare genutzt, wird zusätzlich zum Datensignal ein Gleichstromanteil übertragen [20].

Bei IEEE 802.3af dürfen die zu versorgenden Geräte, die bei PoE *Powered Device* (PD) heißen, bei einer Versorgungsspannung von 48 V und 350 mA Stromstärke eine Leistung von 12,95 Watt verbrauchen. Neuere PoE-Standards wie IEEE 802.3at (PoE+) und IEEE 802.3bt (4PPoE) haben großzügigere Leistungsparameter, sind in der Praxis aber seltener vorzufinden.

Die Einspeisung der elektrischen Leistung auf ein Twisted-Pair-Kabel kann über ein *Power Sourcing Equipment* (PSE), das auch *Endspan* heißt, oder alternativ über ein *Midspan* erfolgen. Bei einem PSE bzw. Endspan (siehe Abb. 5.24) handelt es sich um einen Switch, der PoE unterstützt. Ein Midspan (siehe Abb. 5.25) ist ein sogenannter PoE-Injektor, der sich zwischen Switch und zu versorgendem Gerät (PE) befindet.

Abb. 5.24 Ein Switch mit PoE-Funktionalität (Endspan) ist ebenso geeignet, elektrische Leistung auf ein Twisted-Pair-Kabel einzuspeisen

Abb. 5.25 Ein PoE-Injektor (Midspan) speist elektrische Leistung auf ein Twisted-Pair-Kabel

5.2.3 Lichtwellenleiter

Ein Lichtwellenleiter besteht (von innen nach außen) aus einem lichtübertragenden Kern *(Core)* aus Quarzglas. Um den Kern befindet sich ein Mantel *(Cladding)*, der einen niedrigeren Brechungsindex als der Kern hat und durch Totalreflexion an der Grenzschicht zum Kern die Führung der Strahlen bewirkt. Der Mantel ist von einer Schutzbeschichtung *(Coating* oder *Buffer)* umschlossen (siehe Abb. 5.26). Die letzte Schicht ist die äußere Schutzhülle *(Jacket)*.

Aufbau, Abmessungen und Brechungsindex von Kern und Mantel bestimmten die Anzahl der *Moden,* die sich in den Fasern des Lichtwellenleiters ausbreiten können. Jeder Mode entspricht einem Weg im Lichtwellenleiter. *Multimodefasern* besitzen bis zu mehreren tausend Moden und *Monomodefasern* nur einen Grundmode. Für kürzere Strecken bis ca. 500 m verwendet man Multimodefasern und Monomodefasern für längere Strecken bis ca. 70 km.

5.3   Strukturierte Verkabelung

Die *strukturierte Verkabelung,* die auch *universelle Gebäudeverkabelung* (UGV) heißt, ist ein Aufbauplan für eine gebäudeübergreifende Netzwerkinfrastruktur zur Übertragung verschiedener Sprach- und Datendienste. Möglichst wenige Übertragungsmedien sollen die Übertragung möglichst vieler Anwendungen erlauben.

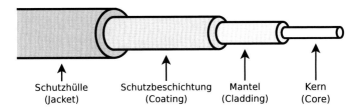

| Schutzhülle
(Jacket) | Schutzbeschichtung
(Coating) | Mantel
(Cladding) | Kern
(Core) |

Abb. 5.26 Aufbau eines Lichtwellenleiters

Alle heutigen und zukünftigen Kommunikationssysteme sollen unterstützt, teure Fehlinstallationen und Erweiterungen vermieden und die Installation neuer Netzwerkkomponenten erleichtert werden.

Eine strukturierte Verkabelung ist Teil eines gebäudeübergreifenden Campus und besteht aus Primär-, Sekundär- und Tertiärbereich.

Der *Primärbereich* ist die gebäudeübergreifende Verkabelung. Dieser Bereich heißt auch auch „Campusverkabelung" oder „Geländeverkabelung" und besteht aus redundanten Kabeltrassen mit Lichtwellenleitern. Der Primärbereich beginnt und endet an Gebäudeverteilern. Gründe für den Einsatz von Lichtwellenleitern sind die relativ großen Entfernungen von mehreren hundert Metern, die es zu überbrücken gilt, die Erdungsproblematik und die benötigte Bandbreite.

Der *Sekundärbereich* befindet sich innerhalb eines Gebäudes. Er ist ein gebäudeinternes Backbone und verbindet den Gebäudeverteiler mit den Etagenverteilern. Hier findet die Verkabelung einzelner Stockwerke innerhalb eines Gebäudes statt. Die Verkabelung erfolgt via Kupferkabel oder Lichtwellenleiter.

Der *Tertiärbereich* ist die sternförmige Verkabelung auf Etagenebene. Er verbindet die Anschlussdosen mit Etagenverteilern. Als Übertragungsmedien werden aus Kostengründen meist Kupferkabel (Twisted-Pair-Kabel) verwendet. Als Verbindung zwischen den Anschlussdosen mit den Endgeräten dienen kurze Anschlusskabel (1 bis 10 m).

5.4   Geräte der Bitübertragungsschicht

Weil bei allen Übertragungsmedien das Problem der *Dämpfung* (Signalabschwächung) besteht, ist die maximale Reichweite begrenzt. *Repeater* vergrößern die Reichweite eines LAN, indem sie empfangene elektrische oder optische Signale vom Rauschen und von Jitter (Genauigkeitsschwankungen im Übertragungstakt) reinigen und verstärken.

Ein Repeater interpretiert die von ihm empfangenen Leitungs-pegel und sendet die Daten frisch kodiert weiter. Er leitet Signale zwar weiter, analysiert aber nicht deren Bedeutung und untersucht auch nicht deren Korrektheit. Ein Repeater verfügt lediglich über zwei Schnittstellen *(Ports)*.

Repeater mit mehr als zwei Schnittstellen heißen *Multiport-Repeater* oder *Hub* (siehe Abb. 5.27). Repeater und Hubs haben weder physische noch logische Netzadressen, da sie empfangene Signale nur weiterleiten. Sie arbeiten somit transparent und kommunizieren nicht auf einer höheren Protokollschicht als der Bit-übertragungsschicht.

Hubs realisieren die physische Stern-Topologie und logische Bus-Topologie. Genau wie bei einem langen Kabel, an dem alle Netzwerkgeräte hängen, leitet ein Hub ankommende Signale zu allen anderen Schnittstellen weiter. Darum kann jedes Endgerät, das mit einem Hub verbunden ist, den vollständigen Datenverkehr, der über den Hub geht, empfangen und analysieren. Auch Hubs können die Signale, die sie weiterleiten, nicht analysieren, sondern nur reinigen und verstärken.

Ein Vorteil von Hubs gegenüber der physischen Bus-Topologie ist, dass beim Hub der Ausfall einzelner Kabelsegmente nicht das vollständige Netz lahmlegt. Auch beim Hinzufügen oder Entfernen von Netzwerkgeräten wird das Netz nicht unterbrochen.

Abb. 5.27 Multiport-Repeater (Hub) mit 8 Schnittstellen (Ports)

Um eine größere Netzausdehnung zu erreichen, kann man Hubs
kaskadieren. Das ist aber nicht beliebig möglich, denn die *Round-
Trip-Time* (RTT) darf nicht überschritten werden. Das ist die Rundlaufzeit, die ein Netzwerkrahmen benötigt, um vom Sender zum
Empfänger und (als Bestätigung für den erfolgreichen Empfang)
zurück übertragen zu werden. In diesem Fall ist die maximale RTT
entscheidend, also die Zeit, um vom einen Ende zum weitest entfernten Ende des Netzes zu gelangen und wieder zurück. Die RTT
hängt von der Geschwindigkeit des Netzwerks ab. Wird das Netz
zu groß, wird die RTT zu hoch. Dadurch werden Kollisionen häu-
figer und unerkannte Kollisionen möglich.

Um Störungen zu vermeiden, existiert die *5-4-3-Repeater-
Regel*. Diese besagt, das nicht mehr als fünf Kabelsegmente verbunden sein dürfen. Dafür werden maximal vier Repeater eingesetzt und an nur drei Segmenten dürfen Endgeräte angeschlossen
sein. Diese Regel gilt nur für Repeater und Hubs. Bei Gigabit-
Ethernet und noch leistungsfähigeren Netzwerkstandards sind
keine Repeater und Hubs mehr spezifiziert.

Genau wie bei einer physischen Bus-Topologie befinden sich
alle Netzwerkgeräte, die an einen Hub angeschlossen sind, in einer
Kollisionsdomäne.

Auch *Modems* arbeiten auf der Bitübertragungsschicht. Diese
Geräte ermöglichen den Transport von Signalen über weite Strecken, indem sie diese auf eine Trägerfrequenz im Hochfrequenzbereich aufmodulieren. Ein Modem auf der Gegenseite kann die
ursprünglichen Signale durch Demodulieren wieder zurückgewinnen. Beispiele sind (A)DSL- oder Kabelmodems für Breitbandinternetzugänge und Telefon- oder Faxmodems für Schmalbandinternetzugänge.

5.4.1 Auswirkungen von Repeatern und Hubs auf die Kollisionsdomäne

Erweitert man ein Netzwerk mit dem Medienzugriffsverfahren
CSMA/CD (siehe Abschn 6.8.1) durch Repeater oder Hubs, ver-
größert sich die Kollisionsdomäne, denn diese Geräte können keine
Signale analysieren, sondern nur weiterleiten (siehe Abb. 5.28).

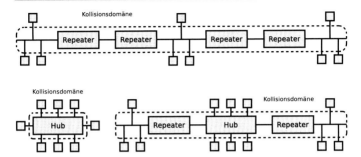

Abb. 5.28 Kollisionsdomänen bei Repeatern und Hubs

Damit CSMA/CD funktioniert, müssen Kollisionen in einer Kollisionsdomäne innerhalb einer bestimmten Zeit jedes Netzwerkgerät erreichen. Ist die Kollisionsdomäne zu groß, besteht die Gefahr, dass sendende Netzwerkgeräte Kollisionen nicht erkennen. Darum darf es maximal 1023 Geräte pro Kollisionsdomäne geben. Mit der Anzahl der Netzwerkgeräte steigt die Anzahl der Kollisionen. Bei Thin Ethernet (10BASE2) und Thick Ethernet (10BASE5) sind maximal zwei Repeater-Paare zwischen zwei beliebigen Netzwerkgeräten erlaubt.

5.5 Kodierung von Daten in Netzwerken

Die effiziente Kodierung von Daten ist nicht erst seit dem Aufkommen von Computernetzen wichtig. Ein Beispiel (siehe Tab. 5.9) für eine effiziente Kodierung ist der *Morsecode* (Morsealphabet).

Die Kodierung, die in diesem Kontext *Leitungscode* heißt, legt in Computernetzen fest, wie Signale auf dem verwendeten Medium übertragen werden. Bestimmte Signalpegelfolgen werden Bitfolgen im Datenstrom zugeordnet. In Computernetzen sind folgende Aktionen nötig:

Tab. 5.9 Morsecode nach Samuel Morse von 1838

A	$\cdot -$	J	$\cdot ---$	S	$\cdot \cdot \cdot$	1	$\cdot ----$
B	$- \cdot \cdot \cdot$	K	$- \cdot -$	T	$-$	2	$\cdot \cdot ---$
C	$- \cdot - \cdot$	L	$\cdot - \cdot \cdot$	U	$\cdot \cdot -$	3	$\cdot \cdot \cdot --$
D	$- \cdot \cdot$	M	$--$	V	$\cdot \cdot \cdot -$	4	$\cdot \cdot \cdot \cdot -$
E	$\cdot$	N	$- \cdot$	W	$\cdot --$	5	$\cdot \cdot \cdot \cdot \cdot$
F	$\cdot \cdot - \cdot$	O	$---$	X	$- \cdot \cdot -$	6	$- \cdot \cdot \cdot \cdot$
G	$-- \cdot$	P	$\cdot -- \cdot$	Y	$- \cdot --$	7	$-- \cdot \cdot \cdot$
H	$\cdot \cdot \cdot \cdot$	Q	$-- \cdot -$	Z	$-- \cdot \cdot$	8	$--- \cdot \cdot$
I	$\cdot \cdot$	R	$\cdot - \cdot$	0	$-----$	9	$---- \cdot$

1. Umwandlung *(Kodierung)* von Binärdaten in Signale.
2. Übertragung der Signale über das Medium zum Empfänger.
3. Rückwandlung *(Dekodierung)* der Signale in Binärdaten.

Die Kodierung der Binärdaten in Signale ist auf verschiedene Arten möglich. Auf den nachfolgenden Seiten werden verschiedene Leitungscodes vorgestellt (siehe Tab. 5.10).

Die einfachste Form der Darstellung von logischer Null und Eins ist mit verschiedenen Spannungsniveaus möglich. Es kann zum Beispiel eine Null durch einen Signalpegel (zum Beispiel 0 Volt) und eine Eins durch einen anderen Signalpegel (zum Beispiel 5 Volt) kodiert werden. Dieser Leitungscode ist NRZ.

5.5.1 Non-Return to Zero (NRZ)

Dieser Leitungscode kodiert den Datenwert Null mit Signalpegel 1 und den Datenwert Eins mit Signalpegel 2. Dieses Vorgehen heißt auch *binäre Übertragung* oder *binäre Kodierung* (Abb. 5.29).

Das serielle Bussystem CAN-Bus (Controller Area Network), das die Firma Bosch in den 1980er Jahren zur Vernetzung von Steuergeräten in Automobilen entwickelt hat, verwendet NRZ.

Tab. 5.10 Leitungscodes

Leitungscode	Signalpegel	Durchschnitts-verschiebungen	Pegelwechsel	Selbstsynchro-nisierend[a]	Effizienz[b]	Direkt übertragbar	Weitere Kodierung
NRZ	2	Ja	Bei Wechseln	Nein	100 %	Nein	—
NRZI	2	Ja	Bei 1	Nein	75 %	Nein	—
MLT-3	3	Ja	Bei 1	Nein	100 %	Nein	—
RZ	3	Ja	Immer	Ja	50 %	Nein	—
Unip. RZ	2	Ja	Bei 1	Nein	75 %	Nein	—
AMI	3	Nein	Bei 1	Nein	100 %	Nein	Scrambler
B8ZS	3	Nein	Bei 1	Ja	100 %	Ja	—
Manchester	2	Nein	Immer	Ja	50 %	Ja	—
Manchester II	2	Nein	Immer	Ja	50 %	Ja	—
Diff. Manch.	2	Ja	Immer	Ja	50 %	Ja	—
4B5B	2	Ja	—	Ja	80 %	Nein	NRZI oder MLT-3
5B6B	2	Nein	—	Ja	$83,\overline{3}$ %	Nein	NRZI
8B10B	2	Nein	—	Ja	80 %	Nein	NRZ
8B6T	3	Nein	—	Ja	100 %	Ja	—

[a] Gibt an, ob die Taktrückgewinnung nur mit diesem Leitungscode möglich ist.
[b] Verhältnis von Bitrate (Nutzdaten in Bits pro Zeit) und Baudrate (Signaländerungen pro Zeit).

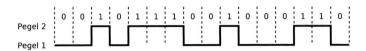

Abb. 5.29 NRZ

Beim Übertragen längerer Serien von Nullen oder Einsen gibt es keine Änderung des Signalpegels. Das führt zur *Verschiebung des Durchschnitts* und Problemen bei der *Taktrückgewinnung.*

Verschiebung des Durchschnitts
Der Empfänger unterscheidet die Signalpegel anhand des Durchschnitts einer bestimmten Anzahl zuletzt empfangener Signale. Signale unter dem Durchschnitt interpretiert der Empfänger als Null und deutlich über dem Durchschnitt interpretiert er als Eins. Beim Übertragen längerer Serien von Nullen oder Einsen kann sich der Durchschnitt soweit verschieben, dass es schwierig wird, eine signifikante Änderung im Signal zu erkennen.

Zur Verhinderung der Durchschnittsverschiebung *(Baseline Wander)* muss im Leitungscode die Belegung der Signalpegel bei zwei Signalpegeln *gleichverteilt* sein. Die zu übertragenden Daten müssen also so kodiert werden, dass die Signalpegel gleich häufig vorkommen. Verwendet eine Netzwerktechnologie drei oder fünf Signalpegel, muss der Durchschnitt über die Zeit dem mittleren Signalpegel entsprechen.

Taktrückgewinnung (Synchronisierung)
Ein weiteres Problem bei NRZ und anderen Leitungscodes ist die Taktrückgewinnung *(Clock Recovery)* oder Synchronisierung. Auch wenn die Prozesse für Kodierung und Dekodierung auf unterschiedlichen Rechnern laufen, müssen sie vom gleichen Takt gesteuert werden. In jedem Taktzyklus überträgt der Sender ein Bit und der Empfänger empfängt eins. Driften die Taktgeber von Sender und Empfänger auseinander, könnte sich der Empfänger bei einer Folge von Nullen oder Einsen verzählen. Eine Möglichkeit das Problem zu vermeiden, ist eine getrennte Leitung, die den Takt überträgt.

Eine Vernetzungstechnologie, die eine separate Signalleitung nur für den Takt vorsieht, ist das serielle Bussystem I^2C (Inter-Integrated Circuit). Dieses ist aber wie auch vergleichbare Bussysteme nur für lokale Anwendungen und nicht zur Überbrückung großer Distanzen geeignet.

In Computernetzen sind separate Signalleitungen nur für den Takt wegen des Verkabelungsaufwands nicht praktikabel. Stattdessen empfiehlt es sich, die Anzahl der Signalpegelwechsel zu erhöhen, um die Taktrückgewinnung aus dem Datenstrom zu ermöglichen.

5.5.2 Non-Return to Zero Invert (NRZI)

NRZI ist eine Variante von NRZ. Um den Datenwert Eins zu senden, findet zu Beginn des Takts ein Wechsel des Signalpegels statt. Um den Datenwert Null zu senden, bleibt der Signalpegel einen ganzen Takt lang unverändert (Abb. 5.30).

Die Taktrückgewinnung ist bei Reihen aufeinanderfolgender Nullen nicht möglich. Weil die Belegung der Signalpegel nicht gleichverteilt ist, kann es zu Durchschnittsverschiebungen kommen.

Diesen Leitungscode verwenden unter anderem FDDI und Ethernet 100BASE-FX.

5.5.3 Multilevel Transmission Encoding – 3 Levels (MLT-3)

Dieser Leitungscode verwendet drei Signalpegel (+, 0 und –). Beim Senden des Datenwerts Null findet kein Pegelwechsel statt.

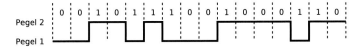

Abb. 5.30 NRZI

Der Datenwert Eins wird abwechselnd entsprechend der Folge [+, 0, -, 0] kodiert (Abb. 5.31).

Genau wie bei NRZI besteht das Problem der Taktrückgewinnung bei Reihen aufeinanderfolgender Nullen und Durchschnittsverschiebungen sind möglich.

Diesen Leitungscode verwendet unter anderem Ethernet 100BASE-TX.

5.5.4 Return-to-Zero (RZ)

Auch RZ verwendet drei Signalpegel. Um den Datenwert Eins zu senden, wird der positive Signalpegel für einen halben Takt übertragen und danach zum mittleren Signalpegel zurückgekehrt. Um den Datenwert Null zu senden, wird der negative Signalpegel für einen halben Takt übertragen und danach zum mittleren Signalpegel zurückgekehrt (Abb. 5.32).

Die garantierte Änderung des Signalpegels bei jedem übertragenen Datenbit ermöglicht dem Empfänger die Taktrückgewinnung. Die benötigte Bandbreite gegenüber NRZ ist aber doppelt so hoch. Zudem kann es bei Reihen aufeinanderfolgender Einsen oder Nullen zu Durchschnittsverschiebungen kommen.

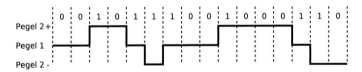

Abb. 5.31 MLT-3

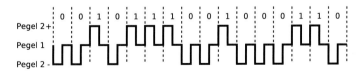

Abb. 5.32 Return-to-Zero

5.5.5 Unipolares RZ

Dieser Leitungscode, der unter anderem bei drahtlosen optischen Datenübertragungen via IrDA im Übertragungsmodus SIR verwendet wird, ist eine Sonderform der RZ-Kodierung, denn er verwendet nur zwei Signalpegel. Beim Senden des Datenwerts Eins kehrt man nach dem halben Takt zum Signalpegel 1 zurück. Beim Senden des Datenwerts Null findet kein Pegelwechsel statt (Abb. 5.33).

Bei Serien von Nullen findet kein Wechsel des Signalpegels statt. Das macht die Taktrückgewinnung für den Empfänger unmöglich. Auch bei diesem Leitungscode ist die Belegung der Signalpegel nicht gleichverteilt. Somit sind Durchschnittsverschiebungen möglich.

5.5.6 Alternate Mark Inversion (AMI)

AMI, der auch *Bipolar Encoding* heißt, arbeitet mit drei Signalpegeln. Der Datenwert Null wird als mittlerer Signalpegel (0) übertragen. Der Datenwert Eins wird abwechselnd als positiver (+) oder negativer Signalpegel (−) übertragen. Durchschnittsverschiebungen sind daher ausgeschlossen (Abb. 5.34).

Der ISDN S_0-Bus verwendet eine modifizierte Version der AMI-Kodierung. Dabei wird der Datenwert Eins als mittlerer

Abb. 5.33 Unipolares Return-to-Zero

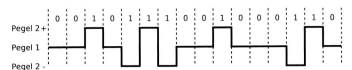

Abb. 5.34 Alternate Mark Inversion

Signalpegel und der Datenwert Null abwechselnd als positiver oder negativer Signalpegel übertragen.

Das Problem aufeinanderfolgender Einsen ist bei AMI gelöst. Das Problem aufeinanderfolgender Nullen besteht aber immer noch, weil es hier nicht zum Wechsel des Signalpegels kommt. Das macht die Taktrückgewinnung für den Empfänger unmöglich. Aus diesem Grund wird nach der AMI-Kodierung meistens ein *Scrambler* (Verwürfler) verwendet. Scrambler stellen einen Datenstrom nach einem einfachen Algorithmus umkehrbar um. In diesem Fall kommen Scrambler zum Einsatz, die lange Ketten von Nullen unterbrechen, um so die Taktrückgewinnung für den Empfänger zu ermöglichen.

Die Erkennung von Übertragungsfehlern ist bei AMI teilweise möglich, da die Signalfolgen ++, --, +0+ und -0- nicht erlaubt sind.

5.5.7   Bipolar with 8 Zeros Substitution (B8ZS)

Dieser Leitungscode ist eine geringfügig modifizierte Version von AMI. B8ZS verhindert den Synchronisationsverlust bei Serien von Nullen durch zwei Regeln zur Modifikation von Folgen von 8 Nullbits:

- +00000000 wird +000+-0-+ kodiert.
- -00000000 wird -000-+0+- kodiert.

Eigentlich sind beide Ersetzungsregeln Coderegelverletzungen, denn in beiden Ersetzungen kommen zwei positive und zwei negative Signalpegel nacheinander vor. Das macht die Ersetzungen für den Empfänger erkennbar.

Bei B8ZS sind im Gegensatz zu AMI keine Scrambler nötig, weil längere Serien von Nullen kein Problem sind. Durchschnittsverschiebungen sind wie bei AMI ausgeschlossen.

5.5.8 Manchester

Die Manchesterkodierung arbeitet mit zwei Signalpegeln und ist selbstsynchronisierend, weil in jeder Bitzelle der Signalpegel wechselt. Der Datenwert Eins wird mit einem Wechsel von Signalpegel 1 zu Signalpegel 2 (steigende Flanke) kodiert und der Datenwert Null mit einem Wechsel von Signalpegel 2 zu Signalpegel 1 (fallende Flanke). Folgen zwei identische Bits aufeinander, wird am Ende der Bitzelle auf das Anfangsniveau zurückgesprungen (Abb. 5.35).

Diesen Leitungscode verwendet unter anderem Ethernet mit 10 Mbit/s (zum Beispiel 10BASE2 und 10BASE-T).

Der Beginn einer Übertragung (also die erste Bitzelle) wird durch eine spezielle Bitfolge *(Präambel)* gekennzeichnet. Weil es bei diesem Leitungscode stets Wechsel des Signalpegels gibt, ist die Taktrückgewinnung für den Empfänger möglich. Da die Belegung der Signalpegel gleichverteilt ist, kann sich der Durchschnitt nicht verschieben.

Nachteilig bei der Manchesterkodierung ist, dass die Übertragung eines Bits im Schnitt 1,5 Wechsel des Signalpegels erfordert. Da die Anzahl der Pegelwechsel ein limitierender Faktor des Übertragungsmediums ist, verwenden moderne Netzwerktechnologien andere Leitungscodes als die Manchesterkodierung.

Bei der Manchesterkodierung entspricht die Bitrate, also die Anzahl der Nutzdaten (in Bits) pro Zeit der halben Baudrate (Rate, in der sich Signale pro Zeiteinheit ändern). Also ist die Effizienz des Leitungscodes nur 50 % im Vergleich zu NRZ.

Abb. 5.35 Manchester

5.5.9 Manchester II

Dieser Leitungscode ist das Gegenteil der Manchesterkodierung. Bei Manchester II wird der Datenwert Eins mit einer fallenden Flanke kodiert und der Datenwert Null mit einer steigenden Flanke (Abb. 5.36).

Wie bei Manchester ist die Taktrückgewinnung für den Empfänger möglich und die Belegung der Signalpegel gleichverteilt.

5.5.10 Differentielle Manchesterkodierung

Diese Variante der Manchesterkodierung heißt auch *Conditional DePhase Encoding* (CDP). Auch hier findet innerhalb jeder Bitzelle ein Pegelwechsel zur Taktrückgewinnung statt.

Ist der nächste zu kodierende Datenwert Eins, findet am Anfang der Bitzelle kein Wechsel des Signalpegels statt, sondern erst in der Mitte. Ist der nächste zu kodierende Datenwert Null, findet auch am Anfang der Bitzelle ein Pegelwechsel statt. Abhängig vom Anfangspegel ergeben sich zwei mögliche, zueinander inverse Signalfolgen (Abb. 5.37).

Diesen Leitungscode verwendet Token Ring (IEEE 802.5). Auch bei dieser Variante der Manchesterkodierung ist die Taktrückgewinnung für den Empfänger möglich und die Belegung der Signalpegel gleichverteilt.

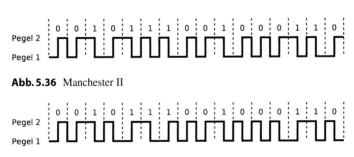

Abb. 5.36 Manchester II

Abb. 5.37 Differentielles Manchester

5.6   Nutzdaten mit Blockcodes verbessern

Keiner der bislang vorgestellten Leitungscodes ist frei von Nachteilen. Die Verschiebung des Durchschnitts ist bei NRZ ein Problem
bei Serien von Nullen und Einsen. Bei NRZI, MLT-3, Unipola-
rem RZ und AMI besteht nur das Problem aufeinanderfolgender
Nullen. Die Taktrückgewinnung ist bei NRZ, NRZI, MLT-3, Uni-
polarem RZ und AMI nicht garantiert.

Bei den Varianten der Manchesterkodierung und bei RZ gibt es
bei jedem Bit eine Änderung des Signalpegels und bei der AMI-
Variante B8ZS sind häufige Änderungen des Signalpegels garantiert. Damit ist die Taktrückgewinnung kein Problem bei diesen
Leitungscodes. Auch Durchschnittsverschiebungen können nicht
auftreten, weil die Belegung der Signalpegel gleichverteilt ist.
Allerdings ist besonders bei den Varianten der Manchesterkodierung die Effizienz schlecht.

Moderne Netzwerktechnologien kodieren die Nutzdaten zuerst
mit einer Kodierung, die einerseits Effizienz verspricht, aber
auch die Taktrückgewinnung garantiert und die Verschiebung des
Durchschnitts vermeidet. Diese Kodierungen *verbessern* die Nutzdaten dahingehend, dass eine weitere Kodierung mit den Leitungscodes NRZ, NRZI oder MLT-3 ohne Probleme möglich ist. Das
Ziel ist also, die positiven Eigenschaften der Manchesterkodierung
und eine möglichst hohe Effizienz zu erreichen.

Beispiele für Kodierungen, die die Nutzdaten zuerst aufberei-
ten, sind 4B5B, 5B6B und 8B10B. Diese gehören zur Gruppe der
Blockcodes, weil diese Eingabeblöcke fester Größe in Ausgabe-
blöcke fester Größe kodieren.

5.6.1   4B5B

Bei dieser Kodierung werden 4 Nutzdatenbits auf 5 Codebits abgebildet. Mit 5 Bits sind 32 Kodierungen möglich. Davon werden nur
16 Kodierungen für Daten verwendet (0–9 und A–F). Die übrigen 16 Kodierungen werden teilweise für Steuerzwecke verwendet. Wegen des zusätzlichen Bits zur Kodierung steigt die kodierte

Tab. 5.11 4B5B

Bezeichnung	4B	5B	Funktion
0	0000	11110	0 Hexadezimal (Nutzdaten)
1	0001	01001	1 Hexadezimal (Nutzdaten)
2	0010	10100	2 Hexadezimal (Nutzdaten)
3	0011	10101	3 Hexadezimal (Nutzdaten)
4	0100	01010	4 Hexadezimal (Nutzdaten)
5	0101	01011	5 Hexadezimal (Nutzdaten)
6	0110	01110	6 Hexadezimal (Nutzdaten)
7	0111	01111	7 Hexadezimal (Nutzdaten)
8	1000	10010	8 Hexadezimal (Nutzdaten)
9	1001	10011	9 Hexadezimal (Nutzdaten)
A	1010	10110	A Hexadezimal (Nutzdaten)
B	1011	10111	B Hexadezimal (Nutzdaten)
C	1100	11010	C Hexadezimal (Nutzdaten)
D	1101	11011	D Hexadezimal (Nutzdaten)
E	1110	11100	E Hexadezimal (Nutzdaten)
F	1111	11101	F Hexadezimal (Nutzdaten)
Q	—	00000	Quiet (Leitung ist tot) $\Longrightarrow$ Signalverlust
I	—	11111	Idle (Leitung ist untätig) $\Longrightarrow$ Pause
J	—	11000	Start (Teil 1)
K	—	10001	Start (Teil 2)
T	—	01101	Ende (Teil 1)
R	—	00111	Ende (Teil 2) $\Longrightarrow$ Reset
S	—	11001	Set
H	—	00100	Halt (Übertragungsfehler)

Bitrate um den Faktor 5/4 gegenüber der Nutzdatenbitrate (siehe Tab. 5.11). Die Effizienz der 4B5B-Kodierung ist also 80 %.

Jede 5-Bit-Kodierung hat maximal eine führende Null und im Ausgabedatenstrom gibt es maximal drei Nullen in Folge. Die Taktrückgewinnung für den Empfänger ist somit möglich.

Nach der Kodierung mit 4B5B erfolgt eine weitere Kodierung. Durch eine Kombination von 4B5B, zum Beispiel mit NRZI (für zwei Signalpegel) oder MLT-3 (für drei Signalpegel) kann keine Durchschnittsverschiebung auftreten.

Die in Tab. 5.11 fehlenden 5-Bit-Kombinationen sind ungültig, da sie mehr als eine führende oder zwei aufeinanderfolgende Nullen besitzen. 4B5B wird bei Fast-Ethernet 100BASE-TX und 100BASE-FX sowie bei Glasfaserverbindungen nach dem FDDI-Standard verwendet. Bei Ethernet 100BASE-TX erfolgt nach der Kodierung mit 4B5B eine weitere Kodierung mit MLT-3. Bei FDDI und Ethernet 100BASE-FX erfolgt nach der Kodierung mit 4B5B eine weitere Kodierung mit NRZI.

5.6.2   5B6B

Bei 5B6B werden 5 Nutzdatenbits auf 6 Codebits abgebildet (siehe Tab. 5.12). Von den 32 möglichen 5-Bit-Wörtern werden 20 auf 6-Bit-Wörter mit einer identischen Anzahl Einsen und Nullen *(neutrale Ungleichheit)* abgebildet. Für die verbleibenden zwölf 5-Bit-Wörter existiert je eine Variante mit 2 Einsen und 4 Nullen *(positive Ungleichheit)* und eine mit 4 Einsen und 2 Nullen *(negative Ungleichheit).*

Sobald das erste 5-Bit-Wort ohne Abbildung mit neutraler Ungleichheit verarbeitet werden soll, wird auf die Variante mit der positiven Ungleichheit zurückgegriffen. Beim nächsten 5-Bit-Wort ohne neutrale Ungleichheit wird die Variante mit negativer Ungleichheit verwendet. Die Varianten mit positiver oder negativer Ungleichheit wechseln sich also ab.

Nach der Kodierung mit 5B6B erfolgt eine weitere Kodierung mittels NRZ. Das ist möglich, da bei 5B6B die Taktrückgewinnung für den Empfänger möglich ist und keine Durchschnittsverschiebungen auftreten können. 5B6B wird bei Fast-Ethernet 100Base-VG verwendet. Der Vorteil gegenüber der Manchesterkodierung ist die höhere Baudrate (Tab. 5.12).

Tab. 5.12 5B6B

5B	6B neutral	6B positiv	6B negativ	5B	6B neutral	6B positiv	6B negativ
00000		001100	110011	10000		000101	111010
00001	101100			10001	100101		
00010		100010	101110	10010		001001	110110
00011	001101			10011	010110		
00100		001010	110101	10100	111000		
00101	010101			10101		011000	100111
00110	001110			10110	011001		
00111	001011			10111		100001	011110
01000	000111			11000	110001		
01001	100011			11001	101010		
01010	100110			11010		010100	101011
01011		000110	111001	11011	110100		
01100		101000	010111	11100	011100		
01101	011010			11101	010011		
01110		100100	011011	11110		010010	101101
01111	101001			11111	110010		

5.6.3 8B10B-Kodierung

Bei 8B10B werden 8 Nutzdatenbits auf 10 Codebits kodiert. Die Effizienz ist somit 80 %. 8B10B wird unter anderem bei Gigabit-Ethernet 1000Base-CX, 1000Base-SX, 1000Base-LX, Fibre Channel, InfiniBand, FireWire 800 (IEEE 1394b) und USB 3.0 verwendet. Jede 8B10B-Kodierung ist derart aufgebaut, dass in den 10 Bits entweder …

- $5 \times$ Null und $5 \times$ Eins vorkommt (neutrale Ungleichheit)
- $6 \times$ Null und $4 \times$ Eins vorkommt (positive Ungleichheit)
- $4 \times$ Null und $6 \times$ Eins vorkommt (negative Ungleichheit)

Nach der Kodierung mit 8B10B erfolgt eine weitere Kodierung via NRZ. Durchschnittsverschiebungen sind nicht möglich, weil einige der $2^8 = 256$ möglichen 8-Bit-Wörter auf zwei verschie-

Tab. 5.13 8B6T

8B	6T	8B	6T	8B	6T	8B	6T
00	+-00+-	10	+0+--0	20	00-++-	30	+-00-+
01	0+-+-0	11	++0-0-	21	--+00+	31	0+--+0
02	+-0+-0	12	+0+-0-	22	++-0+-	32	+-0-+0
03	-0++-0	13	0++-0-	23	++-0-+	33	-0+-+0
04	-0+0+-	14	0++--0	24	00+0-+	34	-0+0-+
05	0+--0+	15	++00--	25	00+0+-	35	0+-+0-
06	+-0-0+	16	+0+0--	26	00-00+	36	+-0+0-
07	-0+-0+	17	0++0--	27	--+++-	37	-0++0-
08	-+00+-	18	0+-0+-	28	-0-++0	38	-0++0-
09	0-++-0	19	0+-0-+	29	--0+0+	39	0-+-+0
0A	-+0+-0	1A	0+-++-	2A	-0-0+0	3A	-+0-+0
0B	+0-+-0	1B	0+-00+	2B	0---+0+	3B	+0--+0
0C	+0-0+-	1C	0-+00+	2C	0--++0	3C	+0-0-+
0D	0-+-0+	1D	0-+++-	2D	--00++	3D	0-++0-
0E	-+0-0+	1E	0-+0-+	2E	-0-0++	3E	-+0+0-
0F	+0--0+	1F	0-+0+-	2F	0---0++	3F	+0-+0-

dene Arten kodiert werden können. So werden Ungleichheiten ausgeglichen. Jede 10-Bit-Kodierung enthält mindestens drei Pegelsprünge und nach spätestens fünf Takten wechselt der Signalpegel. Das ermöglicht dem Empfänger die Taktrückgewinnung (Tab. 5.13).

5.7 Weitere Leitungscodes

Neben den bislang behandelten Leitungscodes und Blockcodes existieren weitere, aktuellere Leitungscodes, von denen an dieser Stelle stellvertretend 8B6T beschrieben wird.

5.7.1 8B6T-Kodierung

Der Name 8B6T steht für *8 Binary 6 Ternary*. Dieser Leitungscode kodiert 8-Bit-Blöcke in je sechs Symbole, von denen jedes den Zustand −, 0 oder + repräsentieren kann. Die Symbole der Zustände sind stellvertretend für elektrische Signalpegel. Die Kodierung wird anhand einer Tabelle (siehe Tab. 5.13) durchgeführt, die alle $2^8 = 256$ möglichen 8-Bit-Kombinationen enthält. Tab. 5.13 enthält aus Platzgründen nur die ersten 48 der 256 möglichen 8-Bit-Kombinationen. Fast-Ethernet 100BASE-T4 verwendet diesen Leitungscode.

Im Gegensatz zu den Blockcodes 4B5B, 5B6B und 8B10B, die die Nutzdaten nur *verbessern* und anschließend eine Kodierung mit NRZ(I) oder MLT-3 erfordern, kann eine 8B6T-Kodierung unmittelbar für die Übertragung genutzt werden.

Wie in Tab. 5.13 zu sehen ist, macht die Ausgabe von 8B6T Durchschnittsverschiebungen unmöglich und die häufigen Wechsel des Signalpegels ermöglichen die Taktrückgewinnung für den Empfänger.

Sicherungsschicht

6

Die Sicherungsschicht (englisch: *Data Link Layer*) ist die zweite
Schicht des OSI-Referenzmodells und des hybriden Referenzmodells. In dieser Schicht werden die Rahmen im Bitstrom der
Bitübertragungsschicht erkannt und die Pakete der Vermittlungsschicht werden in *Rahmen (Frames)* verpackt.

Eine Aufgabe der Sicherungsschicht ist die korrekte Übertragung der Rahmen auf einem physischen Netz von einem Netzwerkgerät zum anderen zu gewährleisten. Für die Zustellung der
Rahmen sind physische Adressen (MAC-Adressen) nötig, deren
Format die Protokolle der Sicherungsschicht definieren.

Protokolle der Sicherungsschicht fügen zur Fehlererkennung
jedem Rahmen eine Prüfsumme an, damit fehlerhafte Rahmen vom
Empfänger erkannt und verworfen werden. Das erneute Anfordern
verworfener Rahmen sieht die Sicherungsschicht aber nicht vor.

Zudem regeln Protokolle dieser Schicht den Zugriff auf das
Übertragungsmedium (zum Beispiel via CSMA/CD oder CSMA
/CA).

© Springer-Verlag GmbH Deutschland, ein Teil von Springer Nature   105
2022
C. Baun, *Computernetze kompakt*, IT kompakt,
https://doi.org/10.1007/978-3-662-65363-0_6

Abb. 6.1 Layer-2-Switch mit 16 Schnittstellen (Ports)

6.1   Geräte der Sicherungsschicht

Geräte der Bitübertragungsschicht verlängern physische Netze. Sollen aber Rahmen von einem physischen Netz in andere weitergeleitet werden, sind *Bridges* nötig. Eine Bridge verfügt lediglich über zwei Schnittstellen. Einfaches Bridges leiten alle eintreffenden Rahmen weiter. Lernende Bridges filtern die Datenübertragungen, indem sie Rahmen nur weiterleiten, wenn es aufgrund der bekannten oder unbekannten Position des Empfängers sinnvoll ist.

Bridges mit mehr als zwei Schnittstellen heißen *Multiport-Bridge* oder *Layer-2-Switch* (siehe Abb. 6.1).

Bridges und Switche untersuchen die Rahmen mit Prüfsummen auf Korrektheit. Zum Filtern und Weiterleiten der Rahmen brauchen sie keine Adresse, da sie selbst nicht aktiv an der Kommunikation teilnehmen. Sie arbeiten wie die Geräte der Bitübertragungsschicht transparent, da sie nicht auf einer höheren Protokollschicht als der Sicherungsschicht kommunizieren.

Beispiele für Bridges sind WLAN-Bridges (siehe Abb. 6.2), die Geräte (z. B. Netzwerkdrucker, Desktops oder Spielkonsolen) mit Ethernet-Anschluss in ein WLAN integrieren und Laser-Bridges, die per Laserstrahl zwei unterschiedliche Gebäude ver-

Abb. 6.2
WLAN-Bridge

Abb. 6.3
Telefonmodem

binden sowie Modems[1], ISDN-Anschlussgeräte und WLAN-Basisstationen (Access Points).

Gateways sind Protokollumsetzer und ermöglichen Kommunikation zwischen Netzen, die auf unterschiedlichen Protokollen basieren. Ein Gateway konvertiert zwischen Protokollen und kann theoretisch auf allen Schichten des hybriden Referenzmodells

---

[1] Telefonmodems (siehe Abb. 6.3) und ISDN-Anschlussgeräte verwenden das Protokoll der Sicherungsschicht Point-to-Point Protocol (PPP) um Punkt-zu-Punkt-Verbindungen aufzubauen, aufrecht zu erhalten und zu beenden. (A)DSL-Modems (siehe Abb. 6.4) und Kabelmodems verwenden zum gleichen Zweck PPP over Ethernet (PPPoE).

Abb. 6.4 DSL-Modem

arbeiten. Auch VPN-Gateways (Virtual Private Network) können auf der Sicherungsschicht arbeiten und ermöglichen über unsichere öffentliche Netze den sicheren Zugriff auf entfernte geschützte Netze (zum Beispiel Hochschul-/Firmennetze). Dienste (zum Beispiel Email), die nur innerhalb des geschützten Netzes zur Verfügung stehen, werden über eine getunnelte Verbindung genutzt.

6.1.1 Lernende Bridges

Abb. 6.5 zeigt, dass es nicht sinnvoll ist, wenn eine Bridge alle Rahmen weiterleitet. Kommt zum Beispiel ein Rahmen von Teilnehmer B für Teilnehmer A an Schnittstelle 1 der Bridge an, ist es nicht nötig, dass die Bridge diesen Rahmen über Schnittstelle 2 weiterleitet.

Die Bridges müssen lernen, welche Netzwerkgeräte über welche Schnittstelle erreichbar sind. Manuelle Eingriffe sind nicht

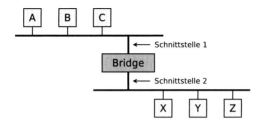

Abb. 6.5 Eine Bridge verbindet zwei physische Netze

nötig, da die Bridges ihre *Weiterleitungstabellen* selbst pflegen. Eine Bridge speichert die Absenderadressen der Rahmen, die sie erreichen. So kann sie sich mit der Zeit eine Weiterleitungstabelle aufbauen, aus der hervorgeht, welche Netzwerkgeräte sich in den verbundenen physischen Netzen befinden (Abb. 6.6).

Beim Hochfahren einer Bridge ist ihre Weiterleitungstabelle leer. Die Einträge werden erst im Laufe der Zeit erfasst. Alle Einträge haben ein Verfallsdatum – *Time To Live* (TTL). Sie sind also nur eine bestimmte Zeit gültig. Die Weiterleitungstabelle ist nicht unbedingt vollständig. Das ist aber kein Problem, da sie zur Optimierung dient. Existiert für ein Netzwerkgerät kein Eintrag in der Weiterleitungstabelle, leitet die Bridge den Rahmen in jedem Fall weiter.

6.1.2   Kreise auf der Sicherungsschicht

Ein potentielles Problem sind *Kreise*, denn Computernetze sollten auf der Sicherungsschicht zu jedem möglichen Ziel immer nur einen Pfad haben. Das soll vermeiden, dass Rahmen dupliziert werden und mehrfach am Ziel eintreffen. Kreise können die Leistung des Netzes vermindern oder sogar zum Totalausfall führen. Andererseits dienen redundante Netzpfade als Backup für den Ausfall einer Leitung [27].

Die Abb. 6.7, 6.8 und 6.9 verdeutlichen die möglichen Auswirkungen von Kreisen auf der Sicherungsschicht. Im gezeigten

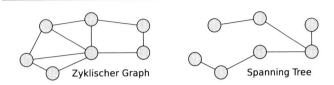

Abb. 6.6 Zyklischer Graph und Spannbaum (Spanning Tree)

Szenario, das aus mehreren Phasen besteht, sind drei Switches zu einem Kreis und mit jeweils einem Endgerät verbunden. Im weiteren Verlauf des Beispiels heißen die Endgeräte einfach Knoten. Ein ähnliches Beispiel enthält [27].

- Phase 1 (Abb. 6.7): Initial sind die Weiterleitungstabellen der Switche leer und Knoten A will einen Rahmen an Knoten B senden.
- Phase 2 (Abb. 6.7): Der Rahmen hat Switch 1 erreicht und dieser trägt den lokalen Port zu Knoten A in seine Weiterleitungstabelle ein. Da Switch 1 den direkten Port zu Knoten B nicht kennt, sendet er Kopien des Rahmens über alle seine Ports (außer Port 1).
- Phase 3 (Abb. 6.8): Die Kopien des Rahmens erreichen Switch 2 und 3, die jeweils den lokalen Port zu Knoten A in ihre Weiterleitungstabellen eintragen. Den direkten Port zu Knoten B kennen sie allerdings auch nicht und darum leiten sie Kopien des Rahmens über alle ihre Ports weiter, außer über die Ports, an denen der Rahmen Switch 2 und 3 erreicht hat. Interessanterweise erreicht eine Kopie des Rahmens auch das Ziel (Knoten B). Da Ethernet aber keine Bestätigungen vorsieht, erfahren die Switches und der Absender (Knoten A) nichts davon.
- Phase 4 (Abb. 6.8): Erneut erreichen Kopien des Rahmens Switch 2 und 3 und beide Switche aktualisieren ihre Weiterleitungstabellen. Zudem senden die Switche erneut Kopien des Rahmens über alle ihre Ports weiter, außer über die Ports, an denen der Rahmen Switch 2 und 3 erreicht hat. Und erneut erreicht eine Kopie des Rahmens das Ziel.

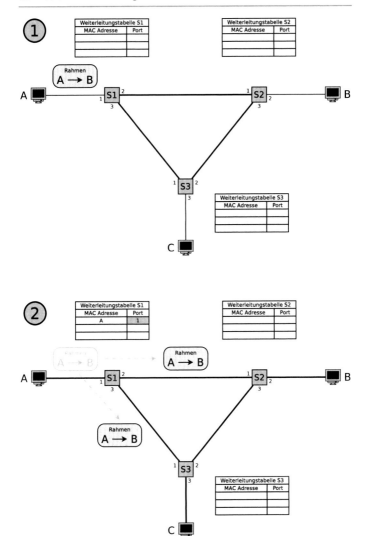

Abb. 6.7 Kreise auf der Sicherungsschicht und mögliche Auswirkungen (Teil 1)

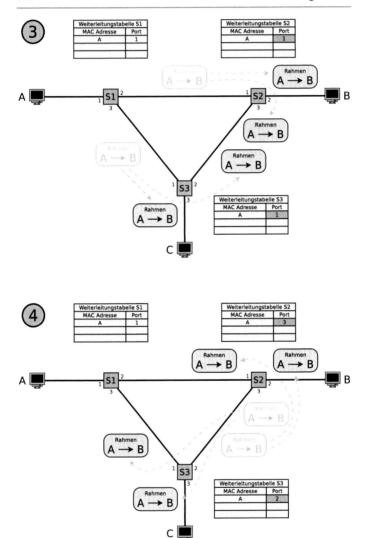

Abb. 6.8 Kreise auf der Sicherungsschicht und mögliche Auswirkungen (Teil 2)

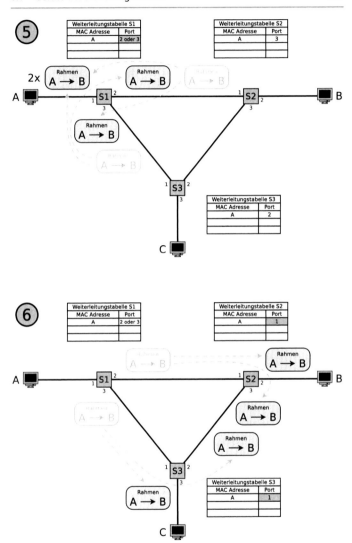

Abb. 6.9 Kreise auf der Sicherungsschicht und mögliche Auswirkungen (Teil 3)

- Phase 5 (Abb. 6.9): Zwei Kopien des Rahmens erreichen Switch 1. Nun sind erstmals Kopien des ursprünglichen Rahmens zu Switch 1 zurückgekehrt und es liegt eine Schleife vor. Switch 1 wird Kopien des Rahmens, die er über Port 2 empfangen hat, an Port 1 und 3 senden und er wird Kopien des Rahmens, die er über Port 3 empfangen hat, an Port 1 und 2 senden. Bei jedem Empfang einer Kopie des Rahmens wird Switch 1 zudem seine Weiterleitungstabelle aktualisieren. Die Reihenfolge, in der die Kopien des Rahmens Switch 1 erreichen, kann nicht vorhergesagt werden. Interessanterweise erreichen in Phase 5 auch zwei Kopien des Rahmens den Absender.
- Phase 6 (Abb. 6.9): Kopien des Rahmens passieren erneut Switch 2 und 3, beide Switche aktualisieren ihre Tabellen und erzeugen Kopien, die sie weiterleiten.

Das Beispiel zeigt, dass jeder Rahmen von Knoten A zwei Kopien verursacht, die endlos im Netz kreisen. Ethernet hat kein Zeitlimit – Time To Live (TTL) – und definiert auch keine maximale Anzahl an Weiterleitungen (Hops). Im konkreten Fall kreisen die Rahmen so lange, bis die Tabellen der Switche einen korrekten Eintrag für Knoten B enthalten. Das Senden weiterer Rahmen durch Knoten A flutet das Netz und lässt es irgendwann zusammenbrechen.

Bridges müssen in der Lage sein, Kreise zu handhaben. Eine Lösung ist der *Spanning Tree Algorithmus*. Ein Computernetz, das aus mehreren physischen Netzen besteht, ist ein Graph, der möglicherweise Kreise enthält. Der Spannbaum (Spanning Tree) ist ein Teilgraph des Graphen, der alle Knoten abdeckt, aber kreisfrei ist, weil Kanten entfernt wurden (siehe Abb. 6.6). Die Implementierung des Algorithmus ist das *Spanning Tree Protocol* (STP).

6.1.3   Spanning Tree Protocol (STP)

Mit dem STP kann sich eine Gruppe Bridges auf einen Spannbaum einigen. Dabei wird das Computernetz durch das Entfernen einzelner Ports der Bridges auf einen kreisfreien Baum reduziert. Der

Algorithmus arbeitet dynamisch. Fällt eine Bridge aus, wird ein neuer Spannbaum erzeugt. Das Protokoll und der Aufbau der Konfigurationsnachrichten sind detailliert im Standard IEEE 802.1D beschrieben.

Aufbau der Kennung (Bridge-ID)

Damit das STP funktionieren kann, muss jede Bridge eine eindeutige Kennung haben. Die Kennung *(Bridge-ID)* ist 8 Bytes lang. Es existieren zwei unterschiedliche Darstellungen der Bridge-ID. Gemäß IEEE besteht sie aus der Bridge Priority (2 Bytes) und der MAC-Adresse (6 Bytes) des Bridge-Ports mit der niedrigsten Port-ID (siehe Abb. 6.10). Die Bridge Priority kann vom Administrator selbst festgelegt werden und hat einen beliebigen Wert zwischen 0 und 65.535. Der Standard-Wert ist 32.768.

Die ursprünglich von Cisco entwickelte Erweiterung der Bridge-ID macht es möglich, dass jedes virtuelle LAN (VLAN, siehe Abschn. 10.2) seinen eigenen Spannbaum aufbaut. Dafür wird der ursprünglich 2 Bytes große Anteil der Bridge Priority unterteilt. 4 Bits kodieren nun die Bridge Priority. Damit lassen sich nur noch 16 Werte darstellen. Der Wert der Bridge Priority muss darum Null oder ein Vielfaches von 4096 sein. Mögliche Werte sind `0000` = 0, `0001` = 4096, `0010` = 8192, ... `1110` = 57.344, `1111` = 61.440. Der Standard-Wert ist unverändert 32.768. Die übrigen 12 Bits kodieren die VLAN-ID, die sogenannte *Extended System ID*, die mit dem Inhalt des VLAN-Tags im Ethernet-Rahmen übereinstimmt (siehe Abb. 6.11). Mit 12 Bits können 4096 unterschiedliche VLANs adressiert werden.

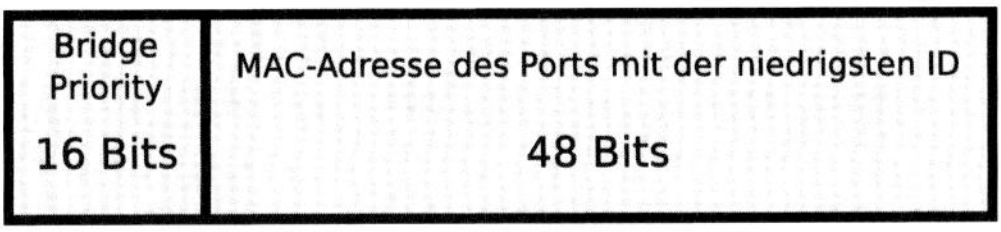

Bridge Priority	MAC-Adresse des Ports mit der niedrigsten ID
16 Bits	48 Bits

Abb. 6.10 Schema der Bridge-ID

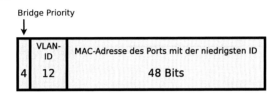

Abb. 6.11 Cisco-Erweiterung der Bridge-ID um die Extended System-ID

Arbeitsweise des STP

Die Nachrichten, mit denen die Bridges kommunizieren, heißen *Bridge Protocol Data Unit* (BPDU) und werden im Datenfeld von Ethernet-Rahmen via Broadcast an die benachbarten Bridges gesendet (siehe Abb. 6.12).

Zuerst wählen die Bridges untereinander die Bridge mit der niedrigsten Bridge Priority in der Bridge-ID als *Wurzel* des aufzuspannenden Baums. Ist die Bridge Priority bei mehreren Bridges identisch, wird die Bridge mit der niedrigsten MAC-Adresse die Wurzel.

Für jedes physische Netz muss aus allen mit dem Netz direkt verbunden Bridges eine Bridge ausgewählt werden, die für die Weiterleitung der Rahmen in Richtung Wurzel zuständig ist. Dieses Bridge ist dann die *designierte Bridge* für das betreffende Netz. Es wird immer diejenige Bridge ausgewählt, über die zu den geringsten Pfadkosten die Wurzel erreicht werden kann. Die Pfadkosten zur Wurzel sind die Summe der Pfadkosten der einzelnen physischen Netze auf dem Weg zur Wurzel. Die unterschiedlichen Netzwerktechnologien, die zum Einsatz kommen können, verursachen unterschiedliche Pfadkosten, die von der möglichen Datendurchsatzrate abhängen. Die Pfadkosten sind durch die IEEE genormt (siehe Tab. 6.1), können aber manuell angepasst werden.

Haben zwei oder mehr Bridges eines physischen Netzes die gleichen Kosten zur Wurzel, wird diejenige Bridge mit der kleinsten Bridge-ID zur designierten Bridge. Da jede Bridge an mehr als ein Netz angeschlossen ist, nimmt sie mit jeder Schnittstelle (Port) bei der Auswahl für jedes verbundene Netz teil.

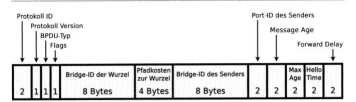

Abb. 6.12 Konfigurationsnachricht (BPDU) des STP

Tab. 6.1
Standard-Pfadkosten bei STP

Datendurchsatzrate	Pfadkosten
10.000 Mbit/s	2
1000 Mbit/s	4
100 Mbit/s	19
16 Mbit/s	62
10 Mbit/s	100
4 Mbit/s	250

Anfangs hält sich jede Bridge für die Wurzel und sendet eine BPDU über alle ihre Ports, mit der sie sich als Wurzel mit den Pfadkosten Null zur Wurzel identifiziert. Empfängt eine Bridge eine BPDU, prüft sie, ob die darin enthaltenen Wurzelinformationen besser sind als die momentan für diesen Port gespeicherten. Eine BPDU gilt als besser, wenn …

- sie eine Wurzel mit einer kleineren Bridge-ID identifiziert.
- sie eine Wurzel mit gleicher Bridge-ID, aber geringeren Pfadkosten identifiziert.
- sie eine Wurzel mit gleicher Bridge-ID und gleichen Pfadkosten identifiziert, aber die Bridge-ID der sendenden Bridge kleiner ist.

Sind die Daten einer eingetroffenen BPDU besser als die momentan für diesen Port gespeicherte Wurzelinformation, addiert die Bridge ihre eigenen Pfadkosten und speichert die neue Wurzelinformation.

Empfängt eine Bridge eine BPDU, aus der hervorgeht, dass sie
nicht die Wurzel ist, weil die BPDU von einer Bridge mit kleine-
rer Kennung stammt, hört sie mit dem Senden eigener BPDUs auf
(siehe Abb. 6.13). Die Bridge leitet dann nur noch BPDUs anderer Bridges weiter, nachdem sie ihre eigenen Pfadkosten auf die
Pfadkosten addiert hat. Empfängt eine Bridge eine BPDU, aus der
hervorgeht, dass sie nicht die designierte Bridge für das Netz an
diesem Port ist, weil die Nachricht von einer Bridge stammt, die
näher an der Wurzel liegt, oder eine kleinere Kennung hat, hört
sie mit dem Weiterleiten von BPDUs über diesen Port auf (siehe
Abb. 6.14).

Irgendwann hat sich das System stabilisiert. Dann sendet nur
noch die Wurzel standardmäßig alle zwei Sekunden BPDUs über
alle ihre Ports. Nur die designierten Bridges leiten diese BPDUs
dann über die entsprechenden Ports weiter. Fällt eine Bridge aus,
erhalten die hinter der ausgefallenen Bridge liegenden Bridges
keine BPDUs mehr. Nach Ablauf einer Wartezeit, geben sich diese
Bridges wieder jeweils als Wurzeln aus und der Algorithmus star-

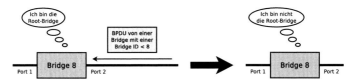

Abb. 6.13 Empfängt eine Bridge eine BPDU von einer Bridge mit einer
kleineren Kennung, sendet sie keine eigenen BPDUs mehr

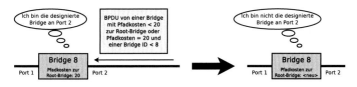

Abb. 6.14 Empfängt eine Bridge eine BPDU, aus der hervorgeht, das sie
nicht die designierte Bridge für das physische Netz an diesem Port ist, leitet
sie keine BPDUs mehr über diesen Port weiter

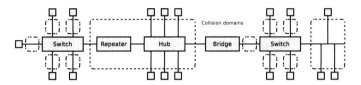

Abb. 6.15 Kollisionsdomänen bei Bridges und Layer-2-Switches

tet von vorne mit der Auswahl einer Wurzel und einer Bridge für jedes Netz.

Das STP ist in der Lage, nach dem Ausfall einer Bridge den Spannbaum neu zu konfigurieren. Das Protokoll ist aber nicht in der Lage, Rahmen über alternative Wege zu leiten, wenn eine Bridge überlastet ist.

6.1.4 Auswirkungen von Bridges und Layer-2-Switches auf die Kollisionsdomäne

Bridges und Switche arbeiten auf der Sicherungsschicht und leiten Rahmen von einem physischen Netz zu anderen. Jedes physische Netz ist eine eigene Kollisionsdomäne. Unterteilt man ein physisches Netz durch eine Bridge oder einen Switch, unterteilt man auch die Kollisionsdomäne und die Anzahl der Kollisionen sinkt. Bei Bridges und Switches bildet jeder Port eine eigene Kollisionsdomäne (siehe Abb. 6.15).

In einem *„vollständig geswitchten Netz"* ist mit jedem Port eines Switches nur ein Netzwerkgerät verbunden. Ein solches Netzwerk ist frei von Kollisionen und Stand der Technik.

6.2 Adressierung in der Sicherungsschicht

Die Protokolle der Sicherungsschicht definieren das Format der physischen Adressen. Endgeräte (Hosts), Router und Layer-3-

Switche benötigen zwingend physische Adressen. Sie müssen weil
sie auf der Sicherungsschicht adressierbar sein, um Dienste auf
höheren Schichten anzubieten. Bridges und Layer-2-Switche neh-
men nicht aktiv an der Kommunikation teil und brauchen für ihre
Basisfunktionalität, also das Filtern und Weiterleiten der Rahmen,
keine physischen Adressen.

Bridges und Switche benötigen physische Adressen, wenn sie
das STP zur Vermeidung von Kreisen anwenden, oder Dienste aus
einer höheren Schicht anbieten. Beispiele sind Monitoring-Dienste
zur Überwachung oder grafische Weboberflächen zur Administration. Repeater und Hubs, die nur auf der Bitübertragungsschicht
arbeiten, haben keine Adressen.

Die physischen Adressen, die *MAC-Adressen* (Media Access
Control) heißen, sind unabhängig von den logischen Adressen der
Vermittlungsschicht. Mit dem *Address Resolution Protocol* (ARP)
werden bei Ethernet die logischen Adressen der Vermittlungsschicht (IPv4-Adressen) in MAC-Adressen aufgelöst. Bei IPv6
wird das *Neighbor Discovery Protocol* (NDP) verwendet, dessen
Funktionalität identisch ist und das ähnlich arbeitet.

6.2.1   Format der MAC-Adressen

MAC-Adressen sind 48 Bits (6 Bytes) lang. Damit sind insgesamt
2^{48} Adressen möglich. Um die Darstellung kompakt und gut lesbar
zu gestalten, sind MAC-Adressen normalerweise in hexadezimaler
Schreibweise geschrieben und die einzelnen Bytes durch Binde-
striche oder Doppelpunkte voneinander getrennt. Ein Beispiel für
diese Schreibweise ist `00-16-41-52-DF-D7`.

Jede MAC-Adresse soll dauerhaft einem Netzwerkgerät zugewiesen und eindeutig sein. Es ist aber auch meist möglich, MAC-
Adressen softwaremäßig zu ändern. Allerdings gilt diese Änderung nur bis zum nächsten Neustart des Rechners.

Möchte ein Netzwerkgerät einen Rahmen an alle anderen Geräte
im gleichen physischen Netz senden, fügt es im Rahmen in das
Feld der Zieladresse die Broadcast-Adresse ein. Bei dieser MAC-

Adresse haben alle 48 Bits den Wert Eins. Die hexadezimale
Schreibweise ist `FF-FF-FF-FF-FF-FF`. Rahmen, die im Ziel-
feld die Broadcast-Adresse tragen, werden von Bridges und Switches nicht in andere physische Netze übertragen.

6.2.2 Eindeutigkeit von MAC-Adressen

Das Institute of Electrical and Electronics Engineers (IEEE) verwaltet die ersten 24 Bits des MAC-Adressraums. Diese 24 Bits langen Teiladressen sind die *Herstellerkennungen*, heißen *OUI* (Orga-
nizationally Unique Identifier) und sind in einer Datenbank [7] des
IEEE einsehbar. Die übrigen 24 Bits legen die Hersteller selbst für
jedes Netzwerkgerät fest. Das ermöglicht $2^{24} = 16.777.216$ indi-
viduelle Geräteadressen. Tab. 6.2 enthält eine Auswahl von Herstellerkennungen bekannter Gerätehersteller.

Neben den Herstellerkennungen existiert auch ein kleiner MAC-
Adressbereich, der für Privatpersonen und kleine Firmen oder
Organisationen vorgesehen ist, die nur wenige Adressen benötigen. Dieser Adressbereich heißt *IAB* (Individual Address Block)
und beginnt mit `00-50-C2`. Darauf folgen drei weitere hexadezimale Ziffern (12 Bits), die für jede Organisation vergeben werden.
Das ermöglicht pro IAB $2^{12} = 4096$ Geräteadressen.

Tab. 6.2 Auswahl von Herstellerkennungen bekannter Gerätehersteller

MAC-Adressen	Hersteller	MAC-Adressen	Hersteller
`00-20-AF-xx-xx-xx`	3COM	`00-03-93-xx-xx-xx`	Apple
`00-0C-6E-xx-xx-xx`	Asus	`00-00-0C-xx-xx-xx`	Cisco
`00-50-8B-xx-xx-xx`	Compaq	`08-00-2B-xx-xx-xx`	DEC
`00-01-E6-xx-xx-xx`	HP	`00-02-55-xx-xx-xx`	IBM
`00-02-B3-xx-xx-xx`	Intel	`00-04-5A-xx-xx-xx`	Linksys
`00-09-5B-xx-xx-xx`	Netgear	`00-04-E2-xx-xx-xx`	SMC

Die Preise für die Registrierung eigener MAC-Adressbereiche
können bei der IEEE eingesehen werden. Eine eigene Hersteller-
kennung (OUI) kostet einmalig $ 1825, ein eigener IAB $ 625 (alle
Preise sind Stand Februar 2012).

6.2.3   Sicherheit von MAC-Adressen

In WLANs wird häufig mit einem MAC-Filter die MAC-Adresse
als Zugangsschutz zur Basisstation (Access Point) verwendet. Im
Prinzip ist das sinnvoll, da die MAC-Adresse das eindeutige Identi-
fikationsmerkmal eines Netzwerkgeräts ist. Der Schutz von MAC-
Filtern ist aber gering, da MAC-Adressen softwaremäßig verändert
werden können.

Kommt ein MAC-Filter bei einem WLAN zum Einsatz, ist das
Funknetz nur so lange sicher, solange es von keinem Teilnehmer
verwendet wird. Sobald sich Netzwerkgeräte mit der Basisstation
verbinden, können ihre MAC-Adressen durch Dritte mitgelesen
und von Angreifern verwendet werden [1].

6.3   Rahmen abgrenzen

Um den Bitstrom der Bitübertragungsschicht in Rahmen zu unterteilen und die Daten der Vermittlungsschicht in Rahmen zu verpa-
cken, muss der Anfang jedes Rahmens markiert werden. Das ist
nötig, damit der Empfänger die Rahmengrenzen erkennt. Die Vor-
und Nachteile der unterschiedlichen Vorgehensweisen werden in
den folgenden Abschnitten diskutiert.

6.3.1   Längenangabe im Header

Ein Protokoll der Sicherungsschicht, das die Rahmengrenze mit einer Längenangabe im Header angibt, ist das Byte-orientierte *Digital Data Communications Message Protocol* (DDCMP) des DECnet. Im Rahmen befindet sich das Datenfeld *Count*, das die Anzahl der Nutzdaten in Bytes enthält (siehe Abb. 6.16).

Ein weiteres Beispiel ist das allererste und heute nicht mehr gebräuchliche *DIX-Rahmenformat* von Ethernet aus den frühen 1980er Jahren (siehe Abb. 6.17). Die Abkürzung steht stellvertretend für die bei der Entwicklung beteiligten Unternehmen Digital Equipment Corporation, Intel und Xerox. Auch bei diesem Protokoll gibt es, im Gegensatz zum aktuellen Rahmenformat von Ethernet (siehe Abb. 6.21), ein Datenfeld zur Angabe der Nutzdaten in Bytes [21].

Diese Art der Rahmenmarkierung birgt das Risiko, dass der Empfänger das Ende des Rahmens nicht mehr korrekt erkennen kann, wenn das Datenfeld *Count* während der Übertragung verändert wird [18].

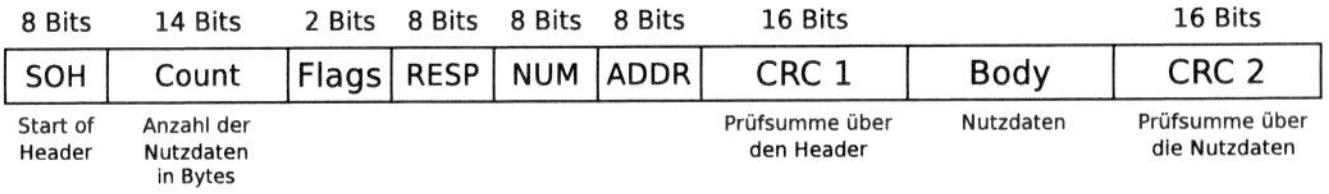

8 Bits	14 Bits	2 Bits	8 Bits	8 Bits	8 Bits	16 Bits		16 Bits
SOH	Count	Flags	RESP	NUM	ADDR	CRC 1	Body	CRC 2
Start of Header	Anzahl der Nutzdaten in Bytes					Prüfsumme über den Header	Nutzdaten	Prüfsumme über die Nutzdaten

Abb. 6.16 Rahmen beim Protokoll DDCMP [4]

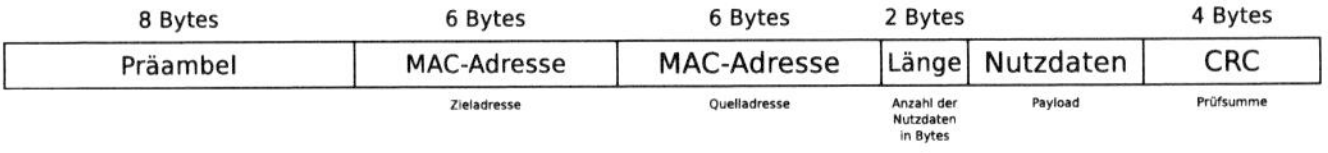

8 Bytes	6 Bytes	6 Bytes	2 Bytes		4 Bytes
Präambel	MAC-Adresse	MAC-Adresse	Länge	Nutzdaten	CRC
	Zieladresse	Quelladresse	Anzahl der Nutzdaten in Bytes	Payload	Prüfsumme

Abb. 6.17 Rahmen beim nicht mehr gebräuchliche DIX-Ethernet-Standard

6.3.2 Zeichenstopfen

Ein Protokoll, das die Rahmengrenze mit speziellen Zeichen markiert, ist das Byte-orientierte Protokoll *Binary Synchronous Communication* (BISYNC) aus den 1960er Jahren. Abb. 6.18 zeigt den Aufbau eines BISYNC-Rahmens.

Steuerzeichen, die in diesem Kontext auch *Sentinel-Zeichen* heißen, markieren die Struktur der Rahmen. Den Anfang eines Rahmens markiert das SYN-Zeichen. Den Anfang des Headers markiert SOH (Start of Header). Die Nutzdaten befinden sich zwischen STX (Start of Text) und ETX (End of Text). Kommt ETX im Nutzdatenteil (Body) vor, muss es in der Sicherungsschicht durch ein DLE-Zeichen (Data Link Escape) geschützt *(maskiert)* werden. Kommt DLE in den Nutzdaten vor, wird es auch durch ein zusätzliches DLE maskiert [18,24,29].

Nun ist klar, warum das Verfahren *Zeichenstopfen* (englisch: Character Stuffing) heißt. Es werden in der Sicherungsschicht des Senders zusätzliche Zeichen in die Nutzdaten eingefügt *(gestopft)*. Die Sicherungsschicht des Empfängers entfernt *gestopfte* Zeichen aus den empfangenen Nutzdaten, bevor sie an die Vermittlungsschicht übergeben werden.

Ein Nachteil des Verfahrens ist das es die Nutzung der ASCII-Zeichenkodierung voraussetzt. Aktuellere Protokolle dieser Schicht arbeiten nicht mehr Byte-orientiert, sondern Bit-orientiert, weil damit beliebige Zeichenkodierungen verwendet werden können.

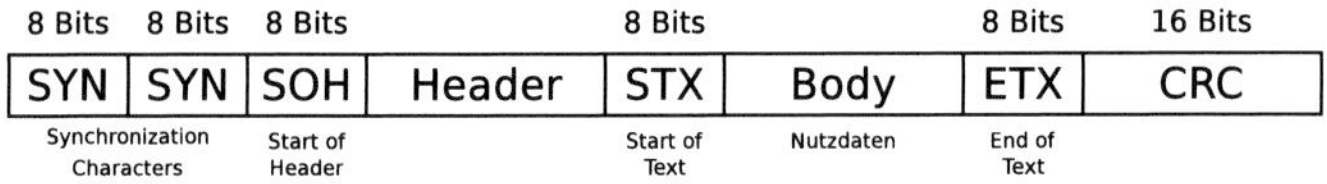

8 Bits	8 Bits	8 Bits	8 Bits	8 Bits	8 Bits	16 Bits
SYN	SYN	SOH	Header	STX	Body	ETX	CRC

| | Synchronization Characters | Start of Header | | Start of Text | Nutzdaten | End of Text | |

Abb. 6.18 Rahmen beim Protokoll BISYNC

6.3.3   Bitstopfen

Bei Bit-orientierten Protokollen hat jeder Rahmen ein spezielles
Bitmuster als Anfangs- und Endsequenz. Beispiele sind das Protokoll *High-Level Data Link Control* – HDLC (RFC 4349) und
das darauf aufbauende *Point-to-Point Protocol* – PPP (RFC 1661),
bei dem jeder Rahmen mit der Bitfolge `01111110` beginnt und
endet [29]. Das Prinzip zeigt Abb. 6.19.

Mit Bitstopfen (englisch: Bit Stuffing) wird garantiert, dass die
Anfangs- und Endsequenz nicht in den Nutzdaten vorkommt.

Entdeckt das HDLC-Protokoll in der Sicherungsschicht des
Senders fünf aufeinanderfolgende Einsen im Bitstrom von der Ver-
mittlungsschicht, *stopft* es eine Null in den Bitstrom. Erkennt das
HDLC-Protokoll in der Sicherungsschicht des Empfängers fünf
aufeinanderfolgende Einsen und eine Null im Bitstrom, von der
Bitübertragungsschicht, wird das *gestopfte* Null-Bit entfernt.

6.3.4   Verstöße gegen Regeln des Leitungscodes

Abhängig vom verwendeten Leitungscode in der Bitübertragungsschicht können ungültige Signale Rahmen abgrenzen. Eine Netzwerktechnologie, bei der dieses Verfahren angewendet wird, ist
Token Ring, das die differentielle Manchesterkodierung verwendet. Bei diesem Leitungscode findet in jeder Bitzelle ein Pegelwechsel zur Taktrückgewinnung statt [29].

Bei Token Ring beginnen Rahmen mit einem Byte *(Starting
Delimiter)*, das vier Verstöße gegen die Kodierregeln enthält.
Zuerst bleibt der Leitungspegel einen ganzen Taktzyklus lang

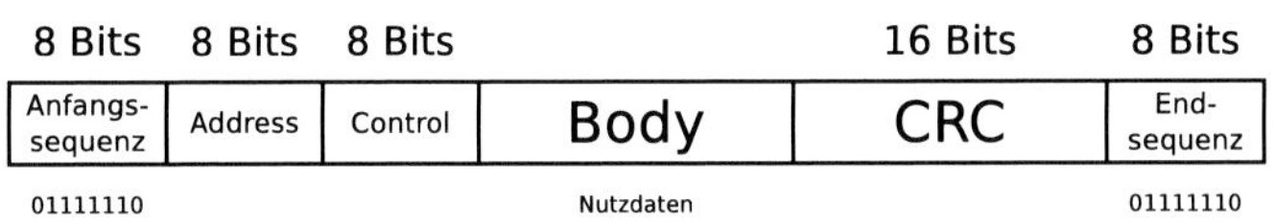

8 Bits	8 Bits	8 Bits		16 Bits	8 Bits
Anfangs-sequenz	Address	Control	**Body**	**CRC**	End-sequenz
01111110			Nutzdaten		01111110

Abb. 6.19 Rahmen beim Protokoll HDLC

Abb. 6.20 Starting
Delimiter bei Token
Ring

Starting Delimiter bei Token Ring

unverändert auf Signalpegel 2 und dann einen ganzen Taktzyklus lang auf Signalpegel 1. Dabei handelt es sich um zwei Verstöße gegen die Kodierregeln. Es folgt der Datenwert Null und erneut die beiden Verstöße gegen die Kodierregeln. Abschließend folgt dreimal der Datenwert Null (siehe Abb. 6.20).

Das vorletzte Byte *(Ending Delimiter)* eines Rahmens bei Token Ring enthält die gleichen vier Verstöße gegen die Kodierregeln wie der *Starting Delimiter*.

6.4   Rahmenformate aktueller Computernetze

Aktuelle Protokolle der Sicherungsschicht wie Ethernet und WLAN arbeiten nicht mehr Byte-, sondern Bit-orientiert, weil so beliebige Zeichenkodierungen verwendet werden können.

6.4.1   Rahmen bei Ethernet

Die Mindestgröße eines Ethernet-Rahmens inklusive Präambel und Start Frame Delimiter (SFD) ist 72 Bytes und die maximale Größe 1526 Bytes. Ohne Präambel und SFD ist die Mindestgröße 64 Bytes und die maximale Größe ist 1518 Bytes. Mit VLAN-Tag (siehe Abschn. 10.2) vergrößert sich die maximale Größe um 4 Bytes.

Die Präambel besteht aus der 7 Bytes langen Bitfolge `101010...1010` und dient bei Bus-Topologien dazu, den Empfänger auf die Taktrate zu synchronisieren und den Anfang des

Rahmens eindeutig zu kennzeichnen [29]. Darauf folgt der 1 Byte große SFD mit der Bitfolge `10101011`.

Ein Vergleich der hier beschrieben Werte für die Präambel und das SFD mit den hexadezimalen Darstellungen in Abb. 6.21 mag verwirrend sein. Immerhin ist die hexadezimale Darstellung der Bitfolge `10101010` eigentlich `AA` und nicht `55`, wie es in Abb. 6.21 dargestellt ist. Auch der Wert des SFD passt auf den ersten Blick nicht mit dem hexadezimalen Wert `D5` überein. Dennoch ist die Darstellung in der Abbildung korrekt, weil die Byte-Reihenfolge bei Ethernet zwar so ist, dass das höchstwertige Byte zuerst übertragen wird (*most-significant byte first*), aber gleichzeitig überträgt Ethernet innerhalb jeden Bytes das geringwertigste Bit (*LSB – least-significant bit*) zuerst.

Aus diesem Grund wird bei Ethernet jedes Byte der Präambel nicht als Bitfolge `10101010`, sondern als Bitfolge `01010101` übertragen und die übertragene Bitfolge des SFD ist nicht `10101011` sondern `11010101`.

Die Datenfelder für die physischen Adressen (MAC-Adressen) von Sender und Ziel sind jeweils 6 Bytes lang. Der 4 Bytes lange optionale VLAN-Tag enthält unter anderem eine 12 Bits lange VLAN-ID und ein 3 Bits großes Feld zur Priorisierung. Das Datenfeld *Typ* enthält das verwendete Protokoll der nächsthöheren Schicht. Bei IPv4 hat es den Wert `0x0800` und bei IPv6 den Wert `0x86DD`. Enthalten die Nutzdaten eine ARP-Nachricht, ist der Wert `0x0806`. Jeder Rahmen kann maximal 1500 Bytes Nutzdaten enthalten. Mit dem Datenfeld *Pad* werden Rahmen bei Bedarf auf die erforderliche Mindestgröße von 72 Bytes gebracht. Das ist nötig, damit die Kollisionserkennung via CSMA/CD funktioniert. Abschließend folgt eine 32 Bits lange Prüfsumme, die aber nicht die Präambel und den SFD einschließt (siehe Abb. 6.21).

Das *Interframe Spacing* bzw. *Interframe Gap* ist der minimale zeitliche Abstand zwischen zwei gesendeten Rahmen auf dem Übertragungsmedium. Die minimale Wartezeit entspricht 96 Bitzeiten (12 Bytes). Somit entspricht das Interframe Spacing bei Ethernet bei 10 MBit/s einem zeitlichen Abstand von 9,6 µs. Bei 100 MBit/s sind es 0,96 µs und bei bei 1 GBit/s sind es 96 ns.

Abb. 6.21 Ethernet-Rahmen (IEEE 802.3) mit VLAN-Tag (IEEE 802.1Q)

Einige Netzwerkgeräte erlauben es den Interframe Spacing zu verkürzen und ermöglichen dadurch unter optimalen Bedingungen einen höheren Datendurchsatz. Allerdings erhöht sich dadurch auch das Risiko, dass die Grenzen von Rahmen nicht mehr korrekt erkannt werden.

6.4.2 Rahmen bei WLAN

Während ein Ethernet-Rahmen ohne Präambel maximal 1518 Bytes groß sein darf, ist die maximale Größe eines WLAN-Rahmens (nur der Teil der Sicherungsschicht) 2346 Bytes (siehe Abb. 6.22).

In der Bitübertragungsschicht fügt das Protokoll eine Präambel zur Synchronisierung des Empfängers inklusive SFD hinzu. Deren Länge und Inhalt entspricht entweder dem üblichen Standard *Long Preamble Format* oder dem optionalen Standard *Short Preamble Format*. Letzterer wird nicht von allen Geräten unterstützt und ist nur unter optimalen Bedingungen empfehlenswert. Zudem sieht die Bitübertragungsschicht von WLAN zu beginn jedes Rahmens noch einige kurze Datenfelder vor. Diese sind…

- *Signal*, das die Datenrate (MBit/s) angibt,
- *Service*, das spezielle Informationen zur verwendeten Modulation enthalten kann,
- *Länge*, das die zur Übertragung des Rahmens benötigte Zeit in Mikrosekunden enthält und
- *CRC*, das eine Prüfsumme über die Felder Signal, Service und Länge enthält.

Die Rahmensteuerung ist 2 Bytes lang und enthält mehrere kleinere Datenfelder. Hier ist unter anderem die Protokollversion definiert (das Datenfeld hat immer den Wert 0). Im Datenfeld *Typ* ist angegeben, um was für eine Art Rahmen es sich handelt. Die Rah-

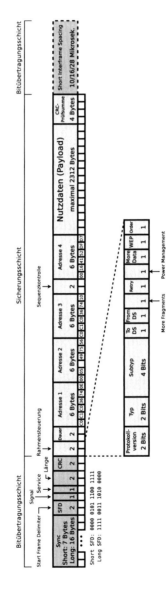

Abb. 6.22 WLAN-Rahmen (IEEE 802.11)

men werden unterschieden in Management-, Kontroll- und Datenrahmen. Ein Beispiel für Management-Rahmen sind die *Beacons*
(siehe Abschn. 5.1.3).

Bei Managementrahmen hat das Datenfeld *Typ* den Wert 00,
bei Kontrollrahmen hat es den Wert 01 und bei Datenrahmen den
Wert 10. Der Inhalt des Datenfelds *Subtyp* definiert detaillierter
den Inhalt des Rahmens. Eine Auswahl der wichtigsten WLAN-
Rahmen und den zugehörigen Werten für die Datenfelder *Typ* und
Subtyp enthält Tab. 6.3.

Passt ein Paket der Vermittlungsschicht nicht in einen einzelnen
Rahmen, wird das Paket fragmentiert, also auf mehrere Rahmen
verteilt. Enthält das Datenfeld *More Fragments* den Wert 1, dann
heißt das, dass weitere Fragmente eintreffen und mit dem Datenfeld
Retry kann der Sender angeben, dass der Rahmen erneut gesendet
wurde. Hat das Datenfeld *Power Management* den Wert 1, teilt
der Sender damit mit, dass er sich momentan im Stromsparmodus
befindet. Hat *More Data* den Wert 1, teilt die Basisstation einem
Client im Stromsparmodus mit, dass sie noch weitere Daten für
ihn gepuffert hat. Im Datenfeld WEP ist angegeben, ob der Rahmen mit dem WEP-Verfahren verschlüsselt ist. Hat das Datenfeld
Order den Wert 1, bedeutet das, dass die Rahmen in geordneter
Reihenfolge übertragen werden.

Das 2 Bytes lange Datenfeld *Dauer* enthält einen Wert für
die Aktualisierung der Zählvariable *Network Allocation Vector*
(NAV).

Der Inhalt der vier jeweils 6 Bytes großen Adressfelder hängt
davon ab, ob es ein WLAN im *Infrastruktur-Modus* oder im *Ad-
hoc-Modus* ist und ob der Rahmen von einem Endgerät an eine
Basisstation, von einer Basisstation an ein Endgerät oder alternativ über ein Distribution System[2] (DS) gesendet wurde. Mögliche
Werte in den Adressfeldern sind die MAC-Adresse der Basisstation, von Sender *(Source Address)* und Empfänger *(Destination
Address)* sowie bei einem Distribution System der nächsten Sta-

---

[2] Ein Distribution System ist ein Funknetzwerk, das aus mehreren Basisstationen besteht, um eine größeren Netzabdeckung zu erreichen.

Tab. 6.3 Auswahl wichtiger Management-, Kontroll- und Datenrahmen [21]

Datenfeld Typ	Datenfeld Subtyp	Bezeichnung	Beschreibung
00	0000	Association Request	Assoziierungsanfrage an eine Basisstation
00	0001	Association Response	Positive Antwort auf eine Assoziierungsanfrage
00	0010	Reassociation Request	Reassoziierungsanfrage an eine Basisstation
00	0011	Reassociation Response	Positive Antwort auf eine Reassoziierungsanfrage
00	0100	Probe Request	Suchanfrage nach einer Basisstation mit einer bestimmten SSID und Datenrate
00	0101	Probe Response	Antwort auf eine Suchanfrage
00	1000	Beacon *(Leuchtfeuer)*	Regelmäßige Bekanntmachung einer Funkzelle durch ihre Basisstation
01	1011	Request To Send (RTS)	Reservierungsanfrage für das Medium an die Basisstation
01	1100	Clear To Send (CTS)	Bestätigung einer Reservierungsanfrage
01	1101	Acknowledgement (ACK)	Bestätigung einer Datenübertragung
10	0000	Data	Datenübertragung

tion auf dem Weg zum Ziel *(Receiver Address)* und von der letzten Station, die den Rahmen weitergeleitet hat *(Transmitter Address)*.

Zudem können die Felder auch den *Basic Service Set Identifier* (BSSID) enthalten. Bei einem WLAN im *Infrastruktur-Modus* ist der BSSID die MAC-Adresse der Basisstation und bei einem

Tab. 6.4 Inhalt der vier Adressfelder bei WLAN-Rahmen

Modus	To	From	Adresse			
	DS	DS	1	2	3	4
Ad-hoc-Modus	0	0	DA	SA	BSSID	—
Infrastruktur-Modus (von der Basisstation)	0	1	DA	BSSID	SA	—
Infrastruktur-Modus (zur Basisstation)	1	0	BSSID	SA	DA	—
Infrastruktur-Modus (mit Distribution System)	1	1	RA	TA	DA	SA

DA = Destination Address
SA = Source Address
RA = Receiver Address
TA = Transmitter Address

WLAN im *Ad-hoc-Modus* ist die BSSID eine 46 Bits lange Zufallszahl.

Die Belegung der vier Adressfelder in Abhängigkeit von den Datenfeldern *To DS*[3] und *From DS* enthält Tab. 6.4.

Das 2 Bytes große Datenfeld *Sequenzkontrolle* besteht aus einer 4 Bits langen Fragmentnummer und einer 12 Bits langen Sequenznummer. Wurde ein Rahmen in mehrere Fragmente unterteilt, ist die Sequenznummer für alle Fragmente gleich. Abschließend folgt eine 32 Bits lange Prüfsumme, die aber nicht die Nutzdaten mit einschließt.

6.4.3 Spezielle Rahmen bei WLAN

Einige Kontrollrahmen haben einen anderen Aufbau, als den in Abb. 6.22 dargestellten. Exemplarisch zeigt Abb. 6.23 die Rahmenformate für die Steuerzeichen *Request To Send* (RTS) und *Clear To Send* (CTS) sowie für *Acknowledgement* (ACK), mit dem der Emp-

---

[3] Die Abkürzung „DS" steht auch hier stellvertretend für Distribution System.

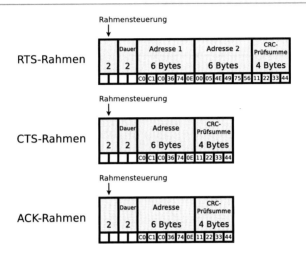

Abb. 6.23 Spezielle WLAN-Rahmen

fänger die erfolgreiche Übertragung eines Rahmens beim Sender
bestätigt.

Der RTS-Rahmen hat eine Länge von 20 Bytes. Mit ihm kann
ein Sender eine Reservierungsanfrage für das Übertragungsmedium an die Basisstation senden. Die MAC-Adresse der Basisstation befindet sich im ersten Adressfeld und die MAC-Adresse des
anfragenden Endgeräts im zweiten Adressfeld.

Mit einem CTS-Rahmen, der eine Länge von 14 Bytes hat,
bestätigt eine Basisstation die Reservierungsanfrage für das Übertragungsmedium. Das Adressfeld enthält die MAC-Adresse des
Endgeräts, das die Reservierungsanfrage gestellt hatte.

Der ACK-Rahmen ist ebenfalls 14 Bytes lang und im Adressfeld
befindet sich die MAC-Adresse des Senders, also der Station, die
den Rahmen erfolgreich übertragen hat.

Tab. 6.5 Typische
MTU-Größen bekannter
Vernetzungstechnolo-
gien

Vernetzungstechnologie	MTU
Ethernet	meist 1500 Bytes
FDDI	4352 Bytes
ISDN	576 Bytes
PPPoE	meist 1492 Bytes
Token Ring (4 Mbit/s)	4464 Bytes
Token Ring (16 Mbit/s)	17.914 Bytes
WLAN	2312 Bytes

6.5 Maximum Transmission Unit (MTU)

Die MTU ist die maximale Menge an Nutzdaten eines Rahmens auf der Sicherungsschicht. Aus Sicht der Vermittlungsschicht legt die MTU die maximale Paketlänge fest. Bei Ethernet ist die MTU meist 1500 Bytes und bei PPP over Ethernet (PPPoE) ist sie 1492 Bytes weil 8 Bytes in jedem Ethernet-Rahmen für zusätzliche Verbindungsinformationen benötigt werden. Durch den Einsatz weiterer Protokolle bei einigen Internetanbietern kann sich die MTU weiter verringern. Tab. 6.5 enthält eine Auswahl typischer MTU-Größen bekannter Vernetzungstechnologien.

6.6 Fehlererkennung

Zur Fehlererkennung wird jedem Rahmen vom Sender eine Prüfsumme angefügt. So werden fehlerhafte Rahmen vom Empfänger erkannt und verworfen. Ein erneutes Anfordern verworfener Rahmen sieht die Sicherungsschicht nicht vor. Möglichkeiten der Fehlererkennung sind die *zweidimensionale Parität* und die *zyklische Redundanzprüfung*.

6.6.1   Zweidimensionale Parität

Dieses Verfahren eignet sich dann besonders gut, wenn die 7-Bit-Zeichenkodierung US-ASCII (siehe Abschn. 2.4.1) verwendet wird. Zu jedem 7-Bit-Abschnitt wird ein zusätzliches *Paritätsbit* berechnet und angehängt, um die Anzahl der Einsen im Byte auszugleichen.

Definiert das Protokoll die gerade Parität, erhält das Paritätsbit bei Bedarf den Wert Eins oder Null, um eine gerade Anzahl von Einsen im Byte zu erwirken. Ist ungerade Parität gewünscht, erhält das Paritätsbit bei Bedarf den Wert Eins oder Null, um eine ungerade Anzahl von Einsen im Byte zu erwirken. Das ist die *eindimensionale Parität*.

Neben den Paritätsbits in jedem Byte existiert für jeden Rahmen noch ein zusätzliches *Paritätsbyte*. Dessen Inhalt ist das Ergebnis der Paritätsberechnung quer über jedes Byte des Rahmens. Das ist die *zweidimensionale Parität*. Zweidimensionale Parität kann alle 1-, 2-, 3-Bit-Fehler und die meisten 4-Bit-Fehler erkennen [18].

Das Verfahren verwendet wird unter anderem von BISYNC bei der Übertragung von Daten verwendet, die mit der 7-Bit-Zeichenkodierung US-ASCII kodiert sind.

6.6.2   Zyklische Redundanzprüfung

Die zyklische Redundanzprüfung – Cyclic Redundancy Check (CRC) basiert darauf, dass man Bitfolgen als Polynome[4] mit den Koeffizienten 0 und 1 schreiben kann. Ein Rahmen mit k Bits wird als Polynom vom Grad $k - 1$ betrachtet. Das werthöchste Bit ist der Koeffizient von x^{k-1}, das nächste Bit ist der Koeffizient für

---

[4] Ein Polynom ist die Summe von Vielfachen von Potenzen mit natürlichzahligen Exponenten einer Variablen.

x^{k-2}, usw. Die Bitfolge `10011010` entspricht also dem Polynom

$$1 \times x^7 + 0 \times x^6 + 0 \times x^5 + 1 \times x^4 + 1 \times x^3 + 0 \times x^2 + 1 \times x^1$$
$$+ 0 \times x^0$$

Das kann verkürzt als $x^7 + x^4 + x^3 + x^1$ dargestellt werden [18]. Das Senden und Empfangen von Nachrichten kann man sich als Austausch von Polynomen vorstellen.

Um die zyklische Redundanzprüfung durchführen zu können, müssen Sender und Empfänger ein *Generatorpolynom* $C(x)$ verwenden, das ein Polynom vom Grad n ist. Sei zum Beispiel $C(x) = x^3 + x^2 + x^0 = 1101$, dann ist $n = 3$, also ist das Polynom vom Grad 3. Der Grad des Generatorpolynoms entspricht der Anzahl der Bits minus eins.

Das Generatorpolynom wird vom verwendeten Protokoll festgelegt und diese Auswahl legt fest, welche Fehlerarten erkannt werden. Eine Auswahl häufig verwendeter Generatorpolynome enthält Tab. 6.6.

Das folgende Beispiel verwendet das Generatorpolynom CRC-5. Soll für einen Rahmen die CRC-Prüfsumme berechnet werden, werden n Nullen an den Rahmen angehängt. n entspricht dem Grad des Generatorpolynoms.

Das Generatorpolynom hat 6 Stellen, also werden 5 Nullen ergänzt. Der Rahmen mit Anhang wird von links mit exklusivem

Tab. 6.6 Auswahl häufig verwendeter Generatorpolynome

Name	Anwendung	Generatorpolynom $C(x)$
CRC-5	USB	$x^5 + x^2 + x^0$
CRC-8	ISDN	$x^8 + x^2 + x^1 + x^0$
CRC-16	BISYNC	$x^{16} + x^{15} + x^2 + x^0$
CRC-32	Ethernet	$x^{32} + x^{26} + x^{23} + x^{22} + x^{16} + x^{12} +$ $x^{11} + x^{10} + x^8 + x^7 + x^5 + x^4 + x^2 +$ $x^1 + x^0$

Oder[5] (XOR) durch das Generatorpolynom dividiert. Dabei fängt man immer mit der ersten gemeinsamen 1 an.

Generatorpolynom:	100101
Rahmen (Nutzdaten):	10111101
Rahmen mit Anhang:	1011110100000
Rest:	11001
Rahmen mit Prüfsumme:	1011110111001

Der Sender berechnet die Prüfsumme.

Der Empfänger testet, ob die Übertragung korrekt war.

```
    1011110100000:100101
    100101
XOR ------
      101001
      100101
  XOR ------
       110000
       100101
   XOR ------
        101010
        100101
    XOR ------
         111100
         100101
     XOR ------
          11001 =
          Prüfsumme
```

```
     1011110111001:100101
     100101
 XOR ------
       101001
       100101
   XOR ------
        110011
        100101
    XOR ------
         101100
         100101
     XOR ------
          100101
          100101
      XOR ------
           000000 =>
           kein Fehler
```

Der Rest (11001) ist die *Prüfsumme*, die an den Rahmen angehängt wird. Der Rest muss aus *n* Bits bestehen, wobei *n* nach wie vor der Grad des Generatorpolynoms ist. Der übertragene Rahmen mit Prüfsumme ist also 1011110111001.

Der Empfänger des Rahmens kann überprüfen, ob dieser korrekt angekommen ist. Mit einer Division via XOR durch das Generator-

---

[5] 1 XOR 1 = 0, 1 XOR 0 = 1, 0 XOR 1 = 1, 0 XOR 0 = 0

polynom werden fehlerhafte Übertragungen erkannt. Ist der Rest
der Division gleich null, war die Übertragung fehlerfrei.

Ist im übertragenen Rahmen ein Bit fehlerhaft, ist der Rest der
Division mit XOR durch das Generatorpolynom ungleich null.

Das Verfahren erkennt neben allen Einbitfehlern auch jede
ungerade Anzahl fehlerhafter Bits und alle Bündelfehler der Länge
n, wobei n der Grad des Generatorpolynoms ist [6,16].

6.7   Fehlerkorrektur

Verfahren zur Fehlerkorrektur kommen bei Datenübertragungen
bisweilen dort zum Einsatz, wo Daten nur über einen Kanal übertragen werden und die Übertragungsart Simplex ist. In einem solchen Fall kann der Empfänger keine Sendewiederholungen anfordern [29]. Ein typisches Anwendungsbeispiel sind Datenübertragungen von Raumsonden, da bei solch großen Distanzen und den
gegebenen Beeinflussungen mit zahlreichen Übertragungsfehlern
zu rechnen ist.

Abgesehen von solch ungewöhnlichen Anwendungen kommt
Fehlerkorrektur in Netzwerkprotokollen in der Praxis selten vor.
Bekannte Netzwerkprotokolle der Sicherungsschicht wie Ethernet,
WLAN oder Bluetooth ermöglichen ausschließlich Fehlererken-
nung mit zyklischer Redundanzprüfung. Der Grund dafür ist, dass
Fehlererkennung effizienter ist als Fehlerkorrektur, da bei Fehler-
erkennung weniger Prüfbits übertragen werden müssen.

6.8   Medienzugriffsverfahren

Bei Ethernet 10BASE2/5 und WLAN verwenden die Netzwerkgeräte bzw. Stationen ein gemeinsames Übertragungsmedium. Um
den Medienzugriff zu koordinieren und Kollisionen zu vermeiden,

oder zumindest zu minimieren, verwendet Ethernet das Medienzugriffsverfahren CSMA/CD und WLAN verwendet CSMA/CA.

Bluetooth wird an dieser Stelle nicht behandelt, da sich Bluetooth-
Geräte in *Piconetzen* organisieren. In jedem Piconetz koordiniert
ein Master den Medienzugriff.

6.8.1 Medienzugriffsverfahren bei Ethernet

Anders als bei Token Ring sind bei Ethernet die Wartezeit und
übertragbare Datenmenge nicht eindeutig vorhersagbar. Alle Teilnehmer stehen in Bezug auf den Medienzugriff im direktem Wettbewerb. Wartezeit und Datenmenge hängen von der Anzahl der
Teilnehmer und der Datenmenge ab, die die einzelnen Teilnehmer
versenden. Ethernet verwendet das Medienzugriffsverfahren *Carrier Sense Multiple Access/Collision Detection* (CSMA/CD), was
übersetzt bedeutet: Medienzugriffsverfahren für Mehrfachzugang
mit Trägerprüfung und Kollisionserkennung.

Carrier Sense (CS) heißt, dass jedes Netzwerkgerät vor dem
Senden den Kanal (also die Leitung) abhört und nur dann sendet,
wenn der Kanal frei ist. Die Netzwerkgeräte können also zwischen
einer freien und einer besetzten Verbindungsleitung unterscheiden.
Multiple Access (MA) heißt, dass alle Netzwerkgeräte auf dasselbe
Übertragungsmedium konkurrierend zugreifen. *Collision Detection* (CD) sagt aus, dass jedes Netzwerkgerät auch während des
Sendens den Kanal abhört, um auftretende Kollisionen zu entdecken und wenn nötig eine Fehlerbehandlung durchzuführen.

Will ein Netzwerkgerät via Ethernet Datenrahmen übertragen,
hält es den folgenden Ablauf (siehe Abb. 6.24) ein: [12,27,33]

1. Übertragungsmedium überwachen:
   – Freies Übertragungsmedium $\Longrightarrow$ Schritt 2
   – Belegtes Übertragungsmedium $\Longrightarrow$ Schritt 3

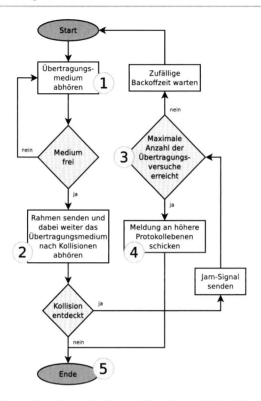

Abb. 6.24 Arbeitsweise des Medienzugriffsverfahrens CSMA/CD von Ethernet

2. Rahmen senden und Übertragungsmedium weiter abhören:
   – War die Übertragung erfolgreich, wird dieses an höhere Protokollebenen gemeldet $\Longrightarrow$ Schritt 5
   – Wurde eine Kollision entdeckt, wird der Sendevorgang abgebrochen und das 48 Bits lange Störsignal *(Jam-Signal)* gesendet, um die Kollision bekannt zu geben $\Longrightarrow$ Schritt 3
3. Übertragungsmedium ist belegt. Anzahl der Übertragungsversuche prüfen:

- Ist das Maximum noch nicht erreicht, wird eine zufällige Wartezeit *(Backoffzeit)* berechnet[6] und diese abgewartet $\Longrightarrow$ Schritt 1
- Ist das Maximum erreicht $\Longrightarrow$ Schritt 4

4. Die maximale Anzahl der Übertragungsversuche ist erreicht. Der Fehler wird an höhere Protokollebenen gemeldet $\Longrightarrow$ Schritt 5
5. Übertragungsmodus verlassen.

Eine Kollision muss vom Sender erkannt werden. Es ist wichtig, dass ein Rahmen noch nicht fertig gesendet ist, wenn es zur Kollision kommt. Ansonsten ist das sendende Netzwerkgerät vielleicht schon mit dem Aussenden des Rahmens fertig und glaubt an eine erfolgreiche Übertragung. Jeder Rahmen muss eine gewisse Mindestlänge habe, die so dimensioniert ist, dass die Übertragungsdauer für einen Rahmen minimaler Länge die maximale RTT[7] nicht unterschreitet. So ist garantiert, dass eine Kollision noch den Sender erreicht, bevor dieser mit dem Senden fertig ist. Erkennt der Sender eine Kollision, weiß er, dass sein Rahmen nicht richtig beim Empfänger angekommen ist, und kann es später erneut versuchen.

Für Ethernet ist eine maximal zulässige Netzwerkausdehnung und eine minimale Rahmenlänge festgelegt. Um die *minimale Rahmenlänge* zu berechnen, bei der die Kollisionserkennung noch möglich ist, gilt:

---

[6] Zur Berechnung der Backoffzeit wird ein zufälliger Wert zwischen dem minimalem und maximalem Wert des *Contention Window* (CW) bestimmt, und dieser zufällige Wert wird mit der *Slot Time* multipliziert. Der minimale und maximale Wert des CW sowie die Slot Time hängen vom verwendeten Modulationsverfahren ab und sind fest vorgegeben (siehe Tab. 6.7).

[7] Die *Round-Trip-Time* (RTT), die auch Rundlaufzeit heißt, ist die Zeit, die ein Rahmen benötigt, um von der Quelle zum Ziel und zurück übertragen zu werden. In diesem Fall ist die maximale RTT entscheidend, also die Zeit, die ein Rahmen benötigt, um vom einen Ende des Netzes zum weitest entfernten anderen Ende des Netzes und wieder zurück zu gelangen.

$$P = 2 \times U \times \frac{D}{V}$$

P ist die minimale Rahmenlänge in Bits, U ist die Datenübertragungsgeschwindigkeit des Übertragungsmediums in Bits pro Sekunde, D ist die Länge des Netzes in Metern und V ist die Signalgeschwindigkeit auf dem Übertragungsmedium in Metern pro Sekunde.

Das folgende Rechenbeispiel berechnet die minimale Rahmenlänge für Thick Ethernet (10BASE5) mit 10 Mbit/s und Koaxialkabeln als Übertragungsmedium:

- $U = 10\,\text{Mbit/s} = 10.000.000\,\text{Bits/s}$
- $D = 2500\,\text{m}$ (das ist die Maximallänge für 10BASE5)
- $V = \text{Lichtgeschwindigkeit} \times \text{Ausbreitungsfaktor}$

Die Lichtgeschwindigkeit ist 299.792.458 m/s und der Ausbreitungsfaktor[8] hängt vom Übertragungsmedium ab. Der Ausbreitungsfaktor beschreibt die Signalgeschwindigkeit in einem Übertragungsmedium in Relation zur Lichtgeschwindigkeit.

$$V = 299.792.458\,\text{m/s} \times 0{,}77 \approx 231.000.000\,\text{m/s}$$

$$P = 2 \times 10 \times 10^6\,\text{Bits/s} \times \frac{2500\,\text{m}}{231 \times 10^6\,\text{m/s}} \approx 217\,\text{Bits} \approx 28\,\text{Bytes}$$

Die minimale Rahmenlänge von 64 Bytes bei Ethernet ist also mehr als ausreichend.

---

[8] Der Ausbreitungsfaktor, der auch Verkürzungsfaktor genannt wird, ist 1 für Vakuum, 0,64 für Twisted-Pair-Kabel Cat-5e, 0,66 für Koaxialkabel RG-58 wie bei Ethernet 10BASE2, 0,67 für Glasfaser und 0,77 für Koaxialkabel RG-8 wie bei Ethernet 10BASE5 [34].

Um die *maximale Ausdehnung* zwischen zwei Netzwerkgeräten zu berechnen, bei der die Kollisionserkennung noch funktioniert, gilt:

$$2 \times S_{max} = V \times t_{Rahmen}$$

S_{max} ist die maximale Ausdehnung mit Kollisionserkennung, V ist die Signalgeschwindigkeit auf dem Übertragungsmedium in Metern pro Sekunde und t_{Rahmen} ist die Übertragungsdauer eines Rahmens in Sekunden.

Das folgende Rechenbeispiel berechnet die maximale Ausdehnung wieder für Thick Ethernet (10BASE5) mit 10 Mbit/s und Koaxialkabel als Übertragungsmedium:

$$V = 231.000.000 \, \text{m/s} = 231 \times 10^6 \, \text{m/s}$$

Die Übertragungsdauer t_{Rahmen} ist die Übertragungsdauer für ein Bit multipliziert mit der Anzahl der Bits in einem Rahmen ($\Longrightarrow$ 512 Bits = 64 Byte). Die Übertragungsdauer für ein Bit bei 10 Mbit/s ist 0,1 µs. Ein Rahmen mit der kleinsten erlaubten Rahmenlänge vom 64 Byte benötigt somit 51,2 µs, um vollständig gesendet zu werden. Ein 51,2 µs langer Rahmen legt im Koaxialkabel folgende Strecke zurück:

$$231 \times 10^6 \, \text{m/s} \times 51,2 \times 10^{-6} \, \text{s} = 11.827,20 \, \text{m} = 11,83 \, \text{km}$$

Bei einer maximal erlaubten Ausdehnung von 2,5 km ist Kollisionserkennung somit möglich.

Das Medienzugriffsverfahren CSMA/CD ist nur bei Ethernet-Netzen mit der physischen Bus-Topologie zwingend nötig, weil dort alle Netzwerkgeräte direkt mit einem gemeinsamen Medium verbunden sind. Fast alle auf Ethernet basierende Netze sind heute *vollständig geswitcht* und darum frei von Kollisionen.

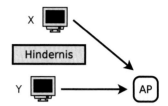

Abb. 6.25
Hidden-Terminal
(unsichtbare bzw.
versteckte Stationen)

6.8.2 Medienzugriffsverfahren bei WLAN

CSMA/CD versagt bei Funknetzen, denn anders als beim kabelgebundenen Ethernet kann man bei Funknetzen wie WLAN Kollisionen nicht immer erkennen.

Bei CSMA/CD stellt der Sender auftretende Kollisionen fest.
Bei kabelgebundenen Netzen mit gemeinsamem Übertragungsme-
dium empfängt jeder Teilnehmer die Übertragungen aller anderer
Teilnehmer und damit bekommt auch jeder Teilnehmer jede Kolli-
sion mit. Bei Funknetzen wie WLAN ist das nicht immer der Fall.
Aus diesem Grund will man das Entstehen von Kollisionen mit dem
Medienzugriffsverfahren *Carrier Sense Multiple Access/Collision
Avoidance* (CSMA/CA) minimieren.

Spezielle Eigenschaften des Übertragungsmediums führen bei
Funknetzen zu unerkannten Kollisionen beim Empfänger. Dabei
handelt es sich um Hidden-Terminal und um Fading.

Bei *Hidden-Terminal* sind unsichtbare bzw. versteckte Stationen der Grund für Kollisionen. Abb. 6.25 zeigt beispielhaft, wie die
Stationen X und Y Daten an die Basisstation (Access Point) senden.
Wegen Hindernissen können die Stationen X und Y ihre Übertragungen gegenseitig nicht erkennen, obwohl sie an der Basisstation
interferieren.

Fading bedeutet abnehmende Signalstärke. Die elektromagnetischen Wellen des Funknetzes werden durch Hindernisse und im
freien Raum allmählich abgeschwächt. Abb. 6.26 zeigt beispielhaft, wie die Stationen X und Y Daten an die Basisstation senden.
Durch die Positionen der Stationen zueinander sind deren Signale
zu schwach, als dass sie ihre Übertragungen gegenseitig wahrneh-

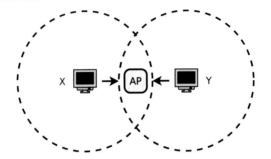

Abb. 6.26 Fading (abnehmende Signalstärke)

men können. Auch in diesem Szenario stören sich die Übertragungen gegenseitig.

Diese Eigenschaften machen den Mehrfachzugriff bei Funknetzen komplexer, als das bei kabelgebundenen Netzen der Fall ist [12]. WLAN (802.11) kennt die drei Medienzugriffsverfahren *CSMA/CA*, *CSMA/CA RTS/CTS* und *CSMA/CA PCF*.

CSMA/CA

Erkennt bei CSMA/CD (Ethernet) ein sendender Teilnehmer eine Kollision, bricht er das Senden des Rahmens ab. WLAN verwendet aber keine Kollisionserkennung, sondern mit CSMA/CA eine Kollisionsvermeidung – eigentlich ist es nur eine Kollisionsminimierung. Hat eine Station mit dem Senden eines Rahmens begonnen, überträgt sie den vollständigen Rahmen in jedem Fall. Es gibt also kein Zurück mehr, wenn eine Station einmal mit dem Senden begonnen hat. Der Sender muss darum erkennen können, wenn ein Rahmen nicht korrekt beim Empfänger angekommen ist. Realisiert wird die Bedingung durch Bestätigungen (ACK) mit denen der Empfänger den korrekten Empfang des Rahmens bestätigt.

Zuerst *horcht* der Sender am Übertragungsmedium ($\Longrightarrow$ Carrier Sense). Das Medium muss für die Dauer eines *Distributed Interframe Spacing* (DIFS) frei sein. Ist das Medium für die Dauer des DIFS frei, kann der Sender einen Rahmen aussenden (siehe Abb. 6.27).

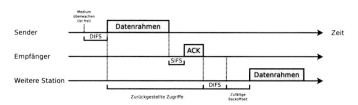

Abb. 6.27 Medienzugriffsverfahren CSMA/CA

Empfängt eine Station einen Rahmen, der die CRC-Prüfung besteht, wartet sie einen *Short Interframe Spacing* (SIFS) ab. Danach sendet der Empfänger einen *Bestätigungsrahmen* (ACK). Die Empfangsbestätigung durch ACK erfolgt nicht bei einem Broadcast. DIFS und SIFS garantieren bei CSMA/CA einen Mindestabstand zwischen aufeinanderfolgenden Rahmen.

Weitere Stationen, die Rahmen senden wollen, warten nach dem ACK des Empfängers ein DIFS mit freiem Übertragungsmedium und eine *Backoffzeit* ab. Diese Wartezeit berechnet jede Station unabhängig von den anderen Stationen. Nach dem Ablauf der Backoffzeit wird der Rahmen gesendet. Belegt während der Backoffzeit eine andere Station das Übertragungsmedium, wird der Zähler so lange angehalten, bis das Medium mindestens ein DIFS lang wieder frei ist [26]. Die Backoffzeit wird berechnet, indem ein zufälliger Wert zwischen minimalem und maximalem Wert des *Contention Window* (CW) bestimmt wird, und dieser zufällige Wert wird mit der *Slot Time* multipliziert.

Der minimale und maximale Wert des CW sowie die Slot Time hängen vom verwendeten Modulationsverfahren ab und sind fest vorgegeben (siehe Tab. 6.7). Die untere und obere Schranke des CW sind immer Zweierpotenzen, wobei vom Ergebnis der Wert 1 abgezogen wird. Verwendet ein WLAN beispielsweise das Modulationsverfahren DSSS ist beim ersten Sendeversuch $31 \leq CW \leq 63$. Beim nächsten Sendeversuch gilt $63 \leq CW \leq 127$. Weitere Sendeversuche lassen den Wert von CW weiter exponentiell ansteigen, bis der maximale Wert erreicht ist. Sobald ein Rahmen durch ACK bestätigt wurde, also die Übertragung erfolgreich war, entspricht

Tab. 6.7 SIFS, DIFS, Slot Time und Contention Window (CW) bei den verschiedenen Modulationsverfahren von WLAN

Modulationsverfahren	SIFS	DIFS[a]	Slot Time	Minimales CW	Maximales CW
FHSS (802.11)	28 μs	128 μs	50 μs	15	1023
DSSS (802.11b)	10 μs	50 μs	20 μs	31	1023
OFDM (802.11a/h/n/ac)	16 μs	34 μs	9 μs	15	1023
OFDM (802.11g)[b]	16 μs	34 μs	9 μs	15	1023
OFDM (802.11g)[c]	10 μs	50 μs	20 μs	15	1023

[a] DIFS = SIFS + 2 ∗ Slot Time
[b] Mit Unterstützung für Übertragungsraten 1–54 Mbit/s
[c] Mit ausschließlicher Unterstützung für Übertragungsraten > 11 Mbit/s

die untere Schranke des CW wieder dem Wert des minimalen CW in Tab. 6.7 [21].

CSMA/CA ist das standardmäßige Medienzugriffsverfahren bei WLAN und bei allen WLAN-Geräten implementiert.

Auch die Dauer eines SIFS und eines DIFS hängt davon ab, welches Modulationsverfahren das WLAN verwendet (siehe Tab. 5.4). Tab. 6.7 enthält die jeweilige Dauer eines SIFS und eines DIFS.

Eine weitere Vernetzungstechnologie, die CSMA/CA als Medienzugriffsverfahren verwendet, ist *PowerLAN*, das auch *Powerline Communication* heißt, und das das Stromnetz eines Gebäudes als gemeinsames Übertragungsmedium verwendet [11].

CSMA/CA RTS/CTS

Das Medienzugriffsverfahren CSMA/CA verringert die Anzahl der Kollisionen, kann aber nicht alle vermeiden. Eine bessere Kollisionsvermeidung ermöglicht CSMA/CA RTS/CTS. Sender und Empfänger tauschen bei diesem Verfahren *Kontrollrahmen* (siehe Abschn. 6.4.3) aus, bevor der Sender mit der Übertragung beginnt. So wissen alle erreichbaren Stationen, dass demnächst eine Übertragung beginnt. Die Kontrollrahmen heißen *Request To Send* (RTS) und *Clear To Send* (CTS).

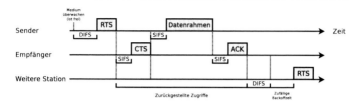

Abb. 6.28 Medienzugriffsverfahren CSMA/CA RTS/CTS

Der Sender überträgt nach dem DIFS einen *RTS*-Rahmen an den Empfänger (siehe Abb. 6.28). Der RTS-Rahmen enthält ein Feld, das angibt wie lange der Sender das Übertragungsmedium (den Kanal) reservieren (benutzen) will. Der Empfänger bestätigt dies nach Abwarten des SIFS mit einem *CTS*-Rahmen, der ebenfalls die Belegungsdauer für das Übertragungsmedium enthält. Der Empfänger bestätigt somit die Belegungsdauer für den zu übertragenden Datenrahmen.

Der Empfänger sendet nach dem erfolgreichem Erhalt des Datenrahmens und nach dem Abwarten des SIFS ein ACK an den Sender. Ist das Übertragungsmedium (der Kanal) belegt, finden bis zum Ablauf des *Network Allocation Vectors* (NAV)[9] keine weiteren Sendeversuche statt. Kollisionen sind wegen des Problems unsichtbarer bzw. versteckter Stationen (Hidden-Terminal) nur während dem Senden von RTS- und CTS-Rahmen möglich. Abb 6.29 zeigt ein Szenario, bei dem eine Station Y nicht den RTS-Rahmen von Station X empfangen kann, aber dafür den CTS-Rahmen der Basisstation (Access Point).

---

[9] Der NAV ist eine Zählvariable, die jede Station selbst verwaltet. Der NAV enthält die Zeit, die das Übertragungsmedium voraussichtlich belegt sein wird. Empfängt eine Station zum Beispiel die Information „*Das Übertragungsmedium ist für die nächsten x Datenrahmen belegt*", trägt sie die erwartete Belegungszeitspanne in ihren NAV ein. Der NAV wird mit der Zeit dekrementiert, bis er den Wert Null erreicht. Solange der NAV größer Null ist, unternimmt eine Station keine Sendeversuche. Dabei ist es egal, ob das Übertragungsmedium frei oder belegt ist.

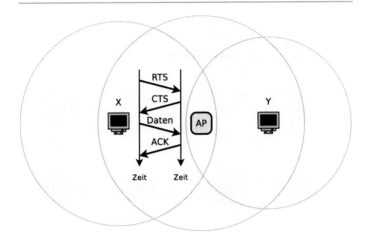

Abb. 6.29 Kollisionen sind wegen des Hidden-Terminal-Problems bei CSMA/CA RTS/CTS prinzipiell nur während dem Senden von RTS- und CTS-Rahmen möglich

Durch CSMA/CA RTS/CTS werden Kollisionen reduziert. Zudem wird der Energieverbrauch der einzelnen Stationen reduziert, da es keine Sendeversuche gibt, während der NAV dekrementiert wird. Allerdings entstehen Verzögerungen durch die Reservierungen des Übertragungsmediums, die zudem einen Overhead darstellen. CSMA/CA RTS/CTS ist bei WLAN optional und meistens implementiert. In der Praxis wird es zur Reservierung von Kanälen zur Übertragung langer Datenrahmen verwendet.

Üblicherweise ermöglicht die Firmware von Basisstationen bzw. Treibersoftware von WLAN-Schnittstellen einen RTS-Schwellenwert festlegen. Damit ist es möglich das Verhalten einer Station dahingehend zu beeinflussen, dass RTS/CTS nur dann verwendet wird, wenn ein Rahmen länger ist, als der Schwellenwert groß ist. In der Praxis entspricht der voreingestellte Schwellenwert häufig der maximalen Rahmenlänge (2346 Bytes) bei IEEE 802.11 oder ist sogar größer. Als Konsequenz wird eine Station die RTS/CTS-Sequenz für alle gesendeten Datenrahmen weglassen [12].

CSMA/CA PCF

Bei diesem Verfahren steuert die Basisstation den Medienzugriff zentral, indem sie die bei ihr angemeldeten Stationen zum Senden von Datenrahmen auffordert. Dieses Vorgehen heißt *Polling*. PCF steht für Point Coordination Function. Da CSMA/CA PCF ein optionales Verfahren ist und nur selten verwendet wird, wird es an dieser Stelle nicht weiter näher beschrieben.

6.9   Flusskontrolle

Damit langsame Empfänger in einem physischen Netzwerk nicht mehr Rahmen erhalten als Sie verarbeiten können – was zwangsläufig den Verlust von Rahmen zur Folge hätte – ist je nach konkretem Anwendungsszenario ein Protokoll mit Flusskontrolle sinnvoll. Bei einem solchen Protokoll steuert der Empfänger die Sendegeschwindigkeit des Senders dynamisch und sichert so die Vollständigkeit der Datenübertragung.

Beispiele für Protokolle der Sicherungsschicht, die Flusskontrolle bieten, sind das High-Level Data Link Control (HDLC) und das darauf aufbauende Point-to-Point Protocol (PPP). Ein weiteres Beispiel ist *G.hn*, das auch *HomeGrid* heißt. Diese Vernetzungstechnologie nutzt ähnlich wie PowerLAN bzw. Powerline die Strom-, Telefon- oder Kabelfernsehkabel eines Gebäudes als gemeinsames Übertragungsmedium.

Ethernet, WLAN und Bluetooth bieten keine Flusskontrolle. Findet Kommunikation über eine dieser Vernetzungstechnologien statt, wird Flusskontrolle, da wo es erforderlich ist, meist vom Transportprotokoll TCP realisiert (siehe Abschn. 8.4.3).

6.10   Adressauflösung mit dem Address Resolution Protocol

ARP (RFC 826) übersetzt IP-Adressen der Vermittlungsschicht in MAC-Adressen der Sicherungsschicht. Will ein Netzwerkgerät Daten an einen Empfänger senden, gibt es auf der Vermittlungsschicht dessen IP-Adresse an. Auf der Sicherungsschicht ist aber die MAC-Adresse nötig, darum muss hier die Adressauflösung erfolgen.

Um die MAC-Adresse eines Netzwerkgeräts innerhalb des LAN zu erfahren, versendet ARP einen Rahmen mit der MAC-Broadcast-Adresse FF-FF-FF-FF-FF-FF als Zieladresse. Dieser Rahmen wird von jedem Netzwerkgerät entgegengenommen und ausgewertet. Der Rahmen enthält die IP-Adresse des gesuchten Netzwerkgeräts. Fühlt sich ein Gerät mit dieser IP-Adresse angesprochen, schickt es eine ARP-Antwort an den Sender. Die gemeldete MAC-Adresse speichert der Sender in seinem lokalen ARP-Cache[10].

ARP-Nachrichten (siehe Abb. 6.30) werden im Nutzdatenteil von Ethernet-Rahmen übertragen. Das Feld *H-Länge* enthält die Länge der Hardwareadressen (MAC-Adressen) in Bytes und *P-Länge* die Länge der Protokolladressen (IP-Adressen) in Bytes. Bei Ethernet sind MAC-Adressen 6 Bytes lang und bei IPv4 sind IP-Adressen 4 Bytes lang.

Die Sender-MAC-Adresse ist die MAC-Adresse des anfragenden Netzwerkgeräts bei einer ARP-Anforderung und die MAC-Adresse des antwortenden Netzwerkgeräts bei einer ARP-Antwort. Die Ziel-MAC-Adresse ist in einer ARP-Anforderung gleichgültig und enthält in einer ARP-Antwort die MAC-Adresse des anfragenden Netzwerkgeräts. Die Sender-IP-Adresse ist bei

---

[10] Dieser Cache dient zur Beschleunigung der Adressauflösung und enthält eine Tabelle, in der für jeden Eintrag Protokolltyp (IP), Protokolladresse (IP-Adresse), Hardware-Adresse (MAC-Adresse) und Ablaufzeit – Time To Live (TTL) festgehalten werden. Die TTL wird vom Betriebssystem festgelegt. Wird ein Eintrag in der Tabelle verwendet, verlängert sich die TTL.

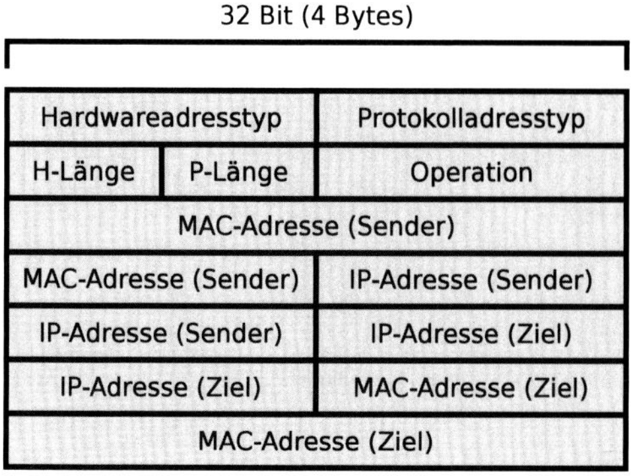

32 Bit (4 Bytes)

Hardwareadresstyp		Protokolladresstyp
H-Länge	P-Länge	Operation
MAC-Adresse (Sender)		
MAC-Adresse (Sender)		IP-Adresse (Sender)
IP-Adresse (Sender)		IP-Adresse (Ziel)
IP-Adresse (Ziel)		MAC-Adresse (Ziel)
MAC-Adresse (Ziel)		

Abb. 6.30 Datenfelder von ARP-Nachrichten

einer ARP-Anforderung die IP des anfragenden Netzwerkgeräts
und bei einer ARP-Antwort die IP des antwortenden Netzwerkgeräts. Die Ziel-IP-Adresse ist bei einer ARP-Anforderung die IP-
Adresse des gesuchten Netzwerkgeräts und bei einer ARP-Antwort
die IP-Adresse des anfragenden Netzwerkgeräts.

Vermittlungsschicht

7

Die Vermittlungsschicht (englisch: *Network Layer*), die im TCP/IP-Referenzmodell *Internetschicht* (englisch: *Internet Layer*) heißt, ist die dritte Schicht des OSI-Referenzmodells und des hybriden Referenzmodells. In dieser Schicht werden beim Sender die Segmente der Transportschicht in *Pakete* verpackt. Beim Empfänger erkennt die Vermittlungsschicht die Pakete in den Rahmen der Sicherungsschicht.

Eine Aufgabe der Vermittlungsschicht ist die Ermittlung des besten Weges (Routing) und die Weiterleitung (Forwarding) der Pakete zwischen verschiedenen Netzen, also über physische Übertragungsabschnitte hinweg. Für dieses *Internetworking*, also die Zustellung der Pakete über verschiedene physische Netze, die auf beliebigen Vernetzungstechnologien basieren können, hinweg, sind logische Adressen (IP-Adressen) nötig, deren Format die Vermittlungsschicht definiert.

Das am häufigsten eingesetzte Verbindungsprotokoll ist das verbindungslose *Internet Protocol* (IP). Verbindungslos bedeutet, dass jedes IP-Paket unabhängig an sein Ziel vermittelt *(geroutet)* und der Pfad dabei nicht aufgezeichnet wird. Bis in die 1990er Jahre waren außer IP auch andere Protokolle in der Vermittlungsschicht wie zum Beispiel Novell IPX/SPX und DECnet populär. Da diese Protokolle heute aber keine Rolle mehr spielen, orientiert sich dieses Kapitel ganz am IP.

© Springer-Verlag GmbH Deutschland, ein Teil von Springer Nature 2022
C. Baun, *Computernetze kompakt*, IT kompakt,
https://doi.org/10.1007/978-3-662-65363-0_7

7.1   Geräte der Vermittlungsschicht

Ein *Router* leitet Datenpakete zwischen Netzen mit eigenen logi-
schen Adressbereichen weiter und besitzt genau wie Hubs und
Switche mehrere Schnittstellen. Zudem ermöglichen Router die
Verbindung des lokalen Netzes *(Local Area Network)* mit einem
Wide Area Network (z. B. über DSL oder Mobilfunk via
3G/4G/5G).

Eine ähnliche Funktionalität wie Router haben *Layer-3-Switche*.
Diese werden aber nur innerhalb lokaler Netze verwendet, um verschiedene logischen Adressbereiche zu realisieren und sie ermöglichen keine Verbindung mit einem WAN. Eine weitere typische
Funktionalität von Layer-3-Switchen ist die Bereitstellung virtueller (logischer) Netzwerke (siehe Abschn. 10.2).

Gateways (Protokollumsetzer) ermöglichen Kommunikation
zwischen Netzen, die auf unterschiedlichen Protokollen basieren,
indem sie deren Protokolle konvertieren. Gateways, die auf der
Vermittlungsschicht arbeiten, heißen auch *Mehrprotokoll-Router*
oder *Multiprotokoll-Router*.

Moderne Computernetze arbeiten fast ausschließlich mit dem
Internet Protocol (IP). Darum ist eine Protokollumsetzung auf der
Vermittlungsschicht heute meist nicht nötig. In früheren Zeiten
wurde bei der Konfiguration eines Endgeräts der Gateway als
Default Gateway eintragen. Heute trägt man in diesem Feld den
Router ein, weil man keinen Gateway mehr braucht. Der Begriff
Default Router ist heute also eigentlich passender.

Es existieren auch VPN-Gateways, die auf der Vermittlungsschicht arbeiten können (siehe Abschn. 10.1.1).

7.1.1   Auswirkungen von Routern auf die
            Kollisionsdomäne

Router und Layer-3-Switches teilen genau wie Bridges und Layer-
2-Switches die Kollisionsdomäne auf (siehe Abb. 7.1).

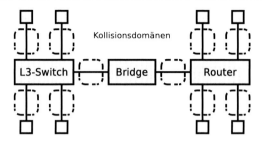

Abb. 7.1 Kollisionsdomänen bei Routern und Layer-3-Switches

7.1.2 Broadcast-Domäne (Rundsendedomäne)

Die *Broadcast-Domäne* ist ein logischer Verbund von Netzwerkgeräten, bei dem ein Broadcast alle Teilnehmer der Domäne erreicht. Netzwerkgeräte der Bitübertragungsschicht (*Repeater* und *Hubs*) und Sicherungsschicht (*Bridges* und *Layer-2-Switche*) teilen die Broadcast-Domäne nicht. Sie arbeiten aus Sicht logischer Netze transparent. Geräte der Vermittlungsschicht (*Router* und *Layer-3-Switche*) hingegen teilen die Broadcast-Domäne auf (siehe Abb. 7.2).

Broadcast-Domänen bestehen aus einer oder mehreren Kollisionsdomänen. Geräte der Bitübertragungsschicht teilen die Kollisionsdomäne nicht. Anders die Geräte der Sicherungsschicht und Vermittlungsschicht, denn diese teilen die Kollisionsdomäne.

Router arbeiten auf der Vermittlungsschicht. Das heißt, an jedem Port eines Routers hängt ein anderes IP-Netz. Das ist wichtig, wenn man die Anzahl der nötigen Subnetze berechnen will. Man kann mehrere Hubs, Switche, Repeater oder Bridges im gleichen IP-Subnetz betreiben, aber nicht ein IP-Subnetz an mehreren Ports eines Routers.

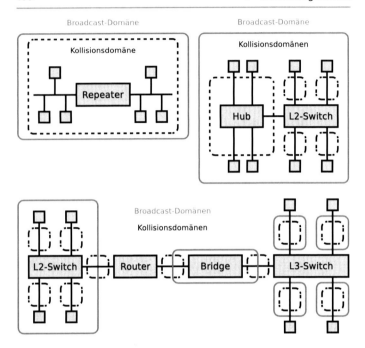

Abb. 7.2 Broadcast-Domänen und Kollisionsdomänen

7.2   Adressierung in der Vermittlungsschicht

Ausschließlich physische Adressierung via MAC-Adressen ist in Computernetzen mit eventuell globalen Ausmaßen wegen der Wartbarkeit nicht sinnvoll. Es sind logische Adressen nötig, die von der konkreten Hardware unabhängig sind. Mit logischer Adressierung wird die Teilnehmersicht für Menschen (logische Adressen) von der internen Sicht für Rechner und Software (physische Adressen) getrennt.

Zu jedem Paket auf der Vermittlungsschicht gehört eine Empfängeradresse (IP-Adresse). Eine IP-Adresse (siehe Abb. 7.3) kann einen einzelnen Empfänger *(Unicast)* oder eine Gruppe von Empfängern bezeichnen *(Multicast* oder *Broadcast)*. Einem Netzwerkgerät können auch mehrere IP-Adressen zugeordnet sein. Bei *Any-*

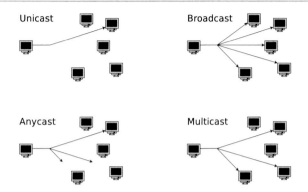

Abb. 7.3 Eine IP-Adresse kann einen oder mehrere Empfänger adressieren

cast erreicht man über eine Adresse einen einzelnen Empfänger aus einer Gruppe. Es antwortet der Empfänger, der über die kürzeste Route erreichbar ist.

Anwendungsbeispiele für Multicast sind die Routing-Protokolle RIPv2 (siehe Abschn. 7.4) und OSPF (siehe Abschn. 7.5) sowie das Network Time Protocol (NTP) zur Synchronisierung von Uhren zwischen Computersystemen [20]. Ein Anwendungsbeispiel für Anycast ist das Domain Name System, bei dem einige Root-Nameserver als logische Server realisiert sind, die Anfragen via Anycast auf verschiedene physische Server weiterleiten (siehe Abschn. 9.1.1).

7.2.1 Aufbau von IPv4-Adressen

IPv4-Adressen sind 32 Bits (4 Bytes) lang. Daher sind $2^{32} = 4.294.967.296$ Adressen darstellbar. Üblich ist die Darstellung in der sogenannten *Dotted Decimal Notation*[1].

---

[1] Die 4 Oktette werden als vier durch Punkte voneinander getrennte ganze Zahlen in Dezimaldarstellung im Bereich von 0 bis 255 geschrieben. Ein Beispiel ist 141.52.166.25.

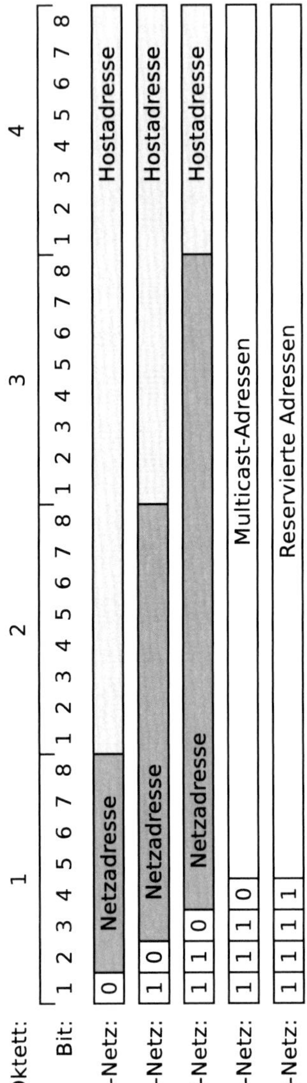

Abb. 7.4 Klassen von IPv4-Adressen

Tab. 7.1 Präfixe und Adressbereiche der Netzklassen von IPv4-Adressen

Klasse	Präfix	Adressbereich	Netzteil	Hostteil
A	0	0.0.0.0 – 127.255.255.255	7 Bits	24 Bits
B	10	128.0.0.0 – 191.255.255.255	14 Bits	16 Bits
C	110	192.0.0.0 – 223.255.255.255	21 Bits	8 Bits
D	1110	224.0.0.0 – 239.255.255.255	–	–
E	1111	240.0.0.0 – 255.255.255.255	–	–

Ursprünglich wurden IPv4-Adressen in Klassen von A bis C eingeteilt. Die 32 Bits einer IPv4-Adresse bestehen aus den beiden Feldern *Netzadresse* (Network Identifier bzw. Netzwerk-ID) und *Hostadresse* (Host Identifier bzw. Host-ID). In einem Klasse-A-Netz gibt es 7 Bits für die Netzadresse und 24 Bits für die Hostadresse. In einem Klasse-B-Netz gibt es 14 Bits für die Netzadresse und 16 Bits für die Hostadresse. In einem Klasse-C-Netz gibt es 21 Bits für die Netzadresse und 8 Bits für die Hostadresse (siehe Abb. 7.4).

Die Präfixe legen die Netzklassen (siehe Tab. 7.1) und ihre Adressbereiche fest. Bei IPv4 gibt es $2^7 = 128$ Klasse-A-Netze mit jeweils maximal $2^{24} = 16.777.216$ Hostadressen. Zudem gibt es noch $2^{14} = 16.384$ Klasse-B-Netze mit jeweils maximal $2^{16} = 65.536$ Hostadressen und $2^{21} = 2.097.152$ Klasse-C-Netze mit jeweils maximal $2^8 = 256$ Hostadressen.

Es existierten zusätzlich die Klassen D und E für spezielle Aufgaben. Klasse D enthält Multicast-Adressen (zum Beispiel für IPTV) und Klasse E ist für zukünftige Verwendungen[2] und Experimente reserviert.

---

[2] Die Idee einen Teil des IPv4-Adressraums für zukünftige Verwendungen freizuhalten ist sinnlos geworden, weil mit IPv6 ein Nachfolger existiert. Ein Grund, dass in der Vergangenheit die Klasse-E-Adressen im Internet nicht verwendet wurden, ist, dass einige Betriebssysteme (z. B. Windows) diese Adressen nicht akzeptieren und auch nicht mit ihnen kommunizieren. Eine Änderung dieses Verhaltens erschien nicht sinnvoll, weil dadurch das Hauptproblem, der zu knappe Adressraum, nicht umfassend gelöst würde [2].

Praktisch relevant sind nur die Klassen A, B und C. Ursprünglich war beabsichtigt, durch die Netzadresse physische Netze eindeutig zu identifizieren. Dieses Vorgehen bringt aber eine Reihe
von Nachteilen mit sich. An einer Hochschule mit mehreren internen Netzen müsste man zum Beispiel für jedes Netz mindestens ein
Klasse-C-Netz mit maximal 255 Adressen reservieren. Ein Unternehmen mit mehr als 255 Netzwerkgeräten würde mindestens ein
Klasse-B-Netz benötigen.

Einige Nachteile der Netzklassen sind, dass sie nicht dynamisch
an Veränderungen angepasst werden können und viele Adressen
verschwenden. Ein Klasse-C-Netz mit zwei Geräten verschwendet
253 Adressen. Bei Klasse-C-Netzen kann der Adressraum rasch
knapp werden und ein Klasse-B-Netz mit 256 Geräten verschwendet schon über 64.000 Adressen. Zudem gibt es nur 128 Klasse-A-
Netze und eine spätere Migration so vieler Geräte beim Wechsel
der Netzklasse ist aufwändig.

7.2.2 Subnetze im IPv4-Adressraum

Um den Adressraum der möglichen IPv4-Adressen effizienter zu
verwenden, unterteilt man logische Netze in *Teilnetze*, die meist
Subnetze genannt werden. Dafür teilt der Administrator die verfügbaren Adressen im Hostteil der IP-Adresse auf mehrere Subnetze
auf.

Die Nachteile der strikten Unterteilung des Adressraums in
Netzklassen führte 1993 zur die Einführung des klassenlosen Routings – *Classless Interdomain Routing* (CIDR).

Um Subnetze zu bilden, ist eine *Netzmaske* nötig. Alle Knoten
in einem Netzwerk bekommen eine Netzmaske zugewiesen, die
wie eine IPv4-Adresse 32 Bits lang ist und mit der die Anzahl der
Subnetze und Hosts festgelegt wird. Die Netzmaske unterteilt die
Hostadresse der IP-Adresse in *Subnetznummer* und *Hostadresse*
(siehe Abb. 7.5). Die Netznummer bleibt unverändert. Die Netzmaske fügt eine weitere Hierarchieebene in die IP-Adresse ein.

Um zum Beispiel ein Klasse-C-Netz in 14 Subnetze aufzuteilen, sind 4 Bits nötig. Jedes Subnetz braucht nämlich seine eigene
Subnetznummer und diese muss binär dargestellt werden. Werden

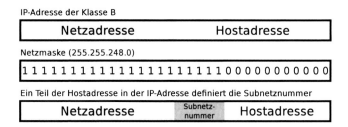

IP-Adresse der Klasse B

Netzadresse	Hostadresse

Netzmaske (255.255.248.0)

1 1 1 1 1 1 1 1 1 1 1 1 1 1 1 1 1 1 1 1 1 0 0 0 0 0 0 0 0 0 0 0

Ein Teil der Hostadresse in der IP-Adresse definiert die Subnetznummer

Netzadresse	Subnetz-nummer	Hostadresse

Abb. 7.5 Die Netzmaske unterteilt die Hostadresse in Subnetznummer und Hostadresse

Tab. 7.2 Aufteilung eines Klasse-C-Netzes in Subnetze

Netzbits	/24	/25	/26	/27	/28	/29	/30	/31	/32
Netzmaske	0	128	192	224	240	248	252	254	255
Subnetzbits	0	1	2	3	4	5	6	7	8
Subnetze	1	2	4	8	16	32	64	128	256
Hostbits	8	7	6	5	4	3	2	1	0
Hostadressen	256	128	64	32	16	8	4	2	–
Hosts	254	126	62	30	14	6	2	0	–

4 Bits für die Darstellung der Subnetznummern verwendet, bleiben noch 4 Bits für den Hostteil.

Seit Einführung des CIDR werden IP-Adressbereiche in der Notation `Anfangsadresse/Netzbits` vergeben. Die Netzbits sind die Anzahl der Einsen in der Netzmaske (siehe Tab. 7.2).

Zwei Hostadressen dürfen nicht an Knoten vergeben werden. Der Grund dafür ist, dass jedes (Sub-)Netz eine Subnetzadresse[3] für das Netz selbst benötigt und eine Broadcast-Adresse, um alle Knoten im Netz zu adressieren. Beim Netzdeskriptor haben alle Bits im Hostteil den Wert Null und bei der Broadcast-Adresse haben alle Bits im Hostteil den Wert Eins.

---

[3] Die (Sub-)Netzadresse heißt auch *Netzdeskriptor*.

Zudem sollen die Subnetznummern, die ausschließlich aus Nullen und ausschließlich aus Einsen bestehen, nicht verwendet werden. Diese Regel ist zwar veraltet, wird aber häufig noch angewendet. Moderne Router und Netzwerksoftware haben kein Problem damit, wenn alle möglichen Subnetznummern für existierende Subnetze vergeben werden.

Anhand Tab. 7.2 ist es einfach, die nötigen Bits für Subnetze zu bestimmen. Soll ein Netzwerkverwalter beispielsweise ein Klasse-C-Netz in fünf Subnetze mit jeweils maximal 25 Hosts aufteilen, muss nur klar sein, dass zur Realisierung von fünf Subnetzen drei Subnetzbits nötig sind, weil jedes Subnetz eine Subnetznummer benötigt. Mit Hilfe der restlichen 5 Bits im Hostteil können in jedem Subnetz bis zu $32 - 2 = 30$ Hosts adressiert werden. Somit ist die Schrägstrichdarstellung /27 geeignet.

Rechenbeispiel zu Subnetzen bei IPv4

Ein Rechenbeispiel verdeutlicht die Zusammenhänge. Die Zahl hinter dem Schrägstrich der IP-Adresse 172.21.240.90/27 ist die Anzahl der Einsen in der Netzmaske. Werden IP-Adresse und Netzmaske via AND[4] verknüpft, erhält man die Subnetzadresse (den sogenannten Netzdeskriptor).

172.21.240.90	10101100 00010101 11110000 01011010
Netzmaske	
255.255.255.224	11111111 11111111 *11111111 11*100000
Subnetzadresse	
172.21.240.64	10101100 00010101 11110000 01000000
Subnetznummer	
1922	10101100 00010101 **11110000 010**00000

Die Grenze zwischen Subnetznummer und Netzadresse ergibt sich aus der Netzklasse der IP-Adresse. 172.21.240.90 ist eine IP-Adresse aus einem Klasse-B-Netz. Das ergibt sich aus dem Präfix (siehe Tab. 7.1) der IP-Adresse.

---

[4] 1 AND 1 = 1, 1 AND 0 = 0, 0 AND 1 = 0, 0 AND 0 = 0.

Wird die IP-Adresse mit der negierten Netzmaske via AND verknüpft, erhält man die Hostadresse.

172.21.240.90	10101100	00010101	11110000	01011010
Netzmaske				
255.255.255.224	11111111	11111111	11111111	111*00000*
negierte Netzmaske				
000.000.000.31	00000000	00000000	00000000	000*11111*
Hostadresse				
26	00000000	00000000	00000000	000**11010**

Bei einer Netzmaske mit 27 gesetzten Bits werden in einem Klasse-
B-Netz 11 Bits für die Subnetznummer verwendet. Es verbleiben
5 Bits und damit $2^5 = 32$ Adressen für den Hostteil. Davon wird
eine Adresse (Netzadresse bzw. Netzdeskriptor) für das Netz selbst
(alle Bits im Hostteil auf Null) und eine als Broadcast-Adresse (alle
Bits im Hostteil auf Eins) benötigt. Somit sind 30 Hostadressen für
Netzwerkgeräte verfügbar.

7.2.3   Private IPv4-Adressen

Auch in privaten Computernetzen müssen IP-Adressen vergeben
werden und diese sollten nicht mit real existierenden Internetan-
geboten kollidieren. Dafür existieren Adressbereiche mit privaten
IP-Adressen (RFC 1918), die im Internet nicht geroutet werden
(siehe Tab. 7.3).

Soll ein privates Netz mit dem Internet verbunden werden,
erfolgt in der Praxis üblicherweise durch den lokalen Router ein
automatisches Ersetzen der privaten Adressen in die vom Internet Service Provider (ISP) zugewiesene öffentliche Adresse [13].
Dieses Verfahren heißt *Network Address Translation* – NAT (siehe
Abschn. 7.7).

Tab. 7.3 Adressbereiche mit privaten IPv4-Adressen

Adressbereich:	10.0.0.0 bis 10.255.255.255
CIDR-Notation:	10.0.0.0/8
Anzahl Adressen:	$2^{24} = 16.777.216$
Netzklasse:	Klasse A. Ein privates Netz mit 16.777.216 Adressen
Adressbereich:	172.16.0.0 bis 172.31.255.255
CIDR-Notation:	172.16.0.0/12
Anzahl Adressen:	$2^{20} = 1.048.576$
Netzklasse:	Klasse B. 16 private Netze mit jeweils 65.536 Adressen
Adressbereich:	192.168.0.0 bis 192.168.255.255
CIDR-Notation:	192.168.0.0/16
Anzahl Adressen:	$2^{16} = 65.536$
Netzklasse:	Klasse C. 256 private Netze mit jeweils 256 Adressen

7.2.4 Aufbau von IPv4-Paketen

Abb. 7.6 zeigt den Aufbau von IPv4-Paketen. Das erste Datenfeld
ist 4 Bits lang und enthält die Version des Protokolls. Bei IPv4-
Paketen enthält das Feld den Wert 4. Bei IPv6-Paketen enthält es
den Wert 6. Das Datenfeld *IHL* (IP Header Length) enthält die
Länge des IP-Headers in Vielfachen von 4 Bytes und zeigt an, wo
die Nutzdaten beginnen. Enthält das Feld beispielsweise den Wert
5, bedeutete das, dass die Länge des IP-Headers $5 * 4 = 20$ Bytes
ist Mit dem Datenfeld *Service* ist eine Priorisierung von IP-Paketen
möglich (Quality of Service). Das Feld wurde mehrfach verändert
(RFC 791, RFC 2474, RFC 3168).

Die Länge des gesamten IP-Pakets in Bytes inklusive Header ist
im Feld *Paketlänge* angegeben. Dieses Datenfeld ist 16 Bits groß
und darum ist die maximale Paketlänge, die mit IPv4 möglich
ist, 65.535 Bytes. Die Datenfelder *Kennung*, *Flags* und *Fragment
Offset* steuern das Zusammensetzen von zuvor fragmentierten IP-
Paketen. Mit *Flags* gibt der Sender an, ob das Paket fragmentiert

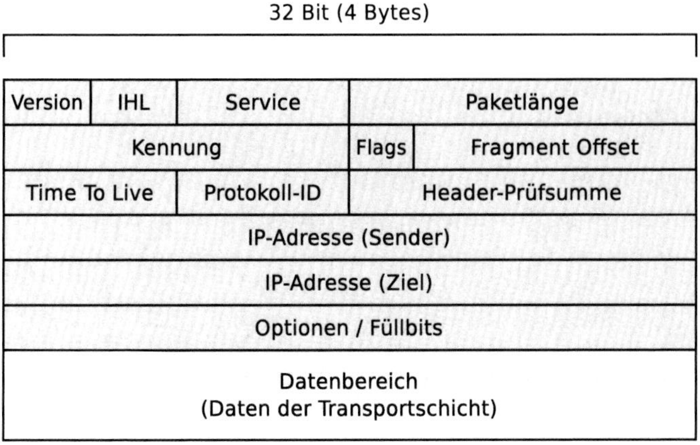

32 Bit (4 Bytes)

Version	IHL	Service	Paketlänge
Kennung		Flags	Fragment Offset
Time To Live	Protokoll-ID	Header-Prüfsumme	
IP-Adresse (Sender)			
IP-Adresse (Ziel)			
Optionen / Füllbits			
Datenbereich (Daten der Transportschicht)			

Abb. 7.6 Datenfelder eines IPv4-Pakets

werden darf und der Empfänger erfährt, ob noch weitere Fragmente folgen. *Kennung* enthält eine eindeutige Kennung des IP-Pakets und *Fragment Offset* eine Nummer, die bei fragmentierten Paketen besagt, ab welcher Position innerhalb des unfragmentierten Pakets das Fragment anfängt.

Der Inhalt von *Time To Live* gibt die maximale Zeitdauer der Existenz eines IP-Pakets während der Übertragung in Sekunden an. Ist der Wert Null, wird das Paket vom Router verworfen. In der Praxis enthält das Datenfeld die maximal möglichen Hops und jeder Router auf dem Weg zum Ziel verringert den Wert um eins. So wird verhindert, dass unzustellbare IP-Pakete endlos im Netz umherirren (kreisen).

Das Datenfeld *Protokoll-ID* enthält die Nummer des übergeordneten Protokolls. Befindet sich im Nutzdatenbereich eine ICMP-Nachricht, hat das Feld den Wert 1. Bei TCP-Segmenten ist der Wert 6 und bei UDP-Segmenten ist der Wert 17. Befindet sich im Nutzdatenbereich eine Nachricht des Link-State-Routing-Protokolls OSPF, hat das Feld den Wert 89.

Jedes IPv4-Paket enthält auch ein Feld für eine 16 Bits große Prüfsumme über die Daten des Headers. Weil sich bei jedem Router auf dem Weg zum Ziel der Inhalt des Datenfelds *Time To*

Live ändert, müsste jeder Router die Prüfsumme überprüfen, neu berechnen und in den Header einsetzen. Die Router ignorieren die Prüfsumme üblicherweise, um die Pakete schneller weiterleiten zu können. Darum enthalten IPv6-Pakete auch kein Datenfeld für eine Prüfsumme.

Das 32 Bits große Datenfeld *IP-Adresse (Sender)* enthält die IP-Adresse des Senders und das Datenfeld *IP-Adresse (Ziel)* die IP-Adresse des Ziels. Das Feld *Optionen/Füllbits* kann Zusatzinformationen wie einen Zeitstempel enthalten. Dieses letzte Feld vor dem Datenbereich mit den Nutzdaten wird gegebenenfalls mit Füllbits (Nullen) aufgefüllt, weil es wie der vollständige Header auch ein Vielfaches von 32 Bits groß sein muss. Der abschließende Datenbereich enthält die Daten der Transportschicht.

7.2.5   Fragmentieren von IPv4-Paketen

Das Zerlegen (und Zusammensetzen) längerer IP-Pakete in kleinere Pakete heißt *Fragmentieren* und wird in der Regel von Routern an den Übergängen von logischen Netzen durchgeführt. Fragmentieren kann aber auch der Sender durchführen. Der Grund, warum das Fragmentieren von IP-Paketen überhaupt existiert, ist, weil es Netze mit unterschiedlicher maximaler Paketlänge – *Maximum Transmission Unit* (MTU) gibt. So ist die MTU von Ethernet meist 1500 Bytes, bei PPPoE ist sie 1492 Bytes und bei WLAN ist sie 2312 Bytes. Tab. 6.5 enthält eine Auswahl typischer MTU-Größen bekannter Vernetzungstechnologien.

Jedes Fragment ist ein eigenständiges IP-Paket, das unabhängig von den anderen Fragmenten übertragen wird [18].

In IP-Paketen existiert ein Flag, mit dem das Fragmentieren untersagt werden kann. Müsste ein Router ein Paket fragmentieren, weil es für die Weiterleitung zu groß ist, aber die Fragmentierung ist im Paket untersagt, verwirft der Router das Paket, da er es nicht weiterleiten kann.

Netzwerkgeräte, die nicht alle Fragmente eines IP-Pakets innerhalb einer bestimmten Zeitspanne (wenige Sekunden) erhalten, verwerfen alle empfangenen Fragmente.

Router können IP-Pakete in kleinere Fragmente unterteilen, wenn die MTU dieses nötig macht und es in den Paketen nicht untersagt ist. Kein Router kann aber Fragmente eines Pakets zu einem größeren Fragment zusammenfügen. Das Zusammenfügen der Fragmente ist nur beim Empfänger möglich.

7.2.6 Darstellung und Aufbau von IPv6-Adressen

Seit einigen Jahren wird für große Netze die Einführung von IPv6 forciert, was wegen des begrenzten Adressraums von IPv4 sinnvoll ist. IPv6-Adressen (RFC 4291) bestehen aus 128 Bits (16 Bytes). Darum ist es möglich, $2^{128} \approx 3,4 * 10^{38}$, also über 340 Sextillionen Adressen darzustellen. Bedenkt man, dass die Oberfläche der Erde ca. 510 Mrd. km^2 umfasst, können jedem Quadratmillimeter (inklusive der Ozeane) über 660 Billiarden IPv6-Adressen zugewiesen werden.

Wegen des großen Adressraums ist die Dezimaldarstellung von IPv6-Adressen im Vergleich zu den eingängigen IPv4-Adressen eher unübersichtlich. Darum ist es üblich, IPv6-Adressen in hexadezimaler Schreibweise darzustellen. Hierbei werden je 4 Bits als eine hexadezimale Zahl dargestellt und je vier Hexadezimalzahlen werden zu Blöcken gruppiert. Die Blöcke werden durch Doppelpunkte getrennt. Ein Beispiel für diese Darstellung einer IPv6-Adresse ist: `2001:0db8:85a3:08d3:1319:8a2e:0370:7344`

Die letzten 4 Bytes einer IPv6-Adresse dürfen auch in dezimaler Notation geschrieben werden. Das ist sinnvoll, um den IPv4-Adressraum in den IPv6-Adressraum einzubetten.

Zur kompakteren Darstellung existieren verschiedene Regeln zur Vereinfachung (RFC 5952). So dürfen führende Nullen innerhalb eines Blocks ausgelassen werden. Zudem dürfen aufeinanderfolgende Blöcke, deren Wert 0 (bzw. 0000) ist, genau einmal innerhalb einer IPv6-Adresse ausgelassen werden. Das Auslassen zeigen zwei aufeinander folgende Doppelpunkte an. Gibt es mehrere Gruppen aus Null-Blöcken, ist es empfehlenswert, die Gruppe mit den meisten Null-Blöcken zu kürzen.

64 Bits	64 Bits
Network Prefix	Interface Identifier
2001:638:208:ef34	:0:ff:fe00:65

Abb. 7.7 Felder einer IPv6-Adresse

Als Beispiel dient an dieser Stelle der DNS-Root-Nameserver
(siehe Abschn. 9.1) mit der URL j.root-servers.net. Dieser ist unter
folgender IPv6-Adresse erreichbar:

`2001:0503:0c27:0000:0000:0000:0002:0030`

Durch die beschriebenen Regeln zur Vereinfachung verkürzt
sich die Darstellung der Adresse wie folgt:

`2001:503:c27::2:30`

Soll zusätzlich zur IP-Adresse noch die Portnummer (siehe
Abschn. 8.2) des Zielprozesses angegeben sein, wird die IPv6-
Adresse in eckigen Klammern eingeschlossen dargestellt [30,35].
Das verhindert, das die Portnummer, die mit einem Doppelpunkt
an die IP-Adresse angehängt ist, als Teil der IPv6-Adresse inter-
pretiert wird. Ein Beispiel für diese Darstellung ist:

`http://[2001:500:1::803f:235]:8080/`

Auf diese Art und Weise sind neben dem Protokoll der Anwendungsschicht die Adressen der Vermittlungsschicht und der Transportschicht eindeutig angegeben.

Genau wie bei IPv4 vor der Einführung des klassenlosen Routings (siehe Abschn. 7.2.2) bestehen IPv6-Adressen aus zwei Feldern (siehe Abb. 7.7), von denen das erste Feld (*Präfix* bzw. *Network Prefix*) das Netz kennzeichnet und das zweite Feld (*Interface
Identifier* bzw. *Interface-ID*) das Netzwerkgerät in einem Netz.

Der Interface Identifier kann manuell festgelegt, via DHCPv6
zugewiesen oder aus der MAC-Adresse der Netzwerkschnittstelle
gebildet werden. Wird der Interface Identifier aus der MAC-
Adresse gebildet, heißt er *Extended Unique Identifier* (EUI). Dabei
wird die MAC-Adresse in das sogenannte modifizierte EUI-64
Adressformat konvertiert. Einfacher ausgedrückt: Die 48 Bits lange
MAC-Adresse wird in eine 64 Bits lange Adresse umgewandelt.

Bei dieser Umwandlung wird die MAC-Adresse in zwei je
24 Bits lange Teile unterteilt. Der erste Teil bildet die ersten 24 Bits

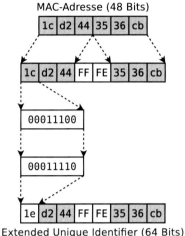

Abb. 7.8 Konvertierung einer MAC-Adresse in einen Extended Unique Identifier (EUI)

und der zweite Teil die letzten 24 Bits der modifizierten EUI-64-Adresse. Die freien 16 Bits in der Mitte der EUI-64-Adresse erhalten folgendes Bitmuster: `1111 1111 1111 1110`, was in hexadezimaler Schreibweise folgendermaßen dargestellt wird: `FFFE`. Abschließend wird der Wert des siebten Bits von links invertiert [22]. Die Vorgehensweise zeigt Abb. 7.8 anhand eines Beispiels Schritt für Schritt.

7.2.7   Darstellung von Netzen im IPv6-Adressraum

Im Gegensatz zu IPv4 existieren bei IPv6 keine Netzmasken. Die Unterteilung von Adressbereichen in Subnetze geschieht durch die Angabe der Präfixlänge.

Die Definition von IPv6-Netzen geschieht genau wie bei IPv4 in CIDR-Notation (siehe Abb. 7.9). Internet Service Provider (ISP) und Betreiber großer Netze bekommen die ersten 32 Bits oder 48 Bits von einer Regional Internet Registry (RIR) zugewiesen. Diesen Adressraum teilt jeder Provider oder Netzbetreiber selb-

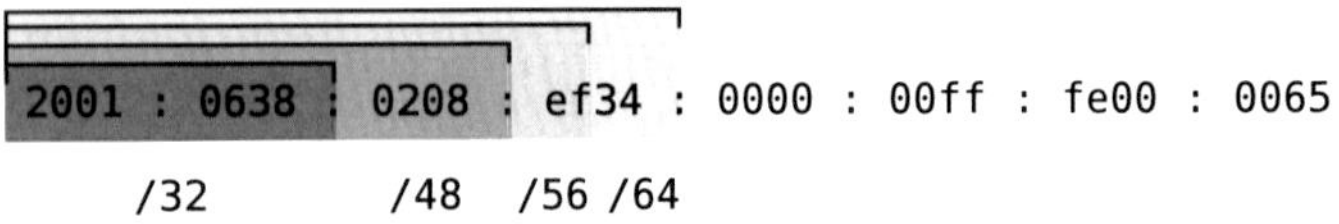

```
┌──────────────────────────┐
2001 : 0638 : 0208 : ef34 : 0000 : 00ff : fe00 : 0065
   /32        /48   /56 /64
```

Abb. 7.9 Angabe von IPv6-Netzen in CIDR-Notation

ständig in Subnetze auf. Endkunden bekommen meist ein /64-Netz oder sogar /56-Netz zugeteilt [35].

Bekommt ein Endkunde ein /56-Netz zugeteilt, sind die 8 Bits zwischen dem Präfix und der Interface-ID das *Subnet Präfix*. Mit diesem Bereich kann ein Endkunde, der mehrere Netze betreibt, diese realisieren (Abb. 7.9).

7.2.8   Einige IPv6-Adressbereiche

Einige für die Praxis relevante Präfixe enthält Tab. 7.4 [35].

Tab. 7.4 Eine Auswahl an IPv6-Adressbereichen

Adressbereich	Bestimmung
fe80::/10	Link-Local-Adressen. Sie sind nur im lokalen Netz gültig und werden dementsprechend nicht von Routern weitergeleitet
2000::/3	Globale Unicast-Adressen. Das heißt, die Adressen 2000... bis 3fff... werden weltweit von Routern weitergeleitet
ff00::/8	Alle Adressen ff... sind Multicast-Adressen. Da es bei IPv6 keine Broadcast-Adressen gibt, erbringen Multicast-Adressen die Broadcast-Funktionalität. Die Adressen ff01::1 und ff02::1 adressieren alle Knoten im lokalen Netz und die Adressen ff01::2, ff02::2 und ff05::2 alle lokalen Router
2001:db8::/32	Adressen zu Dokumentationszwecken
0:0:0:0:0:FFFF::/96	IPv4-mapped IPv6-Adresse

80 Bits					16 Bits	32 Bits
0000	0000	0000	0000	0000	FFFF	IPv4-Adresse

Abb. 7.10 IPv4-Adressen im IPv6-Adressraum einbetten

7.2.9 IPv4-Adressen im IPv6-Adressraum einbetten

Eine global geroutete (Unicast) IPv4-Adresse kann als IPv6-Adresse dargestellt und somit in den IPv6-Adressraum integriert werden (siehe Abb. 7.10). Diese Vorgehensweise heißt *IPv4-mapped IPv6-Adresse* [35]. Die IPv4-Adresse erhält den 96 Bytes langen Präfix: `0:0:0:0:0:FFFF::/96`

Die eingebettete IPv4-Adresse darf in hexadezimaler oder zur besseren Lesbarkeit auch in dezimaler Schreibweise dargestellt sein [18].

Soll beispielsweise die IPv4-Adresse `131.246.107.35` in den IPv6-Adressraum eingebettet werden, wird diese um den oben genannten Präfix ergänzt, was folgende IPv6-Adresse ergibt: `0:0:0:0:0:FFFF:83F6:6B23`. Zulässige Kurzschreibweisen sind : `:FFFF:83F6:6B23` sowie `::FFFF:131.246.107.35` [13,29].

7.2.10 Aufbau von IPv6-Paketen

Abb. 7.11 zeigt den Aufbau von IPv6-Paketen und deren große Ähnlichkeit zur Struktur von IPv4-Paketen (siehe Abb. 7.6). Der Header von IPv6-Paketen hat eine feste Länge von 320 Bits (40 Bytes) [12]. Im Feld *Next Header* kann auf einen Erweiterungs-Kopfdatenbereich *(Extension Header)* oder das Protokoll der Transportschicht (z. B. TCP = Typ 6 oder UDP = Typ 17) verwiesen werden [29,30].

Die Extension Header bieten eine hohe Flexibilität, da so auch nachträglich Erweiterungen in IPv6 implementiert werden können, die nicht von vornherein im Protokoll eingeplant waren und keine Änderung des eigentlichen IPv6-Headers erfordern. Ein weiterer

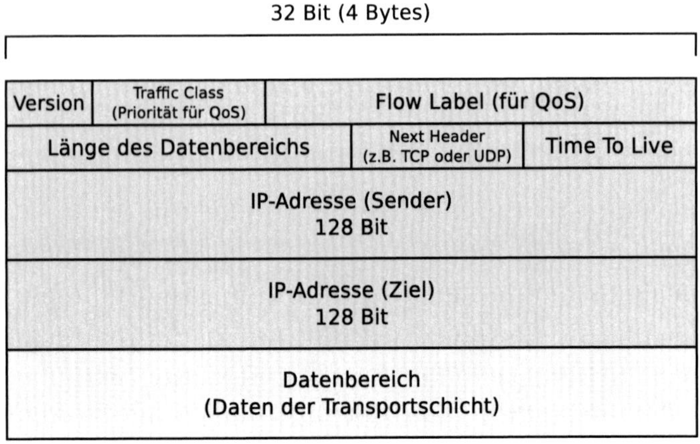

32 Bit (4 Bytes)

Version	Traffic Class (Priorität für QoS)	Flow Label (für QoS)	
Länge des Datenbereichs		Next Header (z.B. TCP oder UDP)	Time To Live
IP-Adresse (Sender) 128 Bit			
IP-Adresse (Ziel) 128 Bit			
Datenbereich (Daten der Transportschicht)			

Abb. 7.11 Datenfelder eines IPv6-Pakets

Vorteil ist, dass es keine Größenbeschränkung für die Extension Header gibt. Die Größe jedes Extension Headers muss lediglich ein Vielfaches von 64 Bits (8 Bytes) sein.

Jeder Header verweist auf einen nachfolgenden Header. Dadurch entsteht eine Kette, bis der Header des Protokolls der Transportschicht erreicht ist. Jeder Extension Header trägt eine definierte Nummer, die sich in das bestehende System der Protokollnummern einfügt. Einige Extension Header sind:

- *Hop-By-Hop Options* (Typ 0, RFC 2460): Enthält Informationen, die alle Router auf dem Weg zum Ziel beachten müssen.
- *Routing* (Typ 43, RFC 2460): Beeinflusst das Routing.
- *Fragment* (Typ 44, RFC 2460): Steuert das Zusammensetzen eines fragmentierten Pakets.
- *Encapsulating Security Payload* (Typ 50, RFC 4303): Daten zur Verschlüsselung des Pakets.
- *Authentication Header* (Typ 51, RFC 4302): Enthält Informationen, um die Vertraulichkeit des Pakets sicherzustellen.

- *No Next Header* (Typ 59, RFC 2460): Platzhalter, der das Ende des Header-Stapels anzeigt.
- *Destination Options* (Typ 60, RFC 2460): Optionen, die nur vom Zielrechner des Pakets beachtet werden müssen.

7.3   Weiterleitung und Wegbestimmung

Die primäre Aufgabe der Router ist die *Weiterleitung (Forwarding)* der IP-Pakete. Um diese Aufgabe zu erfüllen, müssen die Router für jedes eintreffende Paket die korrekte Schnittstelle (Port) ermitteln.

Jeder Router verwaltet eine lokale Routing-Tabelle mit den ihm bekannten logischen Netzen, aus der hervorgeht, über welchen Port welches Netz erreichbar ist. Ein Router muss die IP-Pakete also nur in die Richtung versenden, die die Tabelle vorgibt.

Die *Wegbestimmung (Routing)* ist der Prozess, bei dem die Weiterleitungstabellen mit Hilfe verteilter Algorithmen erstellt werden, um die Bestimmung des besten Weges, also zu den niedrigsten Kosten, zum Ziel zu ermöglichen. Das Routing wird durch Routing-Protokolle realisiert, die die Router selbständig ausführen. Dass die Routing-Protokolle auf verteilten Algorithmen basieren, liegt an der dadurch erreichbaren höheren Skalierbarkeit.

Es existieren zwei Hauptklassen von Routing-Protokollen:

- *Distanzvektorprotokolle*, die den *Bellman-Ford-Algorithmus* verwenden.
- *Link-State-Routing-Protokolle*, die den *Dijkstra-Algorithmus* verwenden.

Ein Beispiel für ein Distanzvektorprotokoll ist das *Routing Information Protocol* (RIP). Ein Beispiel für ein Link-State-Routing-Protokoll ist *Open Shortest Path First* (OSPF).

Zudem unterscheidet man noch Routing-Protokolle anhand ihres Einsatzbereichs. Router sind in *autonomen Systemen* (AS) organisiert. Jedes AS besteht aus einer Gruppe von logischen Netzen, die das Internet Protocol verwenden und die von der gleichen Organisation (z. B. einem Internet Service Provider (ISP), einem großen Unternehmen oder einer Universität) betrieben und verwaltet werden sowie das gleiche Routing-Protokoll verwenden [12]. Die miteinander verbundenen AS bilden in ihrer Gesamtheit das Internet. Jedes AS verfügt eine eindeutige *Autonomous System Number* (ASN).

Für das Routing innerhalb AS, das sogenannte *Intra-AS-Routing*, sind die Betreiber der autonomen Systeme selbst verantwortlich. Geeignete Protokolle für Intra-AS-Routing sind u. a. RIP und OSPF.

Für das Routing zwischen den AS, das sogenannte *Inter-AS-Routing*, wird das Routing-Protokoll BGP[5] verwendet. Das BGP ist ein *Pfadvektorprotokoll*. Die Router müssen für jedes Ziel (IP-Netz) den oder die zugehörigen Vektoren (Wege) speichern, um das Ziel zu erreichen. Pfadvektorprotokolle können der Gruppe der Distanzvektorprotokolle zugerechnet werden [28].

7.4   Routing Information Protocol (RIP)

Das *Routing Information Protocol* (RIP) ist ein *Distanzvektorprotokoll*, das Routing innerhalb autonomer Systeme ermöglicht. Jeder Router sendet während der Initialisierung über alle seine Ports via Broadcast eine RIP-Anfrage *(RIP Request)*. Ein neuer Router fordert damit alle benachbarten (erreichbaren) Router auf, ihre Routing-Tabellen zu übermitteln. Mit den Routing-Informationen der eintreffenden RIP-Antworten *(RIP Response)* füllt der Router seine lokale Routing-Tabelle mit Einträgen [20].

Alle 30 s sendet jeder Router seine Routing-Tabelle, die in diesem Kontext auch *Kostenvektor* heißt, über das verbindungslose Transportprotokoll UDP an seine direkten Nachbarn. Standardmäßig verwendet RIP die Portnummer 520. Diese regelmäßige Nachricht heißt *Advertisement*. Empfängt ein Router einen Kos-

---

[5] Für weiterführende Informationen zum BGP, siehe RFC 1163 und RFC 4271.

Abb. 7.12 Ein
Netzwerk mit drei
Routern ohne Probleme

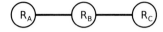

tenvektor, überprüft er, ob Einträge darin besser sind, als die bislang in der Routing-Tabelle gespeicherten. Enthält der empfangene Vektor günstigere Wege, aktualisiert der Router die entsprechenden Einträge in seiner lokalen Routing-Tabelle.

Zusätzlich zur periodischen Aktualisierungsnachricht sendet ein Router immer dann seinen Kostenvektor an die direkten Nachbarn, wenn er eine Veränderung an seiner Routing-Tabelle vorgenommen hat. Diese unregelmäßigen Nachrichten heißen *Triggered Updates*.

Die Wegkosten *(Metrik)* zum Zielnetz hängen bei IP ausschließlich von der Anzahl der Router ab, die auf dem Weg passiert werden müssen und sind in *Hops* angegeben. Jeder Router erhöht den Wert der Hops (*Hopcount*) um eins. Die Unerreichbarkeit eines Netzwerks gibt RIP mit Hopcount $16(= \infty$ Kosten) an. RIP erlaubt also nur Computernetze mit einer maximalen Länge von 15 Routern.

7.4.1   Count-to-Infinity

Ein Nachteil von RIP ist, dass schlechte Nachrichten sich nur langsam verbreiten. Das Beispiel in Abb. 7.12 zeigt ein Netzwerk mit drei Routern. Tab. 7.5 enthält die gespeicherte Entfernung zu Router R_A in den Routing-Tabellen von R_A, R_B und R_C nach den jeweiligen Advertisement-Runden. Nach zwei Advertisement-Runden ist die Konvergenz[6] erreicht.

Fällt aber beispielsweise die Verbindung zu Router R_A aus (siehe Abb. 7.13), kommt es zum sogenannten *Count-to-Infinity*. Es

---

[6] Der Zustand der Konvergenz ist dann erreicht, wenn nach einer Änderung der Netzwerk-Topologie alle Router wieder eine einheitliche Sicht auf das Netzwerk haben. Ab diesem Zeitpunkt sind die Einträge in den lokalen Routing-Tabellen der Router dahingehend angepasst, dass die Änderung der Topologie berücksichtigt ist.

Tab. 7.5 Entfernung zu Router R_A in den Routing-Tabellen von R_A, R_b und R_C

R_A	R_B	R_C	
0	∞	∞	Initialer Eintrag
0	1	∞	Nach Advertisement-Runde 1
0	1	2	Nach Advertisement-Runde 2

dauert 15 Advertisement-Runden, bis Router R_A in den Routing-Tabellen der übrigen Router als unerreichbar markiert ist.

Tab. 7.6 enthält wieder die die gespeicherte Entfernung zu Router R_A in den Routing-Tabellen von R_A, R_B und R_C nach den jeweiligen Advertisement-Runden. Bei Advertisement-Runde 1 hört Router R_B nichts mehr von Router R_A und hält den Pfad über Router R_C nun am besten, um Router R_A zu erreichen. Router R_B ändert darum die Entfernung zu Router R_A auf den Wert 3. Bei Advertisement-Runde 2 erfährt Router R_C das sein Nachbar Router R_B eine Route mit der Länge 3 zu Router R_A hat und passt darum seine lokal gespeicherte Entfernung zu Router R_A auf 4 an. Bei Advertisement-Runde 3 erfährt Router R_B das sein Nachbar Router R_C eine Route mit der Länge 4 zu Router R_A hat und ändert in seiner Routing-Tabelle die Entfernung zu Router R_A auf den Wert 5 usw.

7.4.2 Split Horizon

Das Beispiel in Abb. 7.13 und Tab. 7.6 zeigt, dass wegen des Problems Count-to-Infinity viel Zeit verloren geht, bis die Unerreichbarkeit einer Route erkannt wird.

Abb. 7.13 Szenario: Die Verbindung zu Router R_A fällt aus

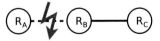

Tab. 7.6 Entfernung zu Router R_A in den Routing-Tabellen von R_A, R_b und R_C

R_A	R_B	R_C	
0	1	2	Initialer Eintrag
0	3	2	Nach Advertisement-Runde 1
0	3	4	Nach Advertisement-Runde 2
0	5	4	Nach Advertisement-Runde 3
0	5	6	Nach Advertisement-Runde 4
0	7	6	Nach Advertisement-Runde 5
0	7	8	Nach Advertisement-Runde 6
0	9	8	Nach Advertisement-Runde 7
0	9	10	Nach Advertisement-Runde 8
0	11	10	Nach Advertisement-Runde 9
0	11	12	Nach Advertisement-Runde 10
0	13	12	Nach Advertisement-Runde 11
0	13	14	Nach Advertisement-Runde 12
0	15	14	Nach Advertisement-Runde 13
0	15	∞	Nach Advertisement-Runde 14
0	∞	∞	Nach Advertisement-Runde 15
			$\Longrightarrow$ Count-to-Infinity

Advertisement-Nachrichten werden alle 30 s ausgetauscht. Ohne Triggered Updates kann es darum bis zu $15 * 30\,s = 7{:}30\,min$ dauern, bis ein Netzausfall zwischen zwei Routern erkannt wird und die betroffenen Routen in den Routing-Tabellen als nicht erreichbar markiert sind.

Eine Lösungsmöglichkeit, die bei einigen Anwendungsfällen die Situation verbessert, ist *Split Horizon*, das Routing-Schleifen zwischen *zwei Routern* verhindert. Eine Routing-Informationen darf dabei nicht über den Port veröffentlicht werden, über den sie empfangen wurde. Das verhindert, das ein Router eine Route zurück an den Router übermittelt, von dem er sie gelernt hat.

Um Split Horizon zu ermöglichen, muss in der Routing-Tabelle für jedes Zielnetz nicht nur die Anzahl der Hops und die Adresse des nächsten Routers (nächster Hop) gespeichert werden, sondern auch die Information, von welchem Router die Informationen gelernt wurde.

Um das Prinzip von Split Horizon zu verdeutlichen, betrachten wir erneut in Abb. 7.12 das Netzwerk mit drei Routern. Router R_C weiß von Router R_B, das Router R_A über ihn erreichbar ist. Fällt nun wie in Abb. 7.13 zu sehen ist, die Verbindung zu Router R_A aus, sendet Router R_B beim nächsten Update an Router R_C die Information, dass Router R_A nicht erreichbar ist. Router R_C passt seine Routing-Tabelle an und sendet weder jetzt noch in Zukunft Routing-Informationen für Router R_A an Router R_B.

Leider versagt Split Horizon bei komplexeren Topologien als der in in Abb. 7.13 häufig, was erneut den Count-to-Infinity zur Folge hat.

7.4.3 Fazit zu RIP

RIP Version 1 (RFC 1058) wurde zu einem Zeitpunkt entwickelt und etabliert, als die Computernetze noch relativ klein waren. Aus diesem Grund unterstützt RIP Version 1 auch nur Netzklassen und keine Subnetze. Als das Protokoll entwickelt wurde, existierten innerhalb eines Netzes nur selten verschiedene Übertragungsmedien mit deutlichen Unterschieden bzgl. Verbindungsqualität und Übertragungsrate. Aus diesem Grund führt die Metrik Hopcount in modernen Computernetzen häufig zu Routen, deren Verlauf nicht optimal ist, weil alle Netzabschnitte gleichgewichtet werden.

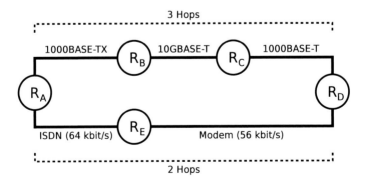

Abb. 7.14 Werden alle Netzabschnitte gleich stark gewichtet, führt die Metrik Hopcount häufig zu Routen, deren Verlauf nicht optimal ist

Im Beispiel in Abb. 7.14 ist die Route von Router R_A zu Router R_D gesucht. Die Route $R_A \rightarrow R_E \rightarrow R_D$ hat den niedrigeren Hopcount, aber die Route $R_A \rightarrow R_B \rightarrow R_C \rightarrow R_D$ führt über Netzabschnitte mit leistungsfähigeren Vernetzungstechnologien.

Abb. 7.15 zeigt den Aufbau von Nachrichten *(Advertisements)* von RIP Version 1. Enthält das Datenfeld *Kommando* den Wert `1`, handelt es sich um eine RIP-Anfrage *(RIP Request)*. Damit

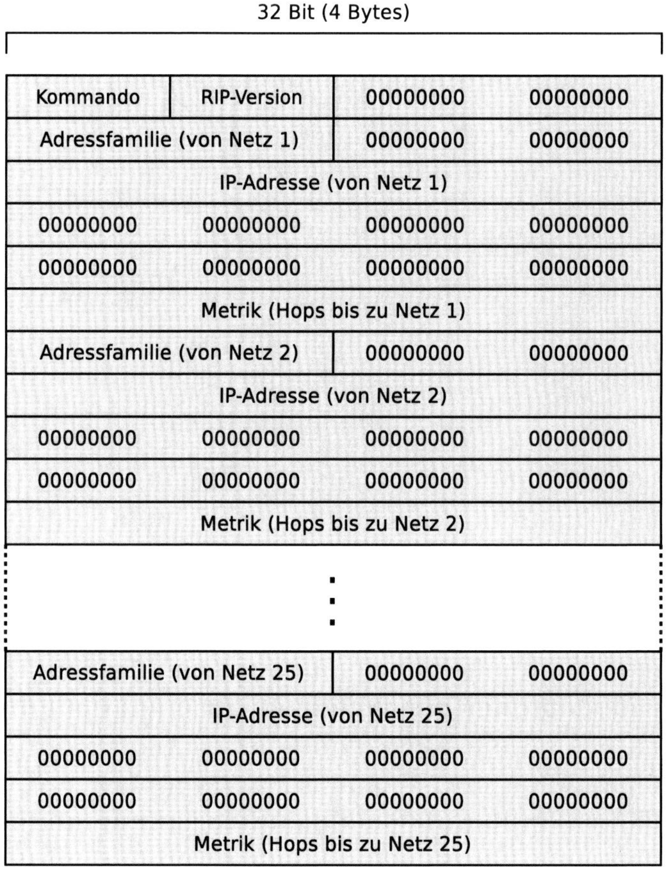

Abb. 7.15 Aufbau von Nachrichten RIP Version 1

wird ein Router aufgefordert, seine Routing-Tabelle zu übermitteln. Enthält das Datenfeld den Wert 2, handelt es sich um eine RIP-Antwort *(RIP Response)*. Damit übermittelt ein Router seine Routing-Tabelle. Bei Computernetzen, die das Internet Protocol verwenden, hat das Datenfeld *Adressfamilie* den Wert 2.

RIP Version 2 (RFC 2453) unterstützt Subnetze und kann zwischen internen und externen Routen unterscheiden. Abb. 7.16 zeigt

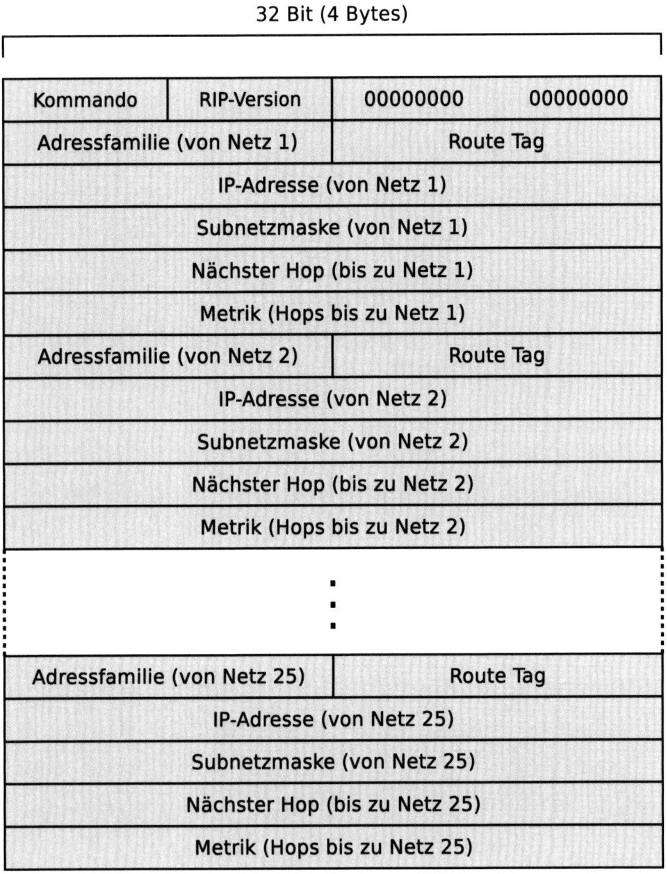

Abb. 7.16 Aufbau von Nachrichten RIP Version 2

den Aufbau von Nachrichten von RIP Version 2. Im Datenfeld
Route Tag ist festgelegt, ob es sich um eine interne oder externe
Route handelt.

Eine weitere Version des RIP-Protokolls, die IPv6 unterstützt,
ist *RIP next generation* – RIPng (RFC 2080).

Bei RIP kommuniziert jeder Router nur mit seinen direkten
Nachbarn. Ein Vorteil dabei ist die geringe Belastung für das Netzwerk. Ein Nachteil ist, dass es im Vergleich zu anderen Routing-
Protokollen lange dauert, bis der Zustand der Konvergenz erreicht
ist, weil sich Aktualisierungen nur langsam verbreiten. Jeder Router kennt nur den Inhalt seiner eigenen Routing-Tabelle. Kein Router hat Kenntnis über die komplette Netzwerk-Topologie innerhalb
des autonomen Systems, in dem er sich befindet.

7.5   Open Shortest Path First (OSPF)

Open Shortest Path First (OSPF) ist ein *Link-State-Routing-
Protokoll*, das den von Edsger Wybe Dijkstra entwickelten Algorithmus *Shortest Path First* verwendet. Der Algorithmus ist in der
Informatik auch unter dem Namen *Dijkstra-Algorithmus* bekannt.
Er ermöglicht die Berechnung des kürzesten Weges zwischen
einem Startknoten und allen anderen Knoten in einem kantenge-
wichteten Graphen.

Genau wie RIP ermöglicht auch OSPF das Routing innerhalb
autonomer Systeme. OSPF-Nachrichten werden aber direkt, also
ohne ein Protokoll der Transportschicht, im Nutzdatenteil von
IPv4-Paketen übertragen. Im Header des IPv4-Pakets steht im
Datenfeld *Protokoll-ID* der Wert 89.

Wegen der Komplexität der Arbeitsweise von OSPF kann an
dieser Stelle nur eine oberflächliche Beschreibung des Protokolls
stattfinden. Eine detaillierte Beschreibung enthält RFC 2328.

7.5.1 Routing-Hierarchie mit OSPF

Ein großer Unterschied von OSPF gegenüber RIP ist, das mit OSPF Routing-Hierarchien gebildet werden können, indem autonome Systeme in Bereiche *(Areas))* unterteilt werden. Jede Area besteht aus einer Gruppe von Routern und ist für die übrigen Areas des autonomen Systems unsichtbar. Jeder Router kann verschiedenen Areas zugeordnet sein. Zwei Vorteile die sich aus Routing-Hierarchien ergeben, sind die bessere Skalierbarkeit und die höhere Sicherheit [12, 20].

Vier unterschiedliche Typen von Routern werden in einer OSPF-Routing-Hierarchie unterschieden. Dabei handelt es sich um Backbone Router, Area Border Router, Autonomous System Boundary Router und Internal Router.

In jedem autonomen System, in dem OSPF verwendet wird, erfüllen ein oder mehr Router die Aufgabe des *Backbones*. In einer OSPF-Hierarchie muss es immer exakt eine *Backbone Area* geben. Diese ist die Verbindung zwischen den Areas eines autonomen Systems. Die Router im Backbone, die *Backbone Router*, leiten den Datentransfer zwischen den Areas weiter.

Für jede Area gibt es einen *Area Border Router*. Dieser befindet sich an der geographischen Grenze der Area zum Backbone [13]. Er ist die Schnittstelle zwischen der Area und der Backbone Area.

Router, die sich an der Grenze eines autonomen Systems befinden, also mit mindestens einem weiteren autonomem System verbunden sind, heißen Grenzrouter *(Autonomous System Boundary Router)*. Diese sind für den Austausch der Routing-Information mit anderen autonomen Systemen zuständig (siehe Abb. 7.17).

Befindet sich ein Router nicht in der Backbone Area, handelt es sich um einen internen Router *(Internal Router)*.

7.5.2 Arbeitsweise von OSPF

Sobald ein Router gestartet wurde, sendet er eine sogenannte *Hello-Nachricht* via Broadcast und empfängt daraufhin die Hello-Nachrichten der übrigen erreichbaren Router in der Area. So

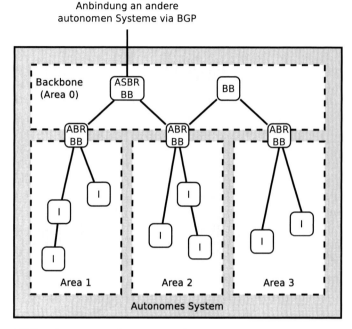

ASBR = Autonomous System Boundary Router
ABR = Area Border Router
BB = Backbone Router
I = Internal Router

Abb. 7.17 OSPF Routing-Hierarchie innerhalb eines autonomen Systems

erfährt ein neuer Router, welche Nachbarn er hat und wie der Verbindungsstatus zu diesen ist.

Bei OSPF erstellt sich jeder Router eine Datenbank mit Topologie-Informationen über das Netzwerk. Die Router senden in regelmäßigen Zeitintervallen OSPF-Nachrichten mit ihren Verbindungsinformationen *(Link State-Informationen)* via Broadcast und fluten so das Netz. Ändert sich der Zustand einer Verbindung, sendet der betreffende Router sofort seine aktualisierten Verbindungsinformationen via Broadcast ins Netz.

Mit Hilfe der eintreffenden Verbindungsinformationen und der sich daraus ergebenden Einträge in der lokalen Datenbank mit Topologie-Informationen berechnet jeder Router die kürzesten (günstigsten) Wege zu den übrigen Routern seiner Area. Jeder Router betrachtet sich selbst bei der Berechnung der kürzesten Wege zu den übrigen Routern als Wurzel.

Sind mehrere Router vorhanden, können die Router unter sich für jede Area einen *Designated Router* und einen *Backup Designated Router* wählen[7]. Alle Router einer Area senden ihre Verbindungsinformationen an den Designated Router ihrer Area. Der Designated Router einer Area sammelt die Verbindungsinformationen und verteilt sie an die übrigen Router in der Area und leitet sie an die Designated Router anderer Areas weiter. Die Verwendung eines Designated Routers ist optional. Wenn er existiert, hat das den Vorteil, dass sich die Netzwerkbelastung für das Verteilen der Verbindungsinformationen verringert [20]. Fällt ein Designated Router aus, übernimmt der Backup Designated Router die Rolle des Designated Routers [13].

7.5.3   Aufbau von OSPF-Nachrichten

OSPF definiert fünf verschiedene Typen von Nachrichten. Eine davon ist die bereits erwähnte *Hello-Nachricht*, um die erreichbaren Router (Nachbarn) in der Area aufzufinden. Mit der sogenannten *Database Description-Nachricht* versenden die Router ihre Topologie-Datenbanken (d.h. Routing-Tabellen), um die Einträge in den lokalen Datenbanken der Router innerhalb einer Area synchron zu halten.

Mit einer *Link State Request-Nachricht* kann ein Router einen oder mehrere Teile der Topologie-Datenbank eines anderen Routers anfordern. Auf eine solche Anfrage antworten die Router mit

---

[7] Bei der Wahl eines Designated Routers ist das Entscheidungskriterium die höchste Router-ID. Wurde keine Router-ID konfiguriert, um in den Auswahlprozess einzugreifen, ist die höchste dem Router zugewiesene IP-Adresse das Entscheidungskriterium.

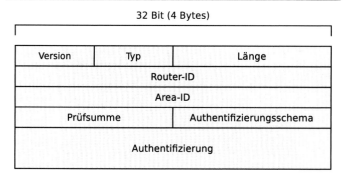

Abb. 7.18 Aufbau des gemeinsamen Headers von OSPF-Nachrichten

einer *Link State Update-Nachricht.* Zudem existiert noch die sogenannte *Link State Acknowledgement-Nachricht,* mit der ein Router
den Empfang einer oder mehrerer Link State Update-Nachrichten
bestätigt.

Auf den detaillierten Aufbau der verschiedenen Typen von
OSPF-Nachrichten wird hier nicht eingegangen. Alle OSPF-
Nachrichten haben aber einen Header, der bei allen Nachrichten-
typen gleich ist und der 24 Bytes lang ist (siehe Abb. 7.18).

Das Datenfeld *Version* gibt die Protokollversion an. Wird IPv4
verwendet, wird OSPF Version 2 verwendet und das Datenfeld enthält den Wert 2. Im Datenfeld *Typ* befindet sich die Typ-Nummer,
die festlegt, zu welcher der fünf möglichen Typen von OSPF-
Nachrichten diese Nachricht gehört. Eine Übersicht über die Typ-
Nummern und die zugehörigen OSPF-Nachrichten-Typen enthält
Tab. 7.7.

Die Länge der OSPF-Nachricht in Bytes ist im Datenfeld *Länge*
angegeben. Das Datenfeld *Router-ID* enthält die ID des Routers, der die OSPF2-Nachricht gesendet hat. Üblicherweise ist die
Router-ID identisch mit der IP-Adresse. Die ID der Area innerhalb des autonomen Systems ist im Datenfeld *Area-ID* definiert.
Die Area-ID entspricht üblicherweise der Subnetznummer. Hat
das Datenfeld den Wert 0, handelt es sich um das Backbone des
autonomen Systems.

Tab. 7.7 Verschiedene	Typ-Nummer	Nachrichten-Typ
Typen von	1	Hello-Nachricht
OSPF-Nachrichten	2	Database Description-Nachricht
	3	Link State Request-Nachricht
	4	Link State Update-Nachricht
	5	Link State Acknowledgement-Nachricht

Die *Prüfsumme* wird über alle Datenfelder der OSPF-Nachricht, mit Ausnahme von *Authentifizierung*, gebildet. Die Art und Weise der Authentifizierung ist im Datenfeld *Authentifizierungsschema* festgelegt. Enthält dieses Datenfeld den Wert 0, wird keine Authentifizierung verwendet. Enthält es den Wert 1, wird eine Passwortbasierte Authentifizierung verwendet. Das Passwort kann maximal 8 Bytes lang sein und ist im Datenfeld *Authentifizierung* abgelegt.

7.5.4 Fazit zu OSPF

Während bei RIP die Router nur mit ihren direkten Nachbarn kommunizieren, kommunizieren bei OSPF alle Router untereinander. Jeder Router baut eine komplexe Datenbank mit Topologie-Informationen auf. Durch das Fluten reagiert das Protokoll rasch auf Topologieänderungen und Knotenausfälle. Ein Vorteil ist, dass bei OSPF nach kurzer Zeit der Zustand der Konvergenz erreicht ist, weil sich Aktualisierungen rasch verbreiten. Das Fluten des Netzwerks verursacht aber auch mehr Overhead.

Während RIP keine Hierarchien unterstützt, können bei OSPF mit Hilfe von Areas Routing-Hierarchien gebildet werden. Diese verbessern die Sicherheit und Skalierbarkeit.

Im Gegensatz zu RIP werden bei OSPF die Netzabschnitte unterschiedlich stark gewichtet. Bei OSPF ist das Entscheidungskriterium für die Vorteilhaftigkeit eines Weges nicht die Anzahl der Router *(Hops)*, die auf dem Weg zum Ziel passiert werden müs-

Tab. 7.8 Pfadkosten bei OSPF

Vernetzungstechnologie	Datenrate	Pfadkosten
Modem	56 kbit/s	1785
ISDN	64 kbit/s	1562
Token Ring	4 Mbit/s	25
Ethernet	10 Mbit/s	10
Token Ring	16 Mbit/s	6
Fast-Ethernet	100 Mbit/s	1
Gigabit-Ethernet	1000 Mbit/s	1
10-Gigabit-Ethernet	10.000 Mbit/s	1

sen, sondern die Pfadkosten. Die *Pfadkosten* ergeben sich aus der Datenrate der Netze auf dem Weg zum Ziel. Eine höhere Datenrate führt zu niedrigeren Pfadkosten. RFC 2328 legt nicht explizit fest, wie die Pfadkosten berechnet werden. Die Firma Cisco berechnet in ihren Produkten die Pfadkosten einer Wegstrecke mit folgender Formel, die eine Referenz-Datenrate von 100 Mbit/s annimmt:

$$\text{Pfadkosten} = \frac{100.000.000}{\text{Datenrate [Bit pro Sekunde]}}$$

Die Berechnung der Pfadkosten mit der Formel von Cisco hat einen gravierenden Nachteil. Bei Fast-Ethernet mit einer Datenrate von 100 Mbit/s und modernen Vernetzungstechnologien haben die Pfadkosten immer den Wert 1. Somit ist bei modernen Vernetzungstechnologien eine Abstufung der Pfadkosten nicht mehr möglich (siehe Tab. 7.8).

7.6 Netzübergreifende Kommunikation

Internetworking heißt die Kommunikation zwischen Netzwerkgeräten über Protokolle der Sicherungsschicht und der Vermittlungs-

schicht über Netze, die auf unterschiedlichen Vernetzungstechnologien basieren können.

Abb. 7.19 zeigt ein denkbares Szenario für Internetworking.
Will Endgerät X ein IP-Paket an Endgerät Y senden, muss es dafür
dessen logische Adresse (IP-Adresse) kennen. Für die Weiterleitung auf der Sicherungsschicht ist zudem die physische Adresse
(MAC-Adresse) nötig.

Endgerät X berechnet durch die AND-Verknüpfung der Netzmaske in seiner lokalen Netzwerkkonfiguration jeweils mit seiner
eigenen IP-Adresse und der IP-Adresse von Endgerät Y die Subnetznummer des eigenen Netzes und die Subnetznummer von Endgerät Y. Sind die Subnetznummern identisch, befinden sich beide
Kommunikationspartner im gleichen logischen Subnetz. Ein logisches Subnetz deckt mindestens ein physisches Netz ab und kann
immer nur mit einer Schnittstelle eines Routers verbunden sein.
Sind die Subnetznummern unterschiedlich, befinden sich Sender
und Empfänger wie auch im Beispiel in Abb. 7.19, in verschiedenen physischen Netzen.

Zwei Beispiele verdeutlichen, wie ein Sender (Endgerät X) her-
ausfindet, ob der Empfänger (Endgerät Y) im gleichen Subnetz ist.

Im ersten Szenario hat Endgerät X die Adresse 132.152.83.254
und Endgerät Y die Adresse 132.152.81.2. Beide Teilnehmer
haben die gleiche Netzmaske (255.255.252.0). Anhand des Präfix
(siehe Tab. 7.1) der IP-Adressen wird klar, dass es sich um Adressen aus Klasse-B-Netzen handelt. Darum liegt die Grenze zwischen Netzadresse und Subnetznummer zwischen dem 2. und 3.
Byte. Die Grenze zwischen Subnetznummer und
Hostadressen ergibt sich aus dem Aufbau der Netzmaske. Die
AND-Verknüpfungen ergeben, dass beide Teilnehmer im gleichen
logischen Subnetz liegen.

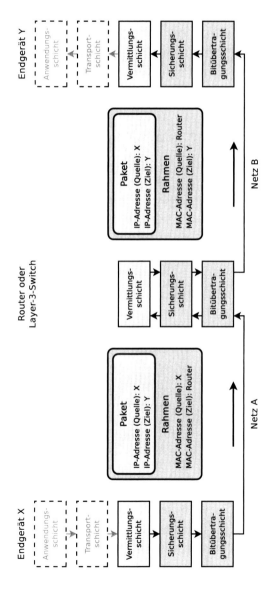

Abb. 7.19 Kommunikation zwischen Netzwerkgeräten über verschiedene Netze (*Internetworking*)

```
      10000100.10011000.01010011.11111110      132.152.83.254
      11111111.11111111.11111100.00000000      255.255.252.0
AND   --------------------------------
                      010100 = Subnetznummer Sender


      10000100.10011000.01010001.00000010      132.152.81.2
      11111111.11111111.11111100.00000000      255.255.252.0
AND   --------------------------------
                      010100 = Subnetznummer Empfänger
```

Im zweiten Szenario hat Endgerät X die Adresse 132.152.83.254 und Endgerät Y die Adresse 132.152.84.3. Beide Teilnehmer haben erneut die gleiche Netzmaske (255.255.252.0). Die AND-Verknüpfungen ergeben, das beide Teilnehmer unterschiedliche Subnetznummern haben, also in verschiedenen logischen Subnetzen liegen. Die Kommunikation zwischen beiden Teilnehmern muss somit über einen Router ablaufen.

```
      10000100.10011000.01010011.11111110      132.152.83.254
      11111111.11111111.11111100.00000000      255.255.252.0
AND   --------------------------------
                      010100 = Subnetznummer Sender


      10000100.10011000.01010100.00000011      132.152.84.3
      11111111.11111111.11111100.00000000      255.255.252.0
AND   --------------------------------
                      010101 = Subnetznummer Empfänger
```

Befinden sich zwei Kommunikationspartner im gleichen physischen und logischen Netz, kann der Sender via Adressauflösung mit ARP (siehe Abschn. 6.10) die MAC-Adresse des Empfängers erfahren. Weil es sich hier aber um Kommunikation über Netzgrenzen hinweg handelt, ist das nicht ausreichend, denn ARP ist nur für die Auflösung der MAC-Adressen im lokalen physischen Netz zuständig. Der Grund dafür ist, dass ARP-Anfragen in Rahmen auf der Sicherungsschicht gesendet werden, bei denen das Datenfeld für die Zieladresse die Broadcast-Adresse enthält. Solche Rahmen werden von Bridges und Switches aber nicht weitergeleitet (siehe Abschn. 6.2.1) und darum ist mit ARP keine netzübergreifende Adressauflösung möglich.

In Abb. 7.19 ist zu sehen, dass sich die Endgeräte X und Y in zwei unterschiedlichen physischen und logischen Netzen befinden, die über einen Router oder Layer-3-Switch miteinander verbunden sind. Die beiden physischen Netze A und B können auf unterschiedlichen Vernetzungstechnologien basieren.

Um das auf der Vermittlungsschicht erzeugte IP-Paket an Endgerät Y, das sich ja bekannterweise in einem anderen Netz befindet, zu senden, muss Endgerät X im Rahmen auf der Sicherungsschicht seine eigene MAC-Adresse als Quelle und die MAC-Adresse des Routers als Ziel angeben. Endgerät X kennt die IP-Adresse des Routers, weil sie in der lokalen Netzwerkkonfiguration als *Default Gateway* eintragen ist und durch die Adressauflösung via ARP erfährt Endgerät X die MAC-Adresse des Routers.

Im Nutzdatenteil des Rahmens befindet sich das IP-Paket für Endgerät Y mit der IP-Adresse von Endgerät X als Quelle und der IP-Adresse von Endgerät Y als Ziel.

Der Router empfängt das IP-Paket und ermittelt mit seiner lokalen Routing-Tabelle, die alle ihm bekannten logischen Netze enthält, die korrekte Schnittstelle für die Weiterleitung des Pakets.

Da der Router über eine seiner Schnittstellen mit dem physischen Netz verbunden ist, über das auch Endgerät Y erreichbar ist, ermittelt der Router die MAC-Adresse von Endgerät Y via Adressauflösung mit ARP. Daraufhin verpackt der Router das IP-Paket in einem Rahmen bei dem die MAC-Adresse des Routers als Quelle und die MAC-Adresse von Endgerät Y als Ziel angegeben ist.

Ist die maximale Paketlänge *(Maximum Transmission Unit)* von Netz B kleiner als das bei Netz A der Fall ist, kann es je abhängig von der Größe des weiterzuleitenden IP-Pakets nötig sein, dass der Router das empfangene Paket in mehrere kleinere Pakete *fragmentiert* (siehe Abschn. 7.2.5).

Die IP-Adressen des Senders (Endgerät X) und des Empfängers (Endgerät Y) im IP-Paket werden bei der Weiterleitung durch die Router nicht verändert.

7.7   Network Address Translation

Fast kein Haushalt oder Unternehmen und auch die allerwenigsten
Bildungs- und Forschungseinrichtungen haben so viele öffentlich
erreichbare IPv4-Adressen zur Verfügung, um alle ihre mit dem
lokalen Netzwerk verbundenen Geräte[8] mit eigenen Adressen zu
versehen. Aus diesem Grund verwenden lokale Netze in der Regel
einen privaten IPv4-Adressraum (siehe Abschn. 7.2.3).

Da die privaten IP-Adressen (global gesehen) nicht einzelnen
Netzwerkgeräten zugeordnet werden können, müssen Pakete aus
Netzen mit privaten IP-Adressbereichen von Routern ins Internet weitergeleitet werden. Damit Netzwerkgeräte in privaten Netzen trotzdem auch mit Netzwerkgeräten mit global erreichbaren
Adressen kommunizieren können, müssen Router in der Lage sein,
sich selbst als Quelle derjenigen IP-Pakete auszugeben, die sie aus
direkt verbundenen privaten Netz in das Internet weiterleiten und
gleichzeitig müssen Sie die eintreffenden Antworten den jeweiligen Teilnehmern in den direkt verbundenen privaten Netzen zustellen.

Dieses Verfahren heißt *Network Address Translation* – NAT
(RFC 2663 und RFC 3022) und es realisiert die automatisierte
Ersetzung von Adressen in IP-Paketen.

Abb. 7.20 zeigt das Funktionsprinzip der Network Address
Translation. Die Clients X, Y und Z befinden sich in einem Netz
mit einem privaten IP-Adressbereich. Nur der Router hat eine global erreichbare IP-Adresse. Er wirkt für die Außenwelt nicht wie
ein Router, sondern wie ein Netzwerkgerät mit einer einzelnen
öffentlich registrierten IP-Adresse [12].

Fordert beispielsweise Client X eine Webseite von einem Server an, enthält die Anfrage (Nachricht 1) als Quelladressen die
IP-Adresse und Portnummer von Client X und als Zieladressen
die IP-Adresse und Portnummer des Servers. Der Router, über den
das lokale Netz (LAN) mit dem globalen Internet (WAN) ange-

---

[8] PCs, Workstations, Server, IP-Telefone, WLAN-Basisstationen (Access
Points), WLAN-Repeater, Netzwerkdrucker, IP-Kameras, Spielkonsolen,
Smart-TVs, Dateiserver (Network Attached Storage), etc.

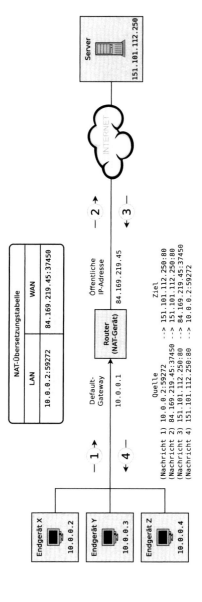

Abb. 7.20 Funktionsprinzip der Network Address Translation (NAT)

bunden ist, ersetzt in der weitergeleiteten Anfrage (Nachricht 2) die IP-Adresse und Portnummer des Clients durch seine eigene IP-Adresse und Portnummer.

Die Zuordnungen zwischen den Ports des Routers und den zugehörigen Netzwerkgeräten im lokalen Netz speichert der Router in einer *NAT-Übersetzungstabelle* (*NAT Translation Table*).

Die Antwort des Servers (Nachricht 3) ist an den Router adressiert. Dieser ersetzt die Adressinformationen entsprechend der Übersetzungstabelle und leitet die Antwort an Client X weiter (Nachricht 4).

Bei IPv6 ist eine Technologie wie NAT prinzipiell unnötig, da der Adressraum von IPv6 groß genug ist, um allen Netzwerkgeräten global erreichbare Adressen zuzuweisen. Ob das aus Gründen der Sicherheit allerdings ratsam ist, ist umstritten. NAT wurde zwar nicht dediziert als Sicherheitsfeature entwickelt, verbessert aber in der Praxis die Netzwerksicherheit dadurch, dass es die Topologie des lokalen Netzes vor der Außenwelt verbirgt. NAT im Zusammenhang mit IPv6 heißt *IPv6-to-IPv6 Network Address Translation* (NAT66).

7.8   Diagnose und Fehlermeldungen mit ICMP

Der Austausch von Diagnose- und Fehlermeldungen ist über das *Internet Control Message Protocol* (ICMP) möglich. Alle Router und Endgeräte können mit ICMP umgehen. Eine typische Situation, wo ICMP zum Einsatz kommt, ist wenn das Ziel eines IP-Pakets unerreichbar ist, weil die Time To Live (TTL) abgelaufen ist.

Mit Ausnahme der Echo-Funktion kann ein ICMP-Paket niemals ein anderes ICMP-Paket auslösen. Kann ein ICMP-Paket nicht zugestellt werden, wird nichts weiter unternommen. Eine Anwendung, die ICMP-Pakete versendet, ist das Programm `ping`. ICMP definiert verschiedene Informationsnachrichten, die ein Router zurücksenden kann.

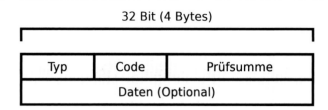

Abb. 7.21 Datenfelder von ICMP-Nachrichten

ICMP-Nachrichten werden im Nutzdatenteil von IPv4-Paketen übertragen. Im Header des IPv4-Pakets steht im Datenfeld *Protokoll-ID* der Wert 1.

Das Datenfeld Typ im ICMP-Header gibt den Nachrichtentyp an, also die Klasse zu der die ICMP-Nachricht gehört. Das Datenfeld Code spezifiziert die Art der Nachricht innerhalb eines Nachrichtentyps (siehe Abb. 7.21). Tab. 7.9 enthält einige Nachrichtentyp-Code-Kombinationen.

Ein Anwendungsbeispiel für ICMP ist das Werkzeug traceroute, das ermittelt, über welche Router IP-Pakete bis zum Ziel vermittelt werden. Der Sender schickt ein IP-Paket an den Empfänger mit TTL=1. Router A empfängt das IP-Paket, setzt TTL=0, verwirft das IP-Paket und sendet eine ICMP-Nachricht vom Nachrichtentyp 11 und Code 0 an den Sender. Daraufhin schickt der Sender ein IP-Paket an den Empfänger mit TTL=2. Das IP-Paket wird von Router A weitergeleitet und dabei wird auch der Wert von TTL dekrementiert. Router B empfängt das IP-Paket, setzt TTL=0, verwirft das IP-Paket und sendet eine ICMP-Nachricht vom Nachrichtentyp 11 und Code 0 an den Sender (siehe Abb. 7.22).

Sobald der Wert von TTL groß genug ist, dass das Paket den Empfänger erreicht, sendet dieser eine ICMP-Nachricht vom Nachrichtentyp 3 und Code 3 an den Sender. Auf diese Art und Weise kann via ICMP der Weg vom Sender zum Empfänger nachvollzogen werden.

Tab. 7.9 Auswahl an Nachrichtentyp-Code-Kombinationen von ICMP

Typ	Typname	Code	Bedeutung
0	Echo-Antwort	0	Echo-Antwort (Antwort auf `ping`)
3	Ziel nicht erreichbar	0	Netz unerreichbar
		1	Ziel unerreichbar
		2	Protokoll nicht verfügbar
		3	Port nicht verfügbar
		4	Fragmentierung nötig, aber im IP-Paket untersagt
		13	Firewall des Ziels blockt IP-Paket
4	Sender verlangsamen	0	Empfangspuffer ist voll, IP-Paket verworfen (Überlastkontrolle)
8	Echo-Anfrage	0	Echo-Anfrage (`ping`)
11	Zeitlimit überschritten	0	TTL (Time To Live) abgelaufen
30	Traceroute	0	Weg zum Ziel ermitteln

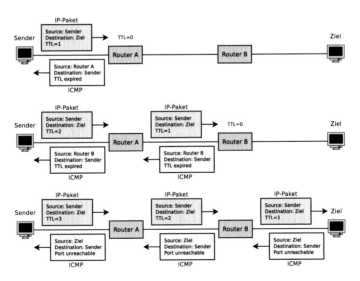

Abb. 7.22 Funktionsprinzip von `traceroute` via ICMP

Transportschicht

8

Die ersten drei Schichten des OSI-Referenzmodells und des hybriden Referenzmodells enthalten Technologien, um Computer zu verbinden und Daten auszutauschen. Mit diesen können die Endgeräte kommunizieren, aber es fehlen noch Protokolle zur Interprozesskommunikation. Die Bereitstellung der Ende-zu-Ende-Protokolle für Interprozesskommunikation ist die Aufgabe der Transportschicht.

In dieser Schicht werden beim Sender die Daten der Anwendungsschicht in *Segmente* verpackt und es findet die Adressierung der Prozesse mit Portnummern statt. Beim Empfänger erkennt die Transportschicht die Segmente in den Paketen der Vermittlungsschicht.

8.1   Eigenschaften von Transportprotokollen

Das Protokoll IP auf der Vermittlungsschicht arbeitet verbindungslos. Jedes IP-Paket wird unabhängig von anderen Paketen an sein Ziel vermittelt *(geroutet)*. Dieses Vorgehen erzeugt wenig Overhead, führt aber aus Sicht der Transportschicht zu diversen Problemen. IP-Pakete gehen eventuell verloren oder werden verworfen,

© Springer-Verlag GmbH Deutschland, ein Teil von Springer Nature 2022
C. Baun, *Computernetze kompakt*, IT kompakt,
https://doi.org/10.1007/978-3-662-65363-0_8

weil die TTL (Time To Live) abgelaufen ist. IP-Pakete erreichen ihr
Ziel auch häufig in der falschen Reihenfolge. Es ist auch möglich,
dass mehrere Kopien von IP-Paketen das Ziel erreichen. Gründe
sind unter anderem, dass große Netze nicht statisch sind. Ihre Infra-
struktur ändert sich. Übertragungsmedien sind äußeren Einflüssen
ausgesetzt und können ausfallen. Auch die Auslastung und damit
die Verzögerung der Netze ist Schwankungen unterworfen.

Diese Probleme sind in Computernetzen alltäglich und je nach
Anwendung müssen Transportprotokolle diese Nachteile ausglei-
chen. Gewünschte Eigenschaften von Transportprotokollen aus
Sicht vieler Anwendungen sind unter anderem:

- Garantierte Datenübertragung.
- Einhaltung der korrekten Reihenfolge der Daten.
- Unterstützung beliebig großer Datenübertragungen.
- Der Sender soll das Netzwerk nicht überlasten. Er soll darum in
  der Lage sein, den eigenen Datenfluss (die Übertragungsrate)
  anzupassen $\Longrightarrow$ Flusskontrolle (siehe Abschn. 8.4.3).
- Der Empfänger soll das Sendeverhalten des Senders kontrollie-
  ren können, um Überlast beim Empfänger zu vermeiden $\Longrightarrow$
  Überlastkontrolle (siehe Abschn. 8.4.4).

Es sind also Transportprotokolle nötig, die die negativen Eigenschaften der physischen und logischen Netze in die (positiven)
Eigenschaften umwandeln, die von den Netzwerkanwendungen
der Anwendungsschicht erwartet werden.

Die beiden am häufigsten verwendeten Transportprotokolle sind
UDP und TCP und die Adressierung erfolgt in der Transportschicht
mit Sockets.

8.2   Adressierung in der Transportschicht

Jede Anwendung, die TCP oder UDP nutzt, hat eine *Portnummer*.
Diese gibt an, welcher Dienst angesprochen wird. Bei TCP und
UDP ist die Portnummer 16 Bits lang und liegt somit im Wertebe-

Tab. 8.1 Auswahl bekannter Portnummern *(Well Known Ports)*

Port	Dienst	Beschreibung
21	FTP	Dateitransfer
22	SSH	Verschlüsselte Terminalemulation (Secure Shell)
23	Telnet	Terminalemulation zur Fernsteuerung von Rechnern
25	SMTP	E-Mail-Versand
53	DNS	Auflösung von Domainnamen in IP-Adressen
67	DHCP	Zuweisung der Netzwerkkonfiguration an Clients
80	HTTP	Webserver
110	POP3	Client-Zugriff für E-Mail-Server
143	IMAP	Client-Zugriff für E-Mail-Server
443	HTTPS	Webserver (verschlüsselt)
993	IMAPS	Client-Zugriff für E-Mail-Server (verschlüsselt)
995	POP3S	Client-Zugriff für E-Mail-Server (verschlüsselt)

reich 0 bis 65.535. Die Portnummern können im Prinzip beliebig vergeben werden. Es gibt aber Konventionen, welche Standardanwendungen welche Ports nutzen. Tab. 8.1 enthält eine kleine Auswahl bekannter Portnummern.

Verschiedene Anwendungen können im Betriebssystem gleichzeitig identische Portnummern verwenden, wenn Sie über unterschiedliche Transportprotokolle kommunizieren. Zudem gibt es Anwendungen, die Kommunikation via TCP und UDP über eine einzige Portnummer realisieren. Ein Beispiel hierfür ist das Domain Name System – DNS (siehe Abschn. 9.1) [14].

Die Portnummern sind in drei Gruppen unterteilt. Die Ports 0 bis 1023 sind die *Well Known Ports.* Diese sind Anwendungen fest zugeordnet und allgemein bekannt. Die Ports 1024 bis 49.151 heißen *Registered Ports.* Anwendungsentwickler können sich Portnummern in diesem Bereich für eigene Anwendungen registrieren. Die Portnummern 49.152 bis 65.535 heißen *Private Ports,* sind nicht registriert und können frei verwendet werden. Die Well Known Ports und die Registered Ports werden durch die Internet Assigned Numbers Authority (IANA) vergeben.

Unter Linux/UNIX ist die Zuordnung von Anwendungen (Diensten) zu Portnummern in der Datei `/etc./services` festgelegt. Beim Betriebssystem Windows existiert für diesen Zweck die Datei `%WINDIR%\system32\drivers\etc.\services`.

Sockets sind die plattformunabhängige, standardisierte Schnittstelle zwischen der Implementierung der Netzwerkprotokolle im Betriebssystem und den Anwendungen. Ein Socket besteht aus einer Portnummer und einer IP-Adresse. *Datagram Sockets* verwendeten das verbindungslose Transportprotokoll UDP und *Stream Sockets* das verbindungsorientierte Transportprotokoll TCP. Eine Übersicht der Sockets ermöglicht das Kommando `netstat`.

8.3   User Datagram Protocol (UDP)

Bei UDP finden Datenübertragungen ohne vorherigen Verbindungsaufbau statt. Im Gegensatz zu TCP ist UDP ausschließlich für die Adressierung der Segmente zuständig. Es findet keine Sicherung der Datenübertragung statt. Übertragungen werden nicht vom Empfänger beim Sender bestätigt. Bei UDP können also Segmente bei der Übertragung verloren gehen. Abhängig von der Anwendung, zum Beispiel bei Echtzeitkommunikation (Videotelefonie), ist das auch akzeptabel [30].

Geht bei der Kommunikation via TCP ein Segment, also eine Bildinformation und/oder Toninformation verloren, wird es neu angefordert und es käme zu Aussetzern. Um das zu kompensieren, sind Wiedergabepuffer nötig. Speziell bei Echtzeitkommunikation versucht man aber die Puffer möglichst klein zu halten, weil diese zu Verzögerungen führen. Nutzt man hingegen UDP zur Echtzeitkommunikation, geht beim Verlust eines Segments nur ein Bild verloren.

Die maximale Größe eines UDP-Segments ist 65.535 Bytes. Der Grund dafür ist, dass das Feld im UDP-Header, das die Segmentlänge enthält, 16 Bits lang ist und die maximal darstellbare Zahl

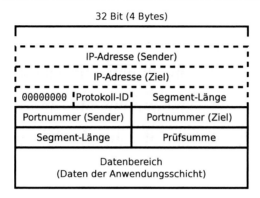

Abb. 8.1 Datenfelder eines UDP-Segments inklusive Pseudo-Header

mit 16 Bits ist 65.535. So große UDP-Segmente werden vom IP aber fragmentiert übertragen.

8.3.1 Aufbau von UDP-Segmenten

Der UDP-Header besteht aus vier je 16 Bit langen Datenfeldern (siehe Abb. 8.1). Das erste Datenfeld enthält die Portnummer des sendenden Prozesses. Diese ist nötig, damit der Empfänger weiß, wem er auf das Segment antworten soll. Das Datenfeld kann frei bleiben (Wert 0), wenn keine Antwort erforderlich ist. Das zweite Feld enthält die Portnummer des Prozesses, der das Segment empfangen soll. Die letzten beiden Datenfelder enthalten die *Länge* des vollständigen Segments (ohne Pseudo-Header) und eine *Prüfsumme* über das vollständige Segment (inklusive Pseudo-Header).

Es wird ein Pseudo-Header erzeugt (siehe Abb. 8.1), der mit den IP-Adressen von Sender und Ziel auch Informationen der Vermittlungsschicht enthält. Die Protokoll-ID von UDP ist die 17. Die Felder des Pseudo-Headers werden nicht übertragen, gehen aber in die Berechnung der Prüfsumme mit ein.

8.4 Transmission Control Protocol (TCP)

Das verbindungsorientierte TCP erweitert das Vermittlungsprotokoll IP um die Zuverlässigkeit, die für viele Anwendungen gewünscht oder notwendig ist. Bei TCP ist garantiert, dass Segmente vollständig und in der korrekten Reihenfolge ihr Ziel erreichen. Verlorene oder unbestätigte TCP-Segmente sendet der Sender erneut.

Eine TCP-Verbindung wird wie eine Datei geöffnet und geschlossen. Genau wie bei einer Datei ist die Position im Datenstrom exakt angeben. Die Positionsangabe geschieht mit Sequenznummern (Folgenummern). Mit den eindeutigen Sequenznummern kann der Empfänger die Reihenfolge der Segmente korrigieren und doppelt angekommene Segmente aussortieren. Die Länge eines Segments ist aus dem IP-Header bekannt. So werden Lücken im Datenstrom entdeckt und der Empfänger kann verlorene Segmente neu anfordern.

TCP sieht Nutzdaten als geordneten Datenstrom. Die Sequenznummern nummerieren den Strom der gesendeten Bytes. Die Sequenznummer eines Segments ist die Position des ersten Bytes des Segments im Bytestrom. Im Beispiel (siehe Abb. 8.2) unterteilt der Sender einen Strom mit 5000 Bytes Anwendungsdaten in Segmente bei einer MSS[1] von 1460 Bytes.

8.4.1 Aufbau von TCP-Segmenten

Ein TCP-Segment kann maximal 64 kB Nutzdaten (Daten der Anwendungsschicht) enthalten. Üblich sind kleinere Segmente ($\leq$ 1500 Bytes bei Ethernet oder ca. 4 kB bei Token Ring). Neben den

---

[1] Bei Ethernet ist die Maximum Transmission Unit (MTU), also die maximale Menge an Nutzdaten eines Rahmens auf der Sicherungsschicht 1500 Bytes. Die Maximum Segment Size (MSS), also die maximale Menge an Anwendungsdaten, die ein Segment der Transportschicht als Nutzdaten enthalten kann, ergibt sich aus der MTU abzüglich des Mehraufwands (Protokoll-Overhead) für die verwendeten Protokolle der Vermittlungs- und Transportschicht.

Abb. 8.2 Unterteilung eines Datenstroms aus der Anwendungsschicht in TCP-Segmente bei einer MSS von 1460 Bytes

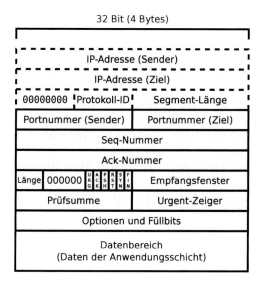

Abb. 8.3 Datenfelder eines TCP-Segments inklusive Pseudo-Header

Nutzdaten existiert auch bei TCP-Segmenten ein Header. Dieser ist im Gegensatz zum Header von UDP-Segmenten deutlich komplexer (siehe Abb. 8.3). Dennoch umfasst der TCP-Header nur 20 Byte (ohne das Optionsfeld). Zusammen mit dem Header von IPv4, der ohne das Optionsfeld auch nur 20 Bytes umfasst, ist bei einer IP-Paketgröße von mehreren kB der entstehende Protokoll-Overhead durch die Header gering.

Je ein Datenfeld enthält die Portnummer des sendenden Prozesses und die Portnummer des Prozesses, der das Segment empfangen soll. *Seq-Nummer* enthält die Sequenznummer des aktuellen Segments und *Ack-Nummer* die Sequenznummer des nächsten erwarteten Segments.

Das Datenfeld *Länge* ist 4 Bits groß und enthält die Länge des TCP-Headers in 32-Bit-Worten, damit der Empfänger weiß, wo die Nutzdaten im TCP-Segment anfangen. Dieses Feld ist nötig, weil das Datenfeld *Optionen und Füllbits* eine variable Länge (Vielfaches von 32 Bits) haben kann. Das folgende Datenfeld ist 6 Bits groß wird nicht verwendet. Es hat den Wert Null. Anschließend folgen sechs je 1 Bit große Datenfelder, die für den Verbindungsaufbau, Datenaustausch und Verbindungsabbau benötigt werden. Im Folgenden sind die Funktionen dieser Datenfelder jeweils so beschrieben, dass sie den Wert 1 haben, also *gesetzt* sind.

- *URG* (Urgent) zeigt an, dass die Daten ab dem Header sofort vom Empfänger abgearbeitet werden sollen. Das entspricht einem Softwareinterrupt, weil es die Abarbeitung eines eventuell vorhandenen anderen Segments unterbricht.
- *ACK* (Acknowledge) gibt an, dass die Bestätigungsnummer im Datenfeld *Ack-Nummer* gültig ist. Es wird also verwendet, um den Empfang von Segmenten zu bestätigen.
- *PSH* (Push) weist den Protokollstack des Betriebssystems beim Sender an, das Segment sofort zu übertragen und nicht zu warten, bis der Sendepuffer voll ist. Zudem weist es den Protokollstack des Betriebssystems beim Empfänger an, das Segment sofort an die Anwendungsschicht weiterzureichen und den Empfangspuffer ebenfalls zu übergehen.
- *RST* (Reset) ist eine Anforderung die Verbindung zurückzusetzen (abzubrechen).
- *SYN* (Synchronize) weist die Synchronisation der Sequenznummern an. Das initiiert den Verbindungsaufbau.
- *FIN* (Finish) weist den Verbindungsabbau an und gibt an, dass der Sender keine Nutzdaten mehr schicken wird.

Das Datenfeld *Empfangsfenster* enthält die Anzahl freier Bytes im Empfangsfensters des Senders zur Flusskontrolle. Genau wie bei UDP existiert auch für jedes TCP-Segment ein Pseudo-Header, der nicht übertragen wird, aber dessen Datenfelder inklusive regulärem

TCP-Header und Nutzdaten in die Berechnung der Prüfsumme mit eingehen. Die Protokoll-ID von TCP ist die 6.

Hat das 1 Bit große Datenfeld *URG* den Wert 1, wird der Wert des Feldes *Urgent-Zeiger* interpretiert. Dieses Datenfeld addiert mit dem Inhalt von *Seq-Nummer* ergibt die Position des ersten Bytes nach den Urgent-Daten im Datenstrom. Die Urgent-Daten selbst, die der Empfänger unverzüglich abarbeiten soll, beginnen direkt nach dem Header.

Das Datenfeld *Optionen und Füllbits* enthält Zusatzinformationen, die nicht von den übrigen Feldern im TCP-Header erbracht werden können. Ein Beispiel ist die Angabe der maximalen Segmentgröße. Das Datenfeld muss ein Vielfaches von 32 Bits groß sein und wird, wenn nötig, mit Null-Bits aufgefüllt.

8.4.2   Arbeitsweise von TCP

Jedes gesendete TCP-Segment hat eine eindeutige Sequenznummer, welche die Position seines ersten Bytes im Byte-Strom der Verbindung angibt. Anhand dieser Nummer kann die Reihenfolge der Segmente korrigiert und doppelt angekommene Segmente können aussortiert werden. Die Länge eines Segments ist aus dem IP-Header bekannt. So können Lücken im Datenstrom entdeckt werden, und der Empfänger kann verlorengegangene Segmente neu anfordern.

Verbindungsaufbau via Dreiwege-Handshake
Beim Öffnen einer TCP-Verbindung tauschen beide Kommunikationspartner in drei Schritten Kontrollinformationen aus (siehe Abb. 8.4 und 8.5). So ist sichergestellt, dass der jeweilige Partner existiert und Daten annehmen kann.

1. Der Client schickt ein Segment mit der Aufforderung, die Sequenznummern zu synchronisieren. Dieses Segment mit gesetztem SYN-Bit gibt die Anfangs-Sequenznummer des Clients bekannt, die dieser zufällig bestimmt.
2. Der Server antwortet mit einem Segment, in dem er den Empfang des ersten Segments mit gesetztem ACK-Bit bestätigt

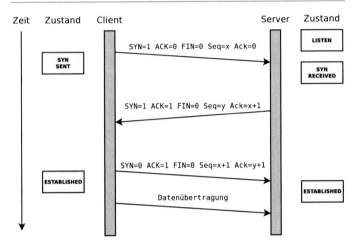

Abb. 8.4 Dreiwege-Handshake bei TCP

und seinerseits mit gesetztem SYN-Bit zur Synchronisation
der Sequenznummern auffordert. Auch der Server gibt seine
zufällig bestimmte Anfangs-Sequenznummer für Übertragungen in die Gegenrichtung an.
3. Der Client bestätigt den Empfang mit einem Segment mit
   gesetztem ACK-Bit. Ab diesem Zeitpunkt können Daten über
   die Verbindung ausgetauscht werden.

Diese Art des Austausches von Kontrollinformationen, bei der jede
Seite die Aktion der Gegenseite bestätigen muss, ehe sie wirksam
werden, heißt *Dreiwege-Handshake.*

Datenübertragung
Um den Ablauf der Datenübertragung bei TCP zu demonstrie-
ren, sind für die *Seq-Nummer* (Sequenznummer des aktuellen
Segments) und die *Ack-Nummer* (Sequenznummer des nächsten
erwarteten Segments) konkrete Werte nötig. Im folgenden Beispiel
hat die Sequenznummer x des Clients zu Beginn des Dreiwege-
Handshake den Wert 100 und die Sequenznummer y des Servers

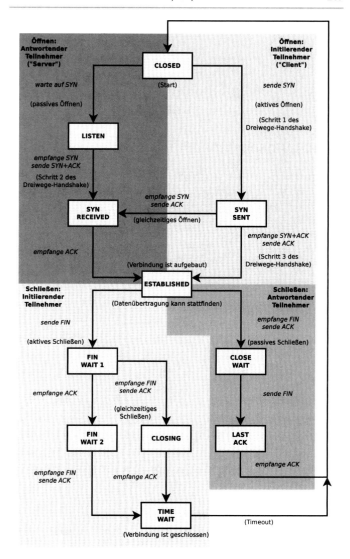

Abb. 8.5 TCP – Zustandsautomat [14, 29]

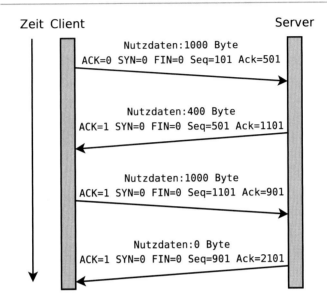

Abb. 8.6 Datenübertragung bei TCP

den Wert 500. Nach Abschluss des Dreiwege-Handshake und zu Beginn der Datenübertragung haben x und y die Werte 101 und 501.

Im konkreten Beispiel (siehe Abb. 8.6) überträgt der Client zuerst 1000 Bytes Nutzdaten an den Server.

Der Server bestätigt den Empfang der Nutzdaten mit gesetztem ACK-Bit und fordert mit der Ack-Nummer 1101 die Sequenznummer des nächsten Segments an. Im gleichen Segment überträgt der Server 400 Bytes Nutzdaten an den Client.

Daraufhin überträgt der Client weitere 1000 Bytes Nutzdaten, bestätigt den Empfang der Nutzdaten mit gesetztem ACK-Bit und fordert mit der Ack-Nummer 901 die Sequenznummer des nächsten Segments an.

Abschließend bestätigt der Server wieder den Empfang der Nutzdaten mit gesetztem ACK-Bit und fordert mit der Ack-Nummer 2101 die Sequenznummer des nächsten Segments an.

Verbindungsabbau

Der Verbindungsabbau ist dem Verbindungsaufbau via Dreiwege-Hand-shake ähnlich. Statt des SYN-Bit kommt aber das FIN-Bit zum Einsatz, das anzeigt, dass keine Nutzdaten mehr vom Sender kommen. Der Verbindungsabbau erfolgt in vier Schritten (siehe Abb. 8.5 und 8.7):

1. Der Client schickt seinen Abbauwunsch mit einem Segment, in dem das FIN-Bit gesetzt ist.
2. Der Server bestätigt den Empfang des Abbauwunschs mit einem Segment, in dem das ACK-Bit gesetzt ist.
3. Der Server sendet nun selbst seinen Abbauwunsch mit einem Segment, in dem das FIN-Bit gesetzt ist.
4. Der Client bestätigt den Empfang des Abbauwunschs mit einem Segment mit gesetztem ACK-Bit, was den Verbindungsabbau abschließt.

Der hier beschriebene und in Abb. 8.7 gezeigte Ablauf des Verbindungsabbaus wird vom Client initiiert. Es ist aber auch möglich, dass der Server den Verbindungsabbau initiiert. Der Ablauf ist in diesem Fall analog zum hier beschriebenen.

8.4.3 Flusskontrolle

Via Flusskontrolle steuert der Empfänger bei TCP die Sendegeschwindigkeit des Senders dynamisch und stellt so und die Vollständigkeit der Datenübertragung sicher. Langsame Empfänger sollen nicht mit Daten überschüttet werden, denn dadurch würden Daten verloren gehen. Während der Übertragung verlorene Daten werden erneut gesendet. Grundlegende Mechanismen zur Realisierung der Flusskontrolle sind Bestätigungen (*Acknowled-*

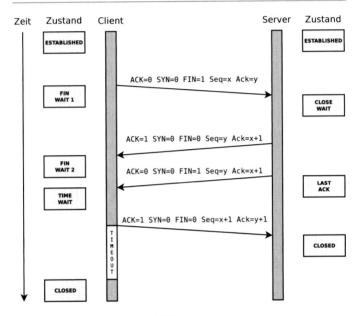

Abb. 8.7 Verbindungsabbau bei TCP

gements, ACK) als Feedback bzw. Quittung und Zeitschranken[2]
(Timeouts).

Schiebefenster

Ein Schiebefenster *(Sliding-Window)* ermöglicht dem Sender die
Übertragung einer bestimmten Menge Segmente, bevor eine Bestätigung (Quittung) erwartet wird. So wird die Leitungs- und Emp-
fangskapazität besser ausgelastet, als wenn nach jedem dem Senden eines Segments der Sender auf eine Bestätigung warten würde.

Beim Eintreffen einer Bestätigung wird das Sendefenster ver-
schoben und der Sender kann weitere Segmente aussenden. Der

---

[2] Die Art und Weise der Berechnung der Zeitschranken bei TCP ist in RFC
2988 (veraltet) und RFC 6298 beschrieben.

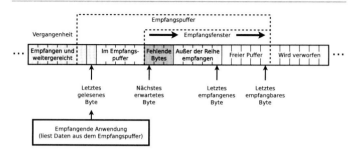

Abb. 8.8 Schiebefenster (Empfangsfenster) beim Empfänger

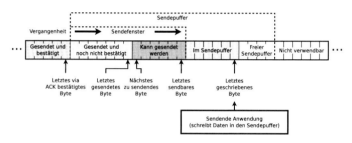

Abb. 8.9 Schiebefenster (Sendefenster) beim Sender

Empfänger kann mit *kumulativen Acknowledgements* auch mehrere Segmente auf einmal bestätigen.

Beim Timeout übermittelt der Sender alle Segmente im Fenster neu. Er sendet also alles ab der letzten unbestätigten Sequenznummer erneut. Die Arbeitsweise der Flusskontrolle via Schiebefenster verdeutlichen die Abb. 8.8 und 8.9.

Der Empfangspuffer des Empfängers enthält Daten für die Anwendungsschicht, die in der korrekten Reihenfolge vorliegen, aber noch nicht gelesen wurden und die außer der Reihe angekommen sind. Der Empfänger teilt dem Sender mit jedem Segment mit, wie groß sein Empfangsfenster *(Advertised Receive Window)* ist. Das vermeidet Pufferüberläufe beim Empfänger.

Der Sendepuffer des Senders enthält Daten der Anwendungsschicht, die bereits gesendet, aber noch nicht bestätigt wurden und die bereits vorliegen, aber noch nicht gesendet wurden. Die Größe

des Sendefensters legt der Empfänger fest, denn sie entspricht
der Größe des Empfangsfensters. Abb. 8.10 zeigt, wie Sender und
Empfänger mit ihren Segmenten das Sendefenster und damit das
Sendeverhalten des Senders steuern.

Jedes zu sendende Segment enthält mit dem Inhalt des Datenfelds *Seq-Nummer* die Sequenznummer des aktuellen Segments.
Jedes empfangene Segment enthält mit dem Datenfeld *Ack-
Nummer* die Sequenznummer des nächsten erwarteten Segments
und verschiebt das Sendefenster. Zudem enthält jedes vom Sender
empfangene Segment im Datenfeld *Empfangsfenster* die Angabe,
wie viele Bytes der Empfänger empfangen kann. Dieser Wert legt
die Größe des Sendefensters fest.

Teilt der Empfänger dem Sender mit, dass sein Empfangsfenster 0 Bytes groß ist, heißt das, dass der Empfangspuffer komplett
gefüllt ist. In diesem Fall ist der Sender blockiert, bis er vom Empfänger erfährt, dass im Empfangsfenster freier Speicher ist. Sobald
Kapazität im Empfangsfenster frei wird, schickt der Empfänger an
den Sender eine *Fensteraktualisierung.*

Silly Window Syndrom
Durch Fensteraktualisierungen erfährt der Sender zeitnah, wenn
ein zuvor überlasteter Empfänger wieder freie Empfangskapazi-
tät hat. Es besteht dabei aber auch die Gefahr des *Silly Window
Syndroms,* bei dem sehr viele kleine Segmente geschickt werden,
was den Protokoll-Overhead vergrößert. Dabei sendet der Empfänger ein Segment mit der Größe des freien Empfangspuffers,
sobald wenige Bytes (zum Beispiel 1 Byte) aus dem Empfangspuffer gelesen wurden. Der Sender sendet daraufhin ein Segment
mit lediglich 1 Byte Nutzdaten. Ein Ergebnis dieses Szenarios ist
ein Protokoll-Overhead von mindestens 40 Bytes für die TCP/IP-
Header des Segments mit den Nutzdaten sowie zuzüglich 40 Bytes
für das Segment mit der Bestätigung. Eventuell kommen noch
weitere 40 Bytes hinzu, nur für ein Segment mit einer Fensteraktualisierung.

Der Lösungsansatz zur Vermeidung des Silly Window Syndrom
ist, das der Empfänger den Sender erst dann über freie Empfangs-
kapazität benachrichtigt, wenn der Empfangspuffer mindestens zu
25 % leer ist oder ein Segment mit der Größe MSS empfangen

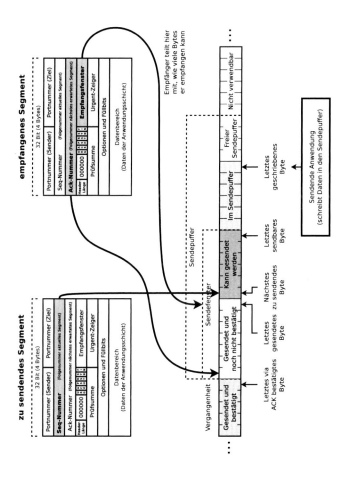

Abb. 8.10 Schiebefenster (Empfangsfenster) beim Empfänger

werden kann. Dieses Vorgehen heißt *Silly Window Syndrom Avoidance.*

8.4.4 Überlastkontrolle

In Computernetzen gibt es zwei mögliche Ursachen für Überlastungen:

- Empfängerkapazität
- Netzkapazität

Zur Überlast beim Empfänger kommt es, wenn dieser die empfangen Rahmen/Pakete/Segmente nicht schnell genug verarbeiten kann und darum der Empfangspuffer keine freie Speicherkapazität mehr hat. Dieses Problem ist bereits durch die *Flusskontrolle* (siehe Abschn. 8.4.3) gelöst. Spezifiziert der Empfänger die Fenstergröße anhand seines Empfangspuffers und hält sich der Sender daran, kann bei der Empfängerseite kein Pufferüberlauf auftreten.

Wird ein Netzwerk über seine Kapazität hinaus beansprucht, kommt es zu Überlastungen. Anzeichen für Überlastungen der Netzkapazität sind Paketverluste durch Pufferüberläufe in Routern, lange Wartezeiten durch volle Warteschlangen in Routern und häufige Übertragungswiederholungen wegen Timeout oder Paket-/Segmentverlust. Die einzig hilfreiche Reaktion bei Überlastungen der Netze ist eine Reduzierung der Datenrate. TCP versucht Überlastungen durch dynamische Veränderungen der Fenstergröße *(dynamisches Sliding Window)* zu vermeiden.

Wegen der Verschiedenheit beider möglicher Ursachen für Überlastungen existiert nicht eine Lösung für beide Ursachen. Beide Ursachen werden getrennt angegangen.

Überlastungsfenster
Zusätzlich zum Empfangsfenster *(Advertised Receive Window)* verwaltet der Sender das Überlastungsfenster *(Congestion Window).*

Das Empfangsfenster vermeidet Überlast beim Empfänger und wird vom Empfänger angeboten *(advertised)*. Das Überlastungsfenster vermeidet die Überlastung des Netzes und wird vom Sender selbst festgelegt. Das Minimum beider Fenster ist die maximale Anzahl Bytes, die der Sender übertragen kann. Kann der Empfänger zum Beispiel 20 kB empfangen, aber der Sender weiß, dass bei 12 kB das Netz verstopft, dann sendet er nur 12 kB.

Der Sender kann jederzeit genau sagen, wie groß das Empfangsfenster ist, denn der Empfänger teilt es ihm mit jedem Segment mit. Im Gegensatz dazu ist die Festlegung der optimalen Größe des Überlastungsfensters eine Herausforderung für den Sender, denn er weiß zu keiner Zeit sicher, wie leistungsfähig das Netz ist. Zudem ist die Leistungsfähigkeit der Netze nicht statisch. Sie hängt u. a. von der aktuellen Auslastung und von Netzstörungen ab. Als Lösungsweg muss sich der Sender an das Maximum dessen, was das Netzwerk übertragen kann, herantasten.

Größe des Überlastungsfensters festlegen

Beim Verbindungsaufbau initialisiert der Sender das Überlastungsfenster auf die maximale Segmentgröße (MSS). Dabei sendet er zuerst ein Segment mit der Größe MSS. Wird der Empfang des Segments vor dem Timeout bestätigt, wird das Überlastungsfenster verdoppelt (siehe Abb. 8.11). Daraufhin werden zwei Segmente mit der Größe MSS gesendet. Wird der Empfang beider Segmente vor dem Timeout bestätigt, wird das Überlastungsfenster erneut verdoppelt, usw.

Das Überlastungsfenster wächst exponentiell bis das vom Empfänger festgelegte Empfangsfenster erreicht ist oder der Schwellenwert *(Threshold)* erreicht ist oder es zum Timeout kommt. Die exponentielle Wachstumsphase heißt, wegen der niedrigen Senderate des Sender am Anfang, *Slow Start* (RFC 2581).

Hat das Überlastungsfenster die Größe des Empfangsfensters erreicht, wächst es nicht weiter (siehe Abb. 8.12). Der Schwellenwert ist am Anfang der Übertragung 2^{16} Bytes $= 64$ kB, damit er zu Beginn keine Rolle spielt. Das Empfangsfenster ist maximal $2^{16} - 1$ Bytes groß. Dieser Wert ist durch die Größe des Datenfelds *Empfangsfenster* im TCP-Header festgelegt.

Kommt es zum Timeout, wird der Schwellenwert auf die Hälfte des Überlastungsfensters herabgesetzt und das Überlastungsfenster auf die Größe 1 MSS reduziert (siehe Abb. 8.12). Daraufhin

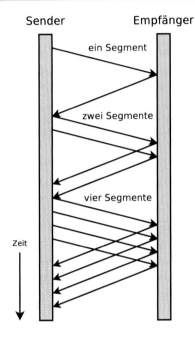

Abb. 8.11 Größe des
Überlastungsfensters
beim Verbindungsaufbau
festlegen

folt erneut die Phase Slow Start. Wird der Schwellenwert erreicht,
wächst das Überlastungsfenster linear bis das vom Empfänger festgelegte Empfangsfenster erreicht ist oder es zum Timeout kommt.
Die Phase des linearen Wachstums heißt *Congestion Avoidance*
(RFC 2581).

Fast Retransmit

Ein Timeout kann verschiedene Gründe haben. Außer der Überlast
des Netzes und der daraus resultierenden Verzögerung, kann auch
ein Verlust der Sendung oder ein Verlust der Bestätigung (ACK)
vorliegen.

Nicht nur Verzögerungen durch Überlast, sondern auch jedes
Verlustereignis reduziert das Überlastungsfenster auf 1 MSS. Das
bislang beschriebe Vorgehen entspricht dem veralteten Algorithmus zur Vermeidung von Überlast TCP *Tahoe* (1988). Modernere
TCP-Versionen unterscheiden zwischen einem Timeout wegen

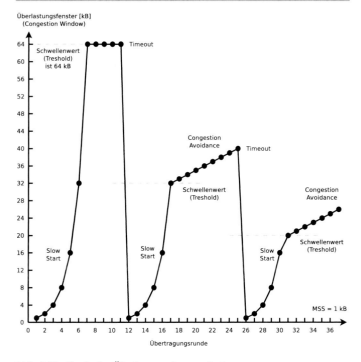

Abb. 8.12 Größe des Überlastungsfensters festlegen

Netzüberlast und dem mehrfachem Eintreffen von Bestätigungen wegen einem Verlustereignis.

Geht ein Segment verloren, entsteht im Datenstrom beim Empfänger eine Lücke. Der Empfänger sendet bei jedem weiteren nach dieser Lücke empfangenen Segment ein ACK für das Segment vor dem verlorenen Segment. Beim Segmentverlust ist eine Reduzierung des Überlastungsfensters auf 1 MSS unnötig, denn für einen Segmentverlust ist nicht zwingend Überlastung verantwortlich. Der modernere Algorithmus zur Vermeidung von Überlast TCP *Reno* (1990) sendet nach dreimaligem Empfang eines doppelten ACK das verlorene Segment neu (siehe Abb. 8.13). Dieses Vorgehen heißt *Fast Retransmit* (RFC 2581).

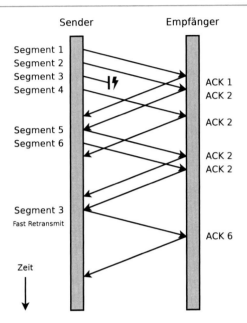

Abb. 8.13 Erneutes Senden eines verlorenen Segment nach dreimaligem Empfang eines doppelten ACK

Fast Recovery

TCP *Reno* vermeidet auch die Phase Slow Start nach dreimaligem Empfang eines doppelten ACK. Das Überlastungsfenster wird nach dreimaligem Empfang eines doppelten ACK direkt auf den Schwellenwert gesetzt. Dieses Vorgehen (siehe Abb. 8.14) heißt *Fast Recovery* (RFC 2581). Das Überlastungsfenster wächst mit jeder bestätigten Übertragung linear bis das vom Empfänger festgelegte Empfangsfenster erreicht ist oder es zum Timeout kommt.

Überlast vermeiden

Ein aktuellerer Algorithmus zur Vermeidung von Überlast mit dem Namen TCP *Vegas* (1994) versucht durch das Beobachten

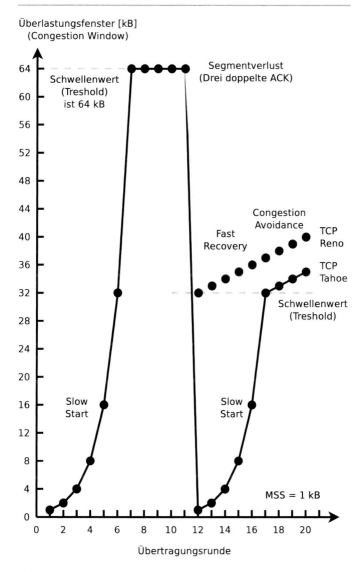

Abb. 8.14 Fast Recovery bei TCP *Reno* nach einem Segmentverlust

der Rundlaufzeit[3] *(Round Trip Time)* der Segmente bevorstehende
Verlustereignisse und damit die Netzüberlast zu vermeiden. Als
Reaktion darauf reduziert TCP *Vegas* die Größe des Überlastungs-
fensters linear.

Additive Increase/Multiplicative Decrease
TCP arbeitet nach dem Konzept der raschen Reduzierung des
Überlastungsfensters nach Timeouts oder Verlustereignissen und
des langsamen (linearen) Anwachsens des Überlastungsfensters.
So versucht TCP die Netzauslastung zu minimieren und dennoch
schnell auf Überlastungsanzeichen zu reagieren.

Dieses Konzept heißt *Additive Increase/Multiplicative Decrease* (AIMD). Der Grund für die aggressive Senkung und konserva-
tive Erhöhung des Überlastungsfensters ist, dass die Folgen eines
zu großen Überlastungsfensters schlimmer sind als die eines zu
kleinen Fensters. Ist das Fenster zu klein, bleibt verfügbare Bandbreite ungenutzt. Ist im Gegensatz dazu das Fenster zu groß, gehen
Segmente verloren und müssen erneut übertragen werden. Das
führt zu einer weiteren Verschärfung der Netzüberlast.

Der Zustand der Überlastung muss also möglichst rasch verlassen werden. Darum wird die Größe des Überlastungsfensters nach
einem Timeout oder Verlustereigniss deutlich reduziert.

Fensterskalierung
Bei der Kommunikation in einem lokalen Netzwerk mit Ethernet
liegt die Latenz meist bei maximal 1 ms. Kommunizieren Sender
und Empfänger jedoch über Breitbandinternetzugänge, hängt die
Latenz von der geographischen Entfernung zwischen den Kommunikationspartnern und den dazwischenliegenden Übertragungsmedien ab. In jedem Fall ist die Latenz um Faktor 10 bis 100 schlechter
als in einem lokalen Ethernet.

---

[3] Die Rundlaufzeit (RTT) bei TCP ist der Zeitraum vom Senden des Segments
(also von der Übergabe des Segments an die Vermittlungsschicht) bis zum
Empfang der Bestätigung (also bis zu dem Zeitpunkt, an dem das ACK von
der Vermittlungsschicht an die Transportschicht übergeben wird).

Um die Leistungsfähigkeit von Breitbandinternetzugängen auszunutzen, muss auch die Größe des Empfangsfensters wachsen, einfach weil die Reaktionsdauer der Kommunikationspartner zunimmt.

Via Fensterskalierung mit der TCP Window Scale Option (WSopt) gemäß RFC 1323 sind auch größere Empfangsfenster möglich. Es handelt sich um eine Erweiterung des TCP-Headers. Diese erlaubt es einen Skalierungsfaktor bis maximal 2^{14} anzugeben, mit dem das Empfangsfenster multipliziert wird. Die maximale Empfangsfenstergröße ist somit $2^{14} * 2^{16} = 2^{30} = 1.073.725.440$ Bytes, also 1 GB.

Die Voraussetzung für Fensterskalierung ist, dass beide Kommunikationspartner dieses unterstützen.

Anwendungsschicht

9

Die Anwendungsschicht ist die letzte Schicht des OSI-Referenz-modells und des hybriden Referenzmodells. Sie enthält die Anwendungsprotokolle und darauf aufbauende Dienste unter anderem zur Datenübertragung, Synchronisierung und Fernsteuerung von Rechnern und Namensauflösung.

Dieses Kapitel behandelt einige der bekanntesten Anwendungsprotokolle.

9.1   Domain Name System (DNS)

Das DNS (RFC 1034 und 1035) ist ein Protokoll zur Namensauflösung von Domainnamen zu IP-Adressen. DNS löste die lokalen Namenstabellen in der Datei `/etc/hosts` ab, die bis dahin für die Verwaltung der Namen/Adressen-Zuordnungen zuständig waren.

DNS basiert auf einem hierarchischen Namensraum. Die Information mit den Zuordnungen sind in separate Teile gegliedert und im gesamten Internet auf *Nameservern* verteilt.

Der *Domain-Namensraum* hat eine baumförmige Struktur. Die Blätter und Knoten heißen *Labels* und jeder Unterbaum ist eine

© Springer-Verlag GmbH Deutschland, ein Teil von Springer Nature 2022
C. Baun, *Computernetze kompakt*, IT kompakt,
https://doi.org/10.1007/978-3-662-65363-0_9

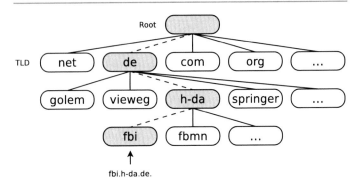

Abb. 9.1 Ausschnitt aus dem Domain-Namensraum

Domäne. Ein vollständiger Domainname besteht aus der Verkettung aller Labels[1] eines Pfades.

Domainnamen werden mit einem Punkt abgeschlossen. Dieser Punkt wird meist weggelassen, gehört rein formal aber zu einem vollständigen Domainnamen – *Fully Qualified Domain-Name* (FQDN) dazu. Ein vollständiger Domainname ist also zum Beispiel `fbi.h-da.de.`

9.1.1 Arbeitsweise des DNS

Domainnamen werden von rechts nach links aufgelöst (siehe Abb. 9.1). Je weiter rechts ein Label steht, umso höher steht es im Baum. Die erste Ebene unterhalb der Wurzel heißt *Top-Level-Domain* (TLD). Die DNS-Objekte einer Domäne (zum Beispiel die Rechnernamen) sind als Satz von *Resource Records* (RR) in einer Zonendatei gespeichert, die auf einem oder mehreren Nameservern vorhanden ist. Die Zonendatei heißt häufig einfach *Zone*.

Die 13 Root-Nameserver (A bis M) publizieren die *Root-Zone* des DNS. Die Domainnamen der Root-Nameserver haben die

---

[1] Label sind alphanumerische Zeichenketten. Als einziges Sonderzeichen ist der Bindestrich erlaubt. Labels sind 1 bis 63 Zeichen lang und dürfen nicht mit einem Bindestrich anfangen oder enden. Jedes Label endet mit einem Punkt.

Form `buchstabe.root-servers.net`. Die Root-Zone enthält ca. 3000 Einträge und ist die Wurzel des DNS. Sie enthält die Namen und IP-Adressen der für die TLDs zuständigen Nameserver. Root-Server bestehen nicht aus einem, sondern mehreren physischen Servern, die zu einem logischen Server zusammengeschlossen sind. Diese Rechner befinden sich an verschiedenen Standorten weltweit und sind via Anycast (siehe Abschn. 7.2) über dieselbe IP-Adresse erreichbar (siehe Tab. 9.1).

DNS-Anfragen werden üblicherweise über das verbindungslose Transportprotokoll UDP an Port 53 zum Namensserver gesendet. Antworten bis zu einer Größe von 512 Bytes senden Namensserver via UDP zu den Clients. Größere Antworten senden Namensserver über das Transportprotokoll TCP (RFC 7766).

Tab. 9.1 Root-Nameserver des DNS [23]

Name	IPv4-Adresse	IPv6-Adresse	Ort
A	198.41.0.4	2001:503:ba3e::2:30	verteilt (Anycast)
B	199.9.14.201	2001:500:200::b	verteilt (Anycast)
C	192.33.4.12	2001:500:2::c	verteilt (Anycast)
D	199.7.91.13	2001:500:2d::d	verteilt (Anycast)
E	192.203.230.10	2001:500:a8::e	verteilt (Anycast)
F	192.5.5.241	2001:500:2f::f	verteilt (Anycast)
G	192.112.36.4	2001:500:12::d0d	verteilt (Anycast)
H	198.97.190.53	2001:500:1::53	verteilt (Anycast)
I	192.36.148.17	2001:7fe::53	verteilt (Anycast)
J	192.58.128.30	2001:503:c27::2:30	verteilt (Anycast)
K	193.0.14.129	2001:7fd::1	verteilt (Anycast)
L	199.7.83.42	2001:500:9f::42	verteilt (Anycast)
M	202.12.27.33	2001:dc3::35	verteilt (Anycast)

9.1.2 Auflösung eines Domainnamens

Das folgende Szenario einer Namensauflösung des Domainnamens `fbi.h-da.de.` demonstriert die Arbeitsweise des DNS (siehe Abb. 9.2).

1. Im ersten Schritt prüft das Betriebssystem des anfragenden Endgeräts, ob in der lokalen Datei `/etc/hosts` die IP-Adresse für den Domainnamen `fbi.h-da.de.` hinterlegt ist. Ist das nicht der Fall, fragt das Endgerät bei dem DNS-Server nach, der entweder fest eingetragen ist oder per DHCP automatisch zugewiesen wurde.
2. Hat der DNS-Server des Endgeräts eine IP-Adresse für den angefragten Domainnamen zwischengespeichert, sendet er die Adresse an das Endgerät. Andernfalls fragt er einen der 13 Root-Nameserver nach der IP-Adresse für den Domainnamen `fbi.h-da.de.`
3. Der Root-Nameserver sendet die Domainnamen und IP-Adressen der Nameserver für die Zone `de.` zum DNS-Server des Endgeräts.
4. Der DNS-Server des Endgeräts fragt einen Nameserver für die Zone `de.` nach der IP-Adresse für den Domainnamen `fbi.h-da.de.`
5. Der Nameserver der Zone `de.` sendet die Domainnamen und IP-Adressen der Nameserver für die Zone `h-da.de.` zum DNS-Server des Endgeräts.
6. Der DNS-Server des Endgeräts fragt einen Nameserver für die Zone `h-da.de.` nach der IP-Adresse für den Domainnamen `fbi.h-da.de.`
7. Der Nameserver der Zone `h-da.de.` sendet die IP-Adresse für den Domainnamen `fbi.h-da.de.` zum DNS-Server des Endgeräts.
8. Der DNS-Server des Endgeräts sendet die IP-Adresse für den Domainnamen `fbi.h-da.de.` zum Endgerät.

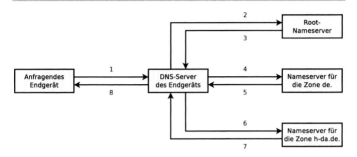

Abb. 9.2 Namensauflösung des Domainnamens `fbi.h-da.de`

9.2   Dynamic Host Configuration Protocol (DHCP)

Das in RFC 2131 spezifizierte Protokoll *Dynamic Host Configuration Protocol* (DHCP) ermöglicht die Zuweisung der Netzwerkkonfiguration (IP-Adresse, Netzmaske, Default-Gateway, Nameserver, usw.) an Netzwerkgeräte mit Hilfe eines *DHCP-Clients* durch einen *DHCP-Server*. DHCP verwendet UDP und die Ports 67 (Server oder Relay-Agent) und 68 (Client).

Mit DHCP werden Netzwerkeinstellungen automatisiert im LAN vergeben. Speziell bei mobilen Geräten ist es nicht sinnvoll, feste IP-Adressen zu vergeben, da man ansonsten bei Änderungen an der Topologie des Netzes auf allen Clients die Netzwerkeinstellungen anpassen müsste. Bei DHCP muss nur die Konfiguration des DHCP-Servers angepasst werden. Der DHCP-Server verfügt über einen Pool an IP-Adressen und verteilt diese an anfragende Clients.

Damit ein DHCP-Client einen DHCP-Server nutzen kann, müssen sich beide im selben logischen Netz befinden. Der Grund für diese Einschränkung ist, dass DHCP Broadcasts verwendet und Router keine Broadcasts weiterleiten. Liegt der DHCP-Server in einem anderen logischen Netz, muss ein *DHCP-Relay* die Anfragen an den DHCP-Server weiterleiten.

9.2.1 Arbeitsweise von DHCP

Ein DHCP-Client ohne IP-Adresse sendet via Broadcast eine Anfrage *(DHCP-Discover)* an die erreichbaren DHCP-Server. Es kann durchaus mehrere DHCP-Server in einem Subnetz geben. Die Absender-IP-Adresse des Broadcast ist 0.0.0.0 und die Zieladresse ist 255.255.255.255. Jeder erreichbare Server mit freien IP-Adressen in seinem Pool antwortet auf die Anfrage mit einem Adressangebot *(DHCP-Offer)*. Auch das Adressangebot wird als Broadcast mit der Zieladresse 255.255.255.255 gesendet.

Der Client nimmt ein Adressangebot an, indem er eine Anfrage *(DHCP-Request)* via Broadcast ins Netzwerk schickt. Die Nachricht enthält die ID des gewünschten DHCP-Servers. Eventuell vorhandene weitere DHCP-Server erkennen in der Nachricht die Absage für ihre Adressangebote. Der Server mit der passenden ID antwortet mit *DHCP-Ack* und markiert die Adresse in seinem Adresspool als vergeben.

Hat ein Server eine Adresse vergeben und dies mit *DHCP-Ack* bestätigt, trägt er in seiner Datenbank bei der Adresse ein *Lease* ein. Sind alle Adressen vergeben (verliehen), können keine weiteren Clients mit Adressen versorgt werden. Eintreffende Anfragen lehnt der Server dann mit *DHCP-Nak* ab.

Bevor der Client eine zugewiesene Adresse verwendet, prüft er mit einer ARP-Anforderung (siehe Abschn. 6.10), ob nicht versehentlich ein anderes Netzwerkgerät diese Adresse bereits verwendet. Antwortet ein anderes Netzwerkgerät auf die ARP-Anforderung, weist der Client die vom Server vorgeschlagene Adresse mit *DHCP-Decline* zurück.

Jede Adresse besitzt ein Verfallsdatum *(Lease Time)*. Dieses wird mit der Bestätigung *(DHCP-Ack)* an den Client übermittelt. Aktive Clients verlängern den *Lease* regelmäßig nach der Hälfte des Verfallsdatums mit einem erneuten *DHCP-Request*. Dieser wird direkt via Unicast an den Server gesendet und nicht per Broadcast. Der Server antwortet mit einer erneuten Bestätigung *(DHCP-Ack)* mit den identischen Daten wie vorher und einem neuen Verfallsdatum. Damit gilt die vergebene Adresse als verlängert. Es ist auch möglich, dass der Server die Verlängerung mit *DHCP-Nak* ablehnt.

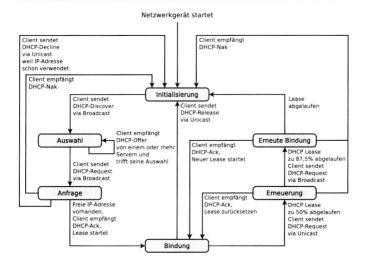

Abb. 9.3 Zustandsdiagramm von DHCP-Clients

Bleibt eine Antwortet des Servers aus, weil er beispielsweise nicht mehr existiert, kann der Client die Adresse weiter verwenden. Nach 7/8 der Lease-Zeit (87,5 %) versucht der Client eine Verlängerung der Adresse von irgendeinem DHCP-Server zu erhalten, indem er *DHCP-Request* als Broadcast an alle eventuell vorhandenen Server im Subnetz schickt. Der ursprüngliche oder ein neuer DHCP-Server kann die Adresse mit *DHCP-Ack* bestätigen oder via *DHCP-Nak* ablehnen.

Um eine Adresse vor dem Ablauf des Verfallsdatums zurückzugeben, sendet ein Client an den Server *DHCP-Release.*

Ist das Verfallsdatum abgelaufen, kann der Server die Adresse bei Anfragen neu vergeben. Der Client muss dann via *DHCP-Discover* erneut den Vorgang der initialen Adresszuweisung starten.

Das Zustandsdiagramm in Abb. 9.3 enthält die möglichen Zustände, in denen sich der DHCP-Client eines Netzwerkgeräts befinden kann und die Ereignisse und DHCP-Nachrichten, die dazu führen, dass es zum Zustandsübergang kommt.

9.2.2 Aufbau von DHCP-Nachrichten

Abb. 9.4 zeigt den Aufbau von DHCP-Nachrichten. Im Datenfeld *Operation* ist festgelegt, um was für eine DHCP-Nachricht es sich handelt. Bei einer Anforderung *(Request)* eines Clients hat das Datenfeld den Wert 1. Enthält die Nachricht eine Antwort *(Reply)* eines Servers, hat es den Wert 2.

Im Datenfeld *Netztyp* ist die Vernetzungstechnologie angegeben. Der Wert 1 steht für Ethernet. Das Datenfeld *Länge* definiert die Länge der physischen Netzadresse in Bytes. *Sekunden* enthält die Sekunden seit dem Start des DHCP-Clients. *Hops* ist ein optionales Datenfeld und gibt die Anzahl der DHCP-Relays auf dem Pfad an. Auch das Datenfeld *Dateiname* ist optional und enthält den Namen einer Datei, die sich der Client via Trivial File Trans-

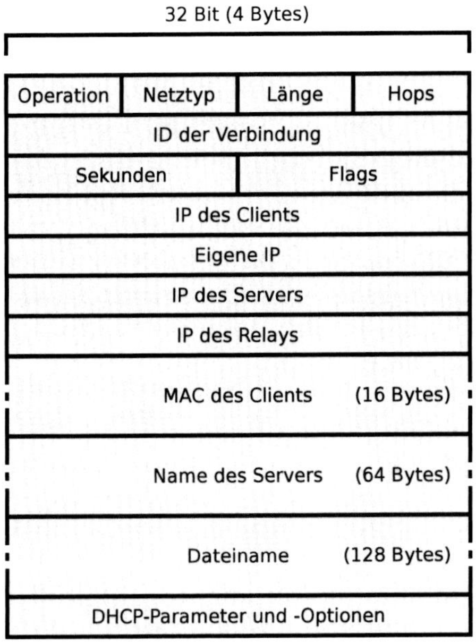

Abb. 9.4 Aufbau von DHCP-Nachrichten

fer Protocol (TFTP) holen soll. Damit kann ein Endgerät über das Netzwerk booten.

9.2.3 DHCP-Relay

Router trennen Broadcast-Domänen, lassen also Broadcasts nicht durch. DHCP-Anfragen werden aber via Broadcast gesendet. Soll DHCP mit einem DHCP-Server für mehrere Subnetze angeboten werden, müssen die Router so konfiguriert sein, dass sie DHCP-Nachrichten weiterleiten.

Ein Router, der als DHCP-Relay konfiguriert ist, sendet DHCP-Broadcast-Anfragen direkt via Unicast an den DHCP-Server. Der DHCP-Server kennt die IP-Adresse des Routers aus dem Datenfeld *IP des Relays* in der DHCP-Nachricht. Daher weiß der DHCP-Server auch, aus welchem Subnetz die DHCP-Anfrage kommt. Der DHCP-Server sendet sein Adressangebot auch via Unicast an den Router zurück, der die Nachricht in das Netz weiterleitet, aus dem die Anfrage gekommen ist.

9.3 Telecommunication Network (Telnet)

Telnet (RFC 854) ist ein Protokoll zur Fernsteuerung von Rechnern. Es ermöglicht zeichenorientierten Datenaustausch über TCP und verwendet standardmäßig Port 23. Telnet eignet sich nur für Anwendungen ohne grafische Benutzeroberfläche und bietet keine Verschlüsselung[2]. Auch die Passwörter werden im Klartext versendet.

Telnet ist wegen der fehlenden Verschlüsselung heute zu unsicher für entferntes Arbeiten. Das Protokoll wird aber häufig zur Fehlersuche bei anderen Diensten, zum Beispiel Web-Servern,

---

[2] Das Protokoll *Secure Shell – SSH* (RFC 4251) ermöglicht eine verschlüsselte und damit sichere Fernsteuerung von Rechnern. Es ist die sichere Alternative zu Telnet und verwendet TCP und standardmäßig Port 22.

FTP-Servern oder SMTP-Servern, und zur Administration von Datenbanken sowie in LANs eingesetzt. Telnet-Clients können sich mit beliebigen Portnummern verbinden. Das ermöglicht dem Administrator, über einen Telnet-Client Kommandos an Web-Server, FTP-Server oder SMTP-Server zu senden und unverfälscht deren Reaktion zu beobachten.

Telnet basiert auf dem Standard *Network Virtual Terminal* (NVT), was soviel bedeutet wie virtuelles Netzwerkterminal und im Prinzip eine herstellerunabhängige Schnittstelle ist. NVT ist ein Konvertierungskonzept für unterschiedliche Datenformate, das von allen Telnet-Implementierungen auf allen Hardwareplattformen unterstützt wird. Ein NVT besteht aus einem Eingabegerät und einem Ausgabegerät, die jeweils nur bestimmte Zeichen erzeugen bzw. anzeigen können. Telnet-Clients konvertieren die Tasteneingaben und Kontrollanweisungen in das NVT-Format und übertragen diese Daten an den Telnet-Server, der sie wiederum dekodiert und weiterreicht.

NVT arbeitet mit Informationseinheiten von je 8 Bits (1 Byte) und verwendet die 7-Bit-Zeichenkodierung US-ASCII. Das höchstwertige Bit jedes Zeichens wird mit Null aufgefüllt, um auf 8 Bits zu kommen.

Tab. 9.2 enthält die Kontrollanweisungen von NVT. Die ersten drei Kontrollzeichen versteht jeder Telnet-Client und -Server. Die übrigen fünf Kontrollzeichen sind optional.

9.4   Hypertext Transfer Protocol (HTTP)

HTTP ist ein zustandsloses[3] Protokoll zur Übertragung von Daten. Der Haupteinsatzzweck von HTTP ist es, Webseiten aus dem World Wide Web (WWW) in einen Browser laden. Zur Kommu-

---

[3] Zustandslos bedeutet, dass jede HTTP-Nachricht alle nötigen Informationen enthält, um die Nachricht zu verstehen. Der Server hält keine Zustands- bzw. Sitzungsinformation über den Client vor, und jede Anfrage ist eine von anderen Anfragen unabhängige Transaktion.

Tab. 9.2 Telnet-Kontrollanweisungen

Name	Code	Beschreibung
NULL	NUL	No operation
Line Feed	LF	Zeilenvorschub (nächste Zeile, gleiche Spalte)
Carriage Return	CR	Wagenrücklauf (gleiche Zeile, erste Spalte)
BELL	BEL	Hörbares oder sichtbares Signal
Back Space	BS	Cursor eine Position zurück bewegen
Horizontal Tab	HT	Horizontaler Tabulatorstopp
Vertical Tab	VT	Vertikaler Tabulatorstopp
Form Feed	FF	Cursor in die erste Spalte der ersten Zeile bewegen und Terminal löschen

nikation ist HTTP auf ein zuverlässiges Transportprotokoll angewiesen. In den allermeisten Fällen wird TCP verwendet.

Jede HTTP-Nachricht besteht aus einem *Nachrichtenkopf (HTTP-Header)* und dem Nachrichtenkörper *(Body)*. Der Nachrichtenkopf enthält unter anderem Informationen zu Kodierung, gewünschter Sprache, Browser und Inhaltstyp. Der Nachrichtenkörper enthält die Nutzdaten, wie den HTML-Quelltext einer Webseite.

Wird via HTTP auf eine URL (zum Beispiel http://www. informatik.hs-mannheim.de/ baun/index.html) zugegriffen, wird an den Rechner mit dem Hostnamen www.informatik.hs-mannheim.de eine Anfrage für die Ressource /~baun/index.html gesendet. Zuerst wird der Hostname via DNS in eine IP-Adresse aufgelöst. Über TCP wird zu Port 80, auf dem der Web-Server üblicherweise arbeitet, folgende HTTP-GET-Anforderung gesendet:

```
GET /~baun/index.html HTTP/1.1
Host: www.informatik.hs-mannheim.de
```

Die Darstellung ist verkürzt, da ein Browser außer der HTTP-GET-Anforderung noch weitere Informationen sendet, wie zum Beispiel Informationen über sich selbst und die Sprache des Clients. Die hier angegebene HTTP-GET-Anforderung genügt aber völlig.

Der Nachrichtenkopf einer HTTP-Nachricht wird mit einem Line Feed (LF) und einem Carriage Return (CR) vom Nachrichtenkörper abgegrenzt. Im Beispiel hat die HTTP-Anforderung aber keinen Nachrichtenkörper. Die HTTP-Antwort des Web-Servers besteht aus einem Nachrichtenkopf und dem Nachrichtenkörper mit der eigentlichen Nachricht. In diesem Fall enthält der Nachrichtenkörper den Inhalt der angeforderten Datei index.html.

```
HTTP/1.1 200 OK
Date: Sun, 04 Sep 2011 15:19:13 GMT
Server: Apache/2.2.17 (Fedora)
Last-Modified: Mon, 22 Aug 2011 12:37:04 GMT
ETag: "101ec1-2157-4ab17561a3c00"
Accept-Ranges: bytes
Content-Length: 8535
Keep-Alive: timeout=13, max=499
Connection: Keep-Alive
Content-Type: text/html

<!DOCTYPE HTML PUBLIC "-//W3C//DTD HTML 4.01
    Transitional//EN"
        "http://www.w3.org/TR/html4/loose.dtd
            ">
<html>
...
</html>
```

Jede HTTP-Antwort enthält einen *Statuscode,* der aus drei Ziffern besteht, und eine Textkette, die den Grund für die Antwort beschreibt. Tab. 9.3 enthält einige bekannte Statuscodes von HTTP.

Mit HTTP/1.0, HTTP/1.1, HTTP/2 und HTTP/3 existieren vier Protokollversionen. Bei der Kommunikation via HTTP/1.0 (RFC 1945) wird vor jeder Anfrage an den Server eine neue TCP-Verbindung aufgebaut und nach der Übertragung der Antwort standardmäßig vom Server wieder geschlossen (siehe Abb. 9.5). Enthält ein HTML-Dokument Referenzen auf zum Beispiel 10 Bilder, sind also 11 TCP-Verbindungen zur Übertragung an den Client nötig.

Bei HTTP/1.1 (RFC 2616) wird standardmäßig kein Verbindungsabbau durchgeführt. So kann die Verbindung immer wieder verwendet werden. Für den Transfer eines HTML-Dokuments

Tab. 9.3 Statuscodes von HTTP-Servern

Statuscode	Bedeutung	Beschreibung
200	OK	Anfrage erfolgreich bearbeitet. Ergebnis wird in der Antwort übertragen
202	Accepted	Anfrage akzeptiert, wird aber zu einem späteren Zeitpunkt ausgeführt
204	No Content	Anfrage erfolgreich durchgeführt. Antwort enthält bewusst keine Daten
301	Moved Permanently	Ressource verschoben. Die alte Adresse ist nicht länger gültig
307	Temporary Redirect	Ressource verschoben. Die alte Adresse bleibt gültig
400	Bad Request	Anfrage war fehlerhaft aufgebaut
401	Unauthorized	Anfrage kann nicht ohne gültige Authentifizierung durchgeführt werden
403	Forbidden	Anfrage mangels Berechtigung des Clients nicht durchgeführt
404	Not Found	Ressource vom Server nicht gefunden
500	Internal Server Error	Unerwarteter Serverfehler

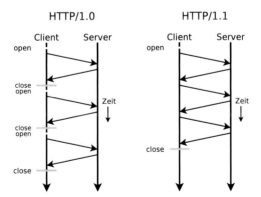

Abb. 9.5 Unterschied zwischen HTTP/1.0 und HTTP/1.1

mit 10 Bildern ist somit nur eine einzige TCP-Verbindung nötig. Dadurch wird das Dokument schneller geladen. Zudem können abgebrochene Übertragungen bei `HTTP/1.1` fortgesetzt werden.

Das im Mai 2015 als Nachfolger von HTTP/1.1 verabschiedete `HTTP/2` (RFC 7540) beschleunigt abermals die Datenübertragung unter anderem durch eine Kompression des Headers mit dem Algorithmus HPACK (RFC 7541). Zudem ermöglicht `HTTP/2` das Zusammenfassen *(Multiplex)* von Anfragen und ein Server kann von sich aus Daten senden *(Server Push)*, von denen er weiß, dass sie der Browser umgehend benötigen wird. Beispiele für solche Daten sind CSS-Dateien (Cascading Style Sheets), die die Darstellung der Webseiten definieren, Bilddateien oder Script-Dateien.

Abb. 9.6 zeigt die Arbeitsweise der verschiedenen HTTP-Versionen bei der Anforderung einer Webseite und typischer zugehöriger Dateien. Im konkreten Fall ist es eine CSS-Datei `style.css`, eine Bilddatei `image.png` und eine Script-Datei `script.js`. Damit der Server-Push via HTTP/2 funktioniert, muss in der Konfigurationsdatei des Webservers definiert sein, welche Dateien bei einer Anforderung der Webseite `index.html` automatisch ausgeliefert werden sollen.

Anhand Abb. 9.6 wird deutlich, wie HTTP bislang mit jeder neuen Version eine Verkürzung der Ladezeiten erreicht hat.

Da `HTTP/2` kein textbasiertes, sondern ein binäres Protokoll ist, kann nicht mit einfachen Werkzeugen wie Telnet oder `nc` darüber kommuniziert werden, um beispielsweise einen Server zu untersuchen.

Auch `HTTP/3` enthält tiefgreifende Veränderungen im Vergleich zu den Vorgängerprotokollen. Während es bei HTTP/1 und HTTP/2 üblich ist, das Transportprotokoll TCP zur Übertragung der Nachrichten zu verwenden, baut HTTP/3 auf dem Transportprotokoll QUIC (RFC 8999, RFC 9000, RFC 9001 und RFC 9002) auf, das ursprünglich von Google entwickelt wurde, und selbst auf dem verbindungslosen Transportprotokoll UDP aufbaut.

QUIC implementiert eine Verschlüsselung via TLS und beschleunigt den Verbindungsaufbau, denn der Handshake von QUIC erfordert den Austausch von weniger Nachrichten als das bei TCP mit anschließender TLS-Verschlüsselung der Fall ist.

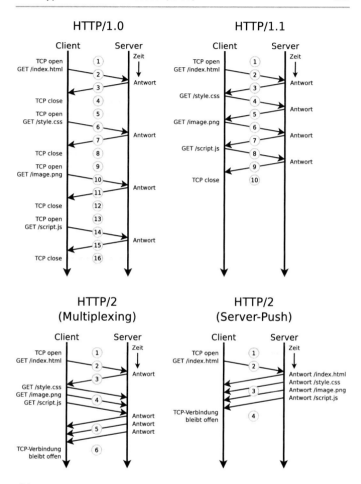

Abb. 9.6 Vergleich der HTTP-Versionen anhand der Anforderung einer Webseite und zugehöriger Dateien

Gleichzeitig implementiert QUIC mehrere von TCP gewohnte Funktionen. Beispiele sind die Verwendung von Bestätigungen und Zeitschranken (Timeouts) zur Erkennung von während der Übertragung verlorener Daten und zur Realisierung von Fluss-

kontrolle (siehe Abschn. 8.4.3). Zudem implementiert QUIC eine
Überlastkontrolle mit Fast Recovery (siehe Abschn. 8.4.4).

9.5   Simple Mail Transfer Protocol (SMTP)

SMTP (RFC 5321) ist ein Protokoll, das den Austausch (Versand)
von Emails via TCP ermöglicht. Standardmäßig verwendet das
Protokoll Port 25. Das Abholen von Emails erfolgt mit den Protokollen POP3 oder IMAP. Zum Versand von Emails verbindet sich
das Mailprogramm des Benutzers mit einem SMTP-Server, der die
Emails ggf. über weitere SMTP-Server zum Ziel weiterversendet.
Da SMTP ein textbasiertes Protokoll ist, kann man sich auch via
Telnet oder alternativ via `nc` mit einem SMTP-Server verbinden
und so auch Emails *von Hand* versenden.

Die Absender- und Empfängeradresse sind bei SMTP frei wähl-
bar. Die Adressen im `MAIL FROM`- und `RCPT TO`-Kommando
können sich von den Adressen in den Feldern `From` und `To` im
Header der Email unterscheiden. Eine Authentifizierung findet
nicht zwingend statt. In SMTP gibt es also keine Verlässlichkeit
der Absenderangabe in Emails.

Ein SMTP-Server antwortet auf Anfragen mit dreistelligen Statuscodes (siehe Tab. 9.4) und kurzen Texten, die variieren oder
entfallen können. Tab. 9.5 enthält einige SMTP-Kommandos.

Tab. 9.4 Statuscodes von SMTP-Servern

Statuscode	Beschreibung
2xx	Kommando erfolgreich ausgeführt
4xx	Temporärer Fehler. Wird das Kommando wiederholt, ist die Ausführung eventuell möglich
5xx	Fataler Fehler. Kommando kann nicht ausgeführt werden

Tab. 9.5 SMTP-Kommandos

Kommando	Funktion
HELO	SMTP-Sitzung starten und Client identifizieren
MAIL From:<...>	Email-Adresse des Absenders angeben
RCPT To:<...>	Email-Adresse des Empfängers angeben
DATA	Inhalt der Email angeben
RSET	Eingabe einer Email abbrechen
NOOP	Keine Operation. Hält die Verbindung aufrecht
QUIT	Beim SMTP-Server abmelden

Wegen der fehlenden Sicherheitsmerkmale ist der Betrieb eines SMTP-Servers nicht ohne Sicherheitsrisiken. Es existiert aber Zusatzsoftware, die die Funktionalität von SMTP-Servern erweitert. Die Realisierung von Zugangskontrolle, Sicherung von Echtheit und Integrität sowie Vertraulichkeit via Verschlüsselung können unter anderem mit SMTP-Auth, SMTPS, PGP, S/MIME und SSL/TLS realisiert werden.

9.6 Post Office Protocol Version 3 (POP3)

Das Protokoll POP (RFC 918) ermöglicht das Auflisten, Abholen und Löschen von Emails von einem Email-Server und verwendet TCP und standardmäßig Port 110. Die aktuelle Version ist Version 3 (POP3), die erstmals 1988 (RFC 1081) beschrieben wurde. Die aktuellste Beschreibung befindet sich in RFC 1939 von 1996. Die vollständige Kommunikation wird bei POP3 im Klartext übertragen. Da es sich um ein textbasiertes Protokoll handelt, kann man via Telnet oder alternativ via nc Emails auch *von Hand* auflisten, abholen und löschen. Tab. 9.6 enthält einige SMTP-Kommandos.

Tab. 9.6 POP3-Kommandos

Kommando	Funktion
USER xxx	Benutzernamen auf dem Server angeben
PASS xxx	Passwort angeben
STAT	Anzahl aller Emails im Postfach und deren Gesamtgröße (in Byte) ausgeben
LIST (n)	Nachrichtennummern und Größe der (n-ten) Email(s) ausgeben
RETR n	Die n-te Email vom Server ausgeben
DELE n	Die n-te Email vom Server löschen
RSET	Alle DELE-Kommandos zurücksetzen
NOOP	Keine Operation. Hält die Verbindung aufrecht
QUIT	Am Server abmelden und die DELE-Kommandos ausführen

9.7   File Transfer Protocol (FTP)

FTP (RFC 959) ist ein Protokoll, das das Herunterladen von Dateien von FTP-Servern und Hochladen zu diesen ermöglicht. Der vollständige Datenaustausch via FTP erfolgt im Klartext. Das schließt auch das Senden von Passwörtern mit ein.

Sind FTP-Server und -Client miteinander verbunden, besteht zwischen beiden eine TCP-Verbindung *(Control Port)*. Über diese Verbindung werden die Steuerkommandos zum Server gesendet. Dafür verwendet FTP standardmäßig Port 21. Auf jedes Kommando antwortet der Server mit einem Statuscode und meistens noch mit einem erklärenden Text.

Für jeden Vorgang wird jeweils eine separate TCP-Verbindung *(Data Port)* aufgebaut. Diese Verbindungen werden zum Senden und Empfangen von Dateien und zur Übertragung von Verzeichnislisten verwendet. Dafür verwendet FTP standardmäßig Port 20. FTP-Verbindungen können im *aktiven Modus* und im *passiven Modus* aufgebaut werden.

Bei aktivem FTP *(Active Mode)* öffnet der Client einen Port mit einer Portnummer größer 1023 und teilt diese und die eigene IP

dem Server via `PORT`-Kommando mit. Der Server baut anschließend die FTP-Verbindung zwischen seinem Port 20 und dem
Client-Port auf. Der Verbindungsaufbau geht also vom Server aus.

Bei passivem FTP *(Passive Mode)* sendet der Client das `PASV`-
Kommando an den Server. Dieser öffnet einen Port und sendet eine
Nachricht an den Client, in der er diesem die Portnummer mitteilt.
Der Client öffnet einen Port mit einer Portnummer größer 1023
und baut die FTP-Verbindung von seinem Port zum Server-Port
auf. Der Verbindungsaufbau geht also vom Client aus. Passives
FTP wird unter anderem dann verwendet, wenn der Client hinter
einer Firewall liegt.

FTP-Server beantworten jedes Kommando mit einem Statuscode, der über den Status der Kommunikation zwischen Client und FTP-Server Auskunft gibt. Tab. 9.7 enthält einige FTP-
Kommandos und Tab. 9.8 die Statuscodes.

Da FTP ein textbasiertes Protokoll ist, kann man auch via Telnet
oder alternativ via `nc` mit FTP-Servern arbeiten.

Tab. 9.7 FTP-Kommandos

Kommando	Funktion
ABOR	Dateiübertragung abbrechen
CWD	Verzeichnis wechseln *(Change Working Directory)*
DELE	Datei löschen
LIST	Informationen über Datei oder Verzeichnis ausgeben
NOOP	Keine Operation. Hält die Verbindung aufrecht
PASS	Passwort angeben
PASV	In den Modus Passives FTP wechseln
PORT	IP und Portnummer für aktives FTP dem Server angeben
PWD	Aktuelles Verzeichnis ausgeben *(Print Working Directory)*
QUIT	Beim FTP-Server abmelden
SIZE	Größe einer Datei ausgeben
STAT	Status der Verbindung ausgeben
USER	Benutzernamen angeben

Tab. 9.8 Statuscodes von FTP-Servern

Statuscode	Beschreibung
1xx	Kommando akzeptiert, aber noch nicht fertig ausgeführt
2xx	Kommando erfolgreich ausgeführt
3xx	Weitere Informationen sind vom Client nötig
4xx	Temporärer Fehler. Wird das Kommando wiederholt, ist die Ausführung eventuell möglich
5xx	Fataler Fehler. Kommando kann nicht ausgeführt werden

Eine verschlüsselte Alternative zu FTP ist das SSH File Transfer Protocol, das auch Secure File Transfer Protocol (SFTP) genannt wird und üblicherweise zusätzlich zu SSH auf Port 22 angeboten wird.

Netzwerkvirtualisierung 10

Netzwerkvirtualisierung ist ein Schlagwort für unterschiedliche Ansätze, um Netzwerkressourcen zu logischen Einheiten zusammenzufassen oder aufzuteilen. Vorteile der Netzwerkvirtualisierung sind Unabhängigkeit von den physischen Gegebenheiten und Flexibilität sowie eine höhere Sicherheit gegenüber Datendiebstahl und menschlichen Fehlern.

Varianten der Netzwerkvirtualisierung sind Virtual Private Networks (VPN) und Virtual Local Area Networks (VLAN).

10.1 Virtual Private Networks (VPN)

VPNs sind virtuelle private Netze (logische Teilnetze) innerhalb öffentlicher Netze (zum Beispiel das Internet). Ein Teilnehmer kann physisch an einem öffentlichen Netz angeschlossen sein, ist jedoch via VPN einem privaten Netz zugeordnet. Häufige Einsatzszenarien von VPNs sind:

- *Site-to-Site VPN* verbindet zwei Standorte zu einem einzigen Netzwerk (siehe Abb. 10.1). Ein sinnvolles Szenario ist die Integration entfernter Unternehmensstandorte in ein Firmennetz.

© Springer-Verlag GmbH Deutschland, ein Teil von Springer Nature 2022
C. Baun, *Computernetze kompakt*, IT kompakt,
https://doi.org/10.1007/978-3-662-65363-0_10

Abb. 10.1 Site-to-Site VPN

Abb. 10.2 Remote Access VPN bzw. End-to-Site VPN

- *Remote Access VPN* oder *End-to-Site VPN* integriert einen Rechner in ein entferntes Netzwerk (siehe Abb. 10.2). Der VPN-Client baut dabei eine Verbindung zum entfernten VPN-Gateway auf. Ein häufiges Einsatzszenario ist die Integration von Home-Office-Arbeitsplätzen in das LAN eines Unternehmens oder einer Behörde, damit alle Mitarbeiter mit identisch hohen Sicherheitsstandards auch von zuhause über das Firmennetz arbeiten können.

Ein Vorteil von VPN ist die Möglichkeit der Verschlüsselung, was zu einer höheren Sicherheit führt. Es besteht auch via VPN die Möglichkeit, Zugriffe ins Internet nicht über den lokalen Internetanschluss durchzuführen, sondern über das via Remote Access VPN zugeordnete Netz. Das führt je nach Anwendungszweck nicht nur zu einer höheren Sicherheit, sondern auch zu freierem und eventuell anonymem Arbeiten in Regionen mit Zensurbeschränkungen. Ein weiteres sinnvolles Einsatzgebiet von VPN sind Campusnetzwerke mit WLAN.

10.1.1 Technische Arten von VPNs

VPN kann auf der Sicherungsschicht, Vermittlungsschicht und auf der Transportschicht realisiert werden.

Ein *Layer-2-VPN* kann als Site-to-Site VPN oder Remote Access VPN konzipiert sein und zum Beispiel auf dem Point-to-Point Tunneling Protocol (PPTP) oder dem Layer 2 Tunneling Protocol (L2TP) basieren. Hierbei kapseln die beteiligten VPN-Gateways und -Clients die Netzwerkrahmen, zum Beispiel PPP-Rahmen von Modem-, ISDN- oder DSL-Anschlüssen, durch zusätzliche Rahmen-Header.

Layer-3-VPN ist meist Site-to-Site VPN. Jeder teilnehmende Standort benötigt eine VPN-Client-Software oder Hardwarelösung (VPN-Gateway). IP-Pakete werden an Tunnelenden mit einem VPN-Protokoll gekapselt, zum anderen Tunnelende übertragen und dort entpackt. Ein VPN-Tunnel ist somit eine virtuelle Verbindung zwischen zwei Enden (Standorten). Ein verbreitetes Protokoll für *Layer-3-VPN* ist das Internet Protocol Security (IPsec).

Bei einem *Layer-4-VPN* handelt es sich meist um ein Remote Access VPN, das auf dem Protokoll Transport Layer Security (TLS) basiert. TLS ist auch unter der älteren Bezeichnung Secure Sockets Layer (SSL) bekannt. Es ermöglicht eine sichere Kommunikation via TLS/SSL-Header, aber kein Tunneling wie *Layer-3-VPN*. Als Client-Software genügt ein Webbrowser.

IPsec und damit *Layer-3-VPN* ist meist die Basis für Site-to-Site VPN, da Remote Access VPN zwingend einen VPN-Client erfordert. TLS/SSL und damit *Layer-4-VPN* ist meist die Basis für Remote Access VPN, da hier als Client ein Webbrowser genügt und keine weitere Software auf der Seite der Clients nötig ist.

10.2   Virtual Local Area Networks (VLAN)

Verteilt aufgestellte Geräte können via VLAN in einem einzigen virtuellen (logischen) Netzwerk zusammengefasst werden. VLANs trennen physische Netze in logische Teilnetze (Overlay-Netze), denn VLAN-fähige Switches leiten Datenpakete eines VLAN nicht in ein anderes VLAN weiter. Somit bildet ein VLAN ein nach außen isoliertes Netz über bestehende Netze. Das macht es möglich, zusammengehörende Geräte und Dienste in eigenen VLANs zu konsolidieren und somit die Sicherheit zu verbessern. Ein Vorteil von VLAN ist, dass es andere Netze nicht beeinflusst.

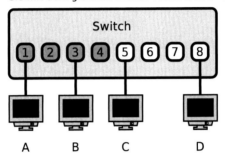

Nur Knoten A und B sowie Knoten C und D
können miteinander kommunizieren, obwohl
Sie mit dem gleichen Switch verbunden sind

Abb. 10.3 Statisches VLAN

Die beiden existierenden Typen von VLAN sind das veraltete *statische VLAN* und das modernere Konzept des *dynamischen VLAN*.

Beim statischen VLAN werden die Anschlüsse eines Switches in logische Switches unterteilt. Jeder Anschluss ist fest einem VLAN zugeordnet oder verbindet unterschiedliche VLANs. Ein Beispiel für einen Switch, dessen Schlüsse auf zwei VLANs aufgeteilt sind, ist in Abb. 10.3 zu sehen. Dort sind die ersten vier Anschlüsse einem VLAN zugeordnet und die übrigen vier Anschlüsse einem anderen VLAN. Ein Nachteil dieses Konzepts ist, dass es schlecht automatisierbar ist.

Bei dynamischem VLAN nach IEEE 802.1Q enthalten die Netzwerkrahmen eine spezielle VLAN-Markierung *(Tag)*. Vor der Standardisierung 1998 durch das IEEE Konsortium existierten proprietäre paketbasierte VLAN-Lösungen wie der Cisco Inter-Switch Link (ISL) und Virtual LAN Trunk (VLT) von 3Com. Diese Lösungen wurden später im Standard IEEE 802.1Q zusammengefasst. Ein Vorteil von dynamischem VLAN ist, dass es mit Hilfe von Skripten rein softwaremäßig erzeugt, verändert und entfernt werden kann.

Abb. 6.21 in Abschn. 6.4 zeigt einen Ethernet-Rahmen (IEEE 802.3) mit VLAN-Tag (IEEE 802.1Q). Die VLAN-Markierung

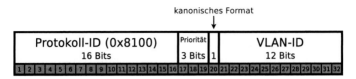

Abb. 10.4 VLAN-Markierung in einem Ethernet-Rahmen

umfasst 32 Bits und ist in drei Datenfelder unterteilt (siehe Abb. 10.4).

Die Protokoll-ID (16 Bits) hat immer den Wert 0×8100. 3 Bits repräsentieren die Priorität (QoS). Der Wert 0 steht für die niedrigste und der Wert 7 für die höchste Priorität. Damit können bestimmte Daten (z. B. VoIP) priorisiert werden. Das kanonisches Format (1 Bit) legt fest, welches das höchstwertiges Bit der MAC-Adressen ist. Bei Ethernet hat dieses Datenfeld den Wert 0 und bei Token Ring den Wert 1. Die übrige 12 Bits enthalten die ID des VLAN, zu dem das Paket im Rahmen gehört. Mit 12 Bits können 4096 unterschiedliche VLANs adressiert werden.

Häufige Einsatzgebiete von dynamischem VLAN sind Rechenzentren oder auch Büros zuhause. Dabei findet sinnvollerweise eine Trennung des Datenverkehrs nach ökonomischen Gesichtspunkten statt. Zudem ermöglicht VLAN eine Absicherung vor Bedienfehlern und fehlerhafter Software. Beispielsweise bietet sich die Einrichtung eines VLAN als „Produktionsnetz" mit den wichtigen Diensten und ein zusätzliches VLAN für Experimente, Projektarbeiten oder Computerspiele an.

Bei Cloud-Computing-Infrastrukturdiensten wie zum Beispiel der freien Lösung Eucalyptus [17], ist jede virtuelle Maschine (Instanz) einer sogenannten Sicherheitsgruppe zugeordnet. Jede Sicherheitsgruppe hat eigene Firewall-Regeln. Ein Infrastrukturdienst auf Basis von Eucalyptus kann für jede Sicherheitsgruppe ein eigenes VLAN anlegen, mit dem Ziel der Isolation des Datenverkehrs der Instanzen anhand der Sicherheitsgruppen.

Ein weiteres Einsatzgebiet ist IPTV. Bei Telekom Entertain zum Beispiel erhalten die Kunden einen DSL-Anschluss mit Festnetzanschluss und IPTV. Das System verwendet zwei VLANs, um den IPTV-Datenverkehr zu bevorzugen. Das „normale" Internet wird via PPPoE über das VLAN mit der ID 7 übertragen und das IPTV ohne Einwahl über das VLAN mit der ID 8.

Kommandozeilenwerkzeuge

11

Zur Netzwerkkonfiguration und Analyse von Netzwerkproblemen existieren für die verbreiteten Betriebssysteme zahlreiche Werkzeuge. In diesem Kapitel finden Sie eine Übersicht über die wichtigsten Kommandozeilenwerkzeuge für Linux-/UNIX-Betriebssysteme. Diese sind häufig unter gleichem oder ähnlichem Namen auch unter Mac OS X oder Microsoft Windows verfügbar oder können mit geringem Aufwand nachinstalliert werden. Tab. 11.1 enthält eine Zuordnung der Werkzeuge zu den Schichten des hybriden Referenzmodells (siehe Abb. 4.3). Bei zahlreichen Werkzeugen ist es nicht möglich, diese nur einer einzigen Schicht zuzuordnen, da sie an den Schnittpunkten der Schichten arbeiten.

Alle in diesem Kapitel vorgestellten Werkzeuge bieten eine große Anzahl an Funktionen. Dementsprechend kann ihr Verhalten mit zahlreichen Kommandozeilenparametern beeinflusst werden. Eine vollständige Auflistung dieser Funktionen und der entsprechenden Kommandozeilenparameter ist im Rahmen dieses Werkes nicht möglich. Es können nur eine knappe Auswahl an konkreten Einsatzszenarien und die wichtigsten Funktionen vorgestellt werden. Für eine detaillierte Auseinandersetzung mit den verfügbaren Kommandozeilenparametern ist eine Recherche der Hilfe- und Dokumentationsseiten *(Man-Pages)* der Kommandozeilenwerkzeuge unerlässlich.

Mit Kommandozeilenwerkzeugen der Bitübertragungsschicht wie z. B. `ethtool` und `mii-tool` werden der Verbindungsstatus sowie diverse Verbindungsparameter (u. a. die Datenrate und

© Springer-Verlag GmbH Deutschland, ein Teil von Springer Nature 2022
C. Baun, *Computernetze kompakt*, IT kompakt,
https://doi.org/10.1007/978-3-662-65363-0_11

der Verbindungsmodus) kontrolliert und angepasst. Werkzeuge für
WLAN-Funknetze wie z. B. `iwlist` und `iwconfig` ermöglichen zudem das Auffinden gewünschter Funknetze und das Verbinden[1] mit diesen.

Werkzeuge der Sicherungsschicht ermöglichen u. a. die Kontrolle der physischen Adressen (MAC-Adressen) und teilweise
auch deren temporäre Änderung. Zudem können einige Werkzeuge (wie z. B. `ifconfig` und `ip`) Netzwerkschnittstellen auf
der Ebene der Sicherungsschicht aktivieren und deaktivieren.

Mit Werkzeugen der Vermittlungsschicht (z. B. `ifconfig` und
`ip`) werden die logischen Adressen (IP-Adressen) kontrolliert,
manuell zugewiesen und die lokale Routing-Tabelle (z. B. mit
`route` oder `ip`) angepasst. Dieser Schicht zugeordnet sind auch
Werkzeuge wie `arp` zur Kontrolle und Modifikation der Einträge
im lokalen ARP-Cache.

Werkzeuge für die Transportschicht wie z. B. `netstat` und
`nmap` ermöglichen die Kontrolle der laufenden Serverdienste und
damit die Beobachtung der erreichbaren Portnummern.

Die Werkzeuge der Anwendungsschicht sind häufig Client-
Anwendungen, die Anwendungsprotokolle verwenden, um mit
Serverdiensten zu interagieren. In diesem Kontext findet u. a.
die Namensauflösung (z. B. mit `nslookup`), die automatische
Zuweisung von IP-Adressen via DHCP (z. B. mit `dhclient`),
der Transfer von Dateien (z. B. via `ftp`) und die Fernsteuerung
von Rechnern (z. B. via `telnet` oder `ssh`) statt.

Ein Grund, warum sich dieses Kapitel auf die Vorstellung der
Kommandozeilenwerkzeuge beschränkt, ist, dass deren Namen
und die Art und Weise der Anwendung, unabhängig von konkreten Linux-Distributionen, Varianten von Microsoft Windows und
Versionen von Mac OS X, meist ähnlich oder gleich sind. Zudem
erfordern diese Werkzeuge nur selten die Installation zusätzlicher
Softwarepakete, weil sie standardmäßig in den Betriebssystemen

---

[1] Für den Aufbau einer Verbindung mit einem WLAN-Funknetz, das nur den
unsicheren Sicherheitsstandard WEP (siehe Abschn. 5.1.3) verwendet, genügt
`iwconfig`. Sollen Funknetze verwendet werden, die via WPA oder WPA2
abgesichert sind, ist zusätzlich `wpa_supplicant` nötig.

Tab. 11.1 Werkzeuge für Linux/UNIX zur Netzwerkkonfiguration und -analyse

Schichten[a]					Werkzeug	Einsatzzweck
1	2	3	4	5		
X					`ethtool`	Kontrolle des Status und Konfiguration von Netzwerkschnittstellen auf der Bitübertragungsschicht
X					`mii-tool`	Identischer Einsatzzweck wie `ethtool`, aber geringerer Funktionsumfang
X	X				`iwconfig`	Kontrolle und Konfiguration der WLAN-Netzwerkschnittstellen
X	X				`iwlist`	Ausgabe der erreichbaren WLAN-Funknetze und deren Verbindungsparameter
	X	X			`arp`	Ausgabe und Modifikation der Einträge im lokalen ARP-Cache
	X	X			`ifconfig`	Aktivierung/Deaktivierung von Netzwerkschnittstellen sowie Kontrolle und Modifikation von Adressen der Sicherungsschicht und Vermittlungsschicht
	X	X			`ip`	Ersetzt die Werkzeuge `arp`, `ifconfig`, `netstat` und `route`
	X	X	X	X	`iftop`	Überwachung des Datenverkehrs
	X	X	X	X	`tcpdump`	Überwachung und Auswertung des Datenverkehrs
	X	X	X	X	`termshark`	Überwachung und Auswertung des Datenverkehrs
		X			`ping`	Überprüfung der Erreichbarkeit eines Systems mit ICMP Echo-Anfragen
		X			`route`	Ausgabe und Modifikation der Einträge der Routing-Tabelle

(Fortsetzung)

Tab. 11.1 (Fortsetzung)

Schichten[a]					Werkzeug	Einsatzzweck
1	2	3	4	5		
		X			traceroute	Ermittlung der Router, die IP-Pakete bis zum Ziel vermitteln
		X	X		netstat	Ausgabe statistischer Daten, Listen offener Ports, bestehender Verbindungen sowie der Routing-Tabelle
			X		nmap	Überprüfung, welche Netzwerkdienste unter welchen Portnummern erreichbar sind und welche Betriebssysteme auf den untersuchten Systemen laufen
				X	dhclient	Anforderung einer Netzwerkkonfiguration von erreichbaren DHCP-Servern
				X	dig	Durchführung einer Namensauflösung und Ausgabe der DNS-Server-Antworten
				X	ftp	Herunterladen und Hochladen von Dateien von bzw. zu FTP-Servern
				X	netperf	Messung des Datendurchsatzes innerhalb einer festgelegten Zeit
				X	nc	Analyse von Netzwerkdiensten
				X	nslookup	Durchführung einer Namensauflösung und Ausgabe der DNS-Server-Antworten
				X	ssh	Verschlüsselte Fernsteuerung von Rechnern
				X	telnet	Unverschlüsselte Fernsteuerung von Rechnern und Analyse von Netzwerkdiensten

[a] Schichten im hybriden Referenzmodell.

enthalten sind. Ein weiterer Vorteil ist, dass die Kommandozeilenwerkzeuge keine grafische Oberfläche voraussetzen. Darum können sie ohne Probleme via Secure Shell (SSH) oder Telnet (siehe
Abschn. 9.3) auf entfernten Rechnern zur Administration und Pro-
blemanalyse verwendet werden.

Im weiteren Verlauf enthält dieses Kapitel zu jedem in Tab. 11.1
aufgeführten Werkzeug einen erklärenden Abschnitt. Die Reihenfolge der Abschnitte entspricht der Reihenfolge der Einträge in der
Tabelle.

11.1   ethtool

Die Einstellungen lokaler Ethernet-Schnittstellen können auf der
Ebene der Bitübertragungsschicht mit dem Kommandozeilenwerkzeug `ethtool` untersucht und verändert werden. Damit ist es u. a.
möglich, den Verbindungsstatus (verbunden oder nicht verbunden) und die unterstützten Datenraten zu kontrollieren sowie eine
Datenrate festzulegen. Es kann auch informieren, ob eine Verbindung im Modus Vollduplex oder Halbduplex (siehe Abschn. 3.4.3)
ist. Diese Einstellung kann manuell festgelegt werden. Auch Informationen zum Treiber und zur Firmware sowie statistische Daten
zu den über eine bestimmte Ethernet-Schnittstelle gesendeten und
empfangenen Daten kann `ethtool` ausgeben.

Kann eine physische Ethernet-Schnittstelle nicht sicher einer
Schnittstelle im Betriebssystem zuordnet werden, ist es hilfreich,
die LED der physischen Schnittstelle mit `ethtool` manuell zum
Blinken bringen.

Mit `ethtool` ist es auch möglich, die MAC-Adresse lokaler
Ethernet-Schnittstellen   abzufragen.   Mit   den   Werkzeugen
`ifconfig` und `ip` ist die temporäre Veränderung der MAC-
Adresse möglich.

Tab. 11.2 enthält einige Aufrufbeispiele für `ethtool`. Dabei
dient `eth0` als Beispiel für eine Ethernet-Schnittstelle.

Tab. 11.2 Aufrufbeispiele für `ethtool`

Kommando	Funktion
`ethtool eth0`	Status und Einstellungen auf der Bitübertragungsschicht ausgeben
`ethtool -P eth0`	MAC-Adresse ausgeben
`ethtool -S eth0`	Statistische Daten ausgeben
`ethtool -i eth0`	Informationen zu Treiber und Firmware ausgeben
`ethtool -p eth0`	LED blinken lassen

11.2 mii-tool

Auch mit dem Kommandozeilenwerkzeug `mii-tool` ist es möglich, den Verbindungsstatus (verbunden oder nicht verbunden) sowie den Verbindungsmodus (Vollduplex oder Halbduplex) und die Datenraten von Netzwerkschnittstellen zu kontrollieren und anzupassen. Das Werkzeug gilt als veraltet und bietet einen geringeren Funktionsumfang als `ethtool`.

11.3 iwconfig

Wird `iwconfig` ohne weitere Kommandozeilenparameter aufgerufen, gibt es WLAN-spezifische Informationen zu allen erkannten Netzwerkschnittstellen aus. Die Ausgabe informiert u. a. darüber, ob eine Netzwerkschnittstelle überhaupt WLAN unterstützt. Ist das der Fall, werden u. a. der Netzwerkname (SSID) und Informationen zur Verbindungsqualität und Datenrate ausgegeben. Zudem informiert `iwconfig` darüber, ob die Schnittstelle mit einer Basisstation (Access Point) verbunden ist. Wenn ja, enthält die Ausgabe auch deren MAC-Adresse.

Mit `iwconfig` ist es nicht nur möglich, die genannten Einstellungen der WLAN-Netzwerkschnittstellen zu kontrollieren. Diese lässt sich durch das Werkzeug auch anpassen. Das folgende Kommando weist der Netzwerkschnittstelle `wlan0` die SSID `Mein Netzwerk` zu, damit sich die Netzwerkschnittstelle an der Basisstation mit der entsprechenden SSID anmeldet.

```
iwconfig wlan0 essid "Mein Netzwerk"
```

Um Einstellungen zu verändern, ist es nötig, `iwconfig` mit den Rechten des Systemadministrators *(root)* aufzurufen.

11.4 iwlist

Das Kommandozeilenwerkzeug `iwlist` gibt eine Liste aller erreichbaren WLAN-Funknetze aus. Für jede Basisstation gibt es u. a. folgende Informationen aus: MAC-Adresse der Basisstation, verwendeter Kanal (die Frequenz), Netzwerkname (SSID), Signalstärke, angebotene Verschlüsselungsalgorithmen und unterstützte Datenraten.

Tab. 11.3 enthält einige Aufrufbeispiele für `iwlist`. Dabei dient `wlan0` als Beispiel für eine WLAN-Schnittstelle. Um eine aktuelle Liste aller erreichbaren WLAN-Funknetze auszugeben, muss das Werkzeug mit den Rechten des Systemadministrators *(root)* aufgerufen werden.

Tab. 11.3 Aufrufbeispiele für `iwlist`

Kommando	Funktion
`iwlist wlan0 scan`	Liste aller WLAN-Funknetze in Reichweite ausgeben
`iwlist wlan0 freq`	Liste der unterstützten Frequenzen und die aktuell verwendete Frequenz ausgeben
`iwlist wlan0 rate`	Aktuelle Datenrate ausgeben
`iwlist wlan0 txpower`	Aktuelle Sendeleistung ausgeben

11.5 arp

Mit `arp` ist es möglich, den lokalen ARP-Cache (siehe Abschn. 6.10) auszugeben sowie Eintragungen in den ARP-Cache vorzunehmen. Das folgende Kommando gibt den lokalen ARP-Cache aus, ohne die Hostnamen aufzulösen.

```
arp -n
```

Das Kommandozeilenwerkzeug `arp` wird unter Linux zunehmend durch `ip` ersetzt.

11.6 ifconfig

Das Kommandozeilenwerkzeug `ifconfig` *(interface configurator)* ermöglicht es, Netzwerkschnittstellen zu aktivieren und zu deaktivieren sowie die IP-Adresse und die Netzmaske und die Broadcast-Adresse festzulegen. Zudem kann `ifconfig` die MAC-Adresse temporär ändern. Darum arbeitet dieses Werkzeug nicht nur auf der Vermittlungsschicht, sondern auch auf der Sicherungsschicht.

Das folgende Kommando weist der Netzwerkschnittstelle eth0 die IP-Adresse 10.0.0.2 zu und legt fest, dass es sich bei dem verwendeten Subnetz um ein vollständiges Klasse-C-Subnetz (Netzmaske = 255.255.255.0) mit der Broadcast-Adresse 10.0.0.255 handelt.

```
ifconfig eth0 10.0.0.2 netmask 255.255.255.0
broadcast 10.0.0.255
```

Tab. 11.4 enthält einige Aufrufbeispiele für `ifconfig`. Dabei dient eth0 als Beispiel für eine Ethernet-Schnittstelle.

Das Kommandozeilenwerkzeug `ifconfig` wird unter Linux zunehmend durch `ip` ersetzt.

Tab. 11.4 Aufrufbeispiele für `ifconfig`

Kommando	Funktion
`ifconfig`	Status aller aktiven lokalen Netzwerkschnittstellen ausgeben
`ifconfig -a`	Status aller lokalen Netzwerkschnittstellen ausgeben
`ifconfig eth0`	Status einer bestimmten Netzwerkschnittstelle ausgeben
`ifconfig eth0 up`	Netzwerkschnittstelle aktivieren
`ifconfig eth0 down`	Netzwerkschnittstelle deaktivieren
`ifconfig eth0 hw ether <MAC-Adresse>`	MAC-Adresse temporär ändern

Unter Microsoft Windows existiert mit `ipconfig` ein Kommandozeilenwerkzeug, das einen ähnlichen Funktionsumfang wie `ifconfig` bietet.

11.7 ip

Zukünftig soll das Kommandozeilenwerkzeug `ip` die etablierten Werkzeuge `arp`, `ifconfig`, `netstat` und `route` ersetzen. Es erweitert deren Funktionsumfang und fasst ihn in einem einzigen Kommando zusammen.

Mit `ip` ist es u. a. möglich, die Adressen der Netzwerkschnittstellen auf der Sicherungsschicht und auf der Vermittlungsschicht zu kontrollieren und zu verändern. Zudem kann das Werkzeug den lokalen ARP-Cache und die Routing-Tabelle ausgeben und deren Einträge verändern.

Das folgende Kommando weist der Netzwerkschnittstelle `eth0` die IP-Adresse 10.0.0.2 zu und legt fest, das es sich bei dem verwendeten Subnetz um ein vollständiges Klasse-C-Subnetz (Netzmaske = 255.255.255.0) mit der Broadcast-Adresse 10.0.0.255

Tab. 11.5 Aufrufbeispiele für `ip`

Kommando	Funktion
`ip link show dev eth0`	Status (u. a. Maximum Transmission Unit) einer bestimmten Netzwerkschnittstelle und die Adresse der Sicherungsschicht ausgeben
`ip link set dev eth0 up`	Netzwerkschnittstelle aktivieren
`ip link set dev eth0 down`	Netzwerkschnittstelle deaktivieren
`ip link set dev eth0 mtu <Bytes>`	Maximum Transmission Unit (MTU) in Bytes festlegen
`ip link set dev eth0 addr <MAC-Adresse>`	MAC-Adresse temporär ändern
`ip neighbour`	Lokalen ARP-Cache ausgeben
`ip neighbour flush all`	Alle Einträge im lokalen ARP-Cache löschen
`ip addr`	Status (u. a. MTU) aller lokalen Netzwerkschnittstellen und die Adressen der Sicherungsschicht sowie die Adressen der Vermittlungsschicht ausgeben
`ip addr show dev eth0`	Status (u. a. MTU) einer bestimmten Netzwerkschnittstelle und die Adressen der Sicherungsschicht sowie die Adressen der Vermittlungsschicht ausgeben
`ip -brief -c addr`	Verbindungsstatus aller lokalen Netzwerkschnittstellen und die Adressen der Vermittlungsschicht farbig ausgeben
`ip -brief -c link`	Verbindungsstatus aller lokalen Netzwerkschnittstellen und die Adressen der Sicherungsschicht farbig ausgeben
`ip route`	Routing-Tabelle ausgeben
`ip route add default via <IP-Adresse>`	Die IP-Adresse eines Routers als Standardroute festlegen

handelt. Die Broadcast-Adresse entspricht dem Standard und muss in einem solchen Fall nicht explizit angegeben werden.

```
ip addr add 10.0.0.2/24 broadcast 10.0.0.255
dev eth0
```

Tab. 11.5 enthält einige Aufrufbeispiele für `ip`. Dabei dient `eth0` als Beispiel für eine Netzwerkschnittstelle.

Das Werkzeug `ip` kann auch dazu verwendet werden, Virtual Local Area Networks (siehe Abschn. 10.2) einzurichten und zu entfernen.

11.8 iftop

Das Kommandozeilenwerkzeug `iftop` ermöglicht die Überwachung des Datenverkehrs in Echtzeit. Das folgende Kommando führt dazu, dass `iftop` alle Netzwerkverbindungen der Netzwerkschnittstelle `eth0` in Echtzeit erfasst und detaillierte Informationen zum gesendeten und empfangenen Datenverkehr ausgibt.

```
iftop -i eth0
```

11.9 tcpdump

Das Kommandozeilenwerkzeug `tcpdump` ermöglicht die Überwachung des Datenverkehrs. Es ist ein hilfreiches Werkzeug zur Analyse von Netzwerkproblemen sowie zur Entdeckung unerwünschter Verbindungen. Das folgende Kommando führt dazu, dass `tcpdump` Informationen zum kompletten Datenverkehr ausgibt, der über die Netzwerkschnittstelle `eth0` gesendet und empfangen wird.

```
tcpdump -i eth0
```

Das Werkzeug stellt zahlreiche Kommandozeilenparameter zur Verfügung, um den Datenverkehr zu filtern. Das folgende Kommando gibt Informationen über den Datenverkehr aus, der zu einer angegeben Portnummer einer bestimmten Adresse geht und von dieser kommt.

```
tcpdump port <Portnummer> and
host <Adresse> -i eth0 -enq
```

Standardmäßig enthält die Ausgabe von `tcpdump` Informationen aus den Headern der Pakete der Vermittlungsschicht und Segmente der Transportschicht. Der Kommandozeilenparameter `-e` weist an, dass das Werkzeug auch Informationen aus den Headern der Rahmen der Bitübertragungsschicht ausgibt.

Als Adresse für das zu überprüfende Ziel kann eine IP-Adresse oder ein Hostname angegeben werden. Der Kommandozeilenparameter `-n` weist an, dass Hostnamen in der Ausgabe nicht aufgelöst werden. Der Kommandozeilenparameter `-q` weist an, dass weniger Protokollinformationen ausgeben werden, was die Zeilenlänge der Ausgabe verkürzt.

Wird mit dem Parameter `-w <Datei>` die Ausgabe in eine Datei geschrieben, kann diese später zum Beispiel mit dem grafischen Werkzeugen Wireshark geöffnet werden, um den Datenverkehr zu analysieren.

11.10 termshark

Das Kommandozeilenwerkzeug `termshark` ermöglicht die Überwachung und Analyse des Datenverkehrs und ist dabei in Funktionsumfang und Aussehen vergleichbar mit dem grafischen Werkzeug Wireshark.

Tab. 11.6 enthält einige Aufrufbeispiele für `termshark`. Dabei dient `eth0` als Beispiel für eine Ethernet-Schnittstelle.

Soll nur der Datenverkehr eines bestimmten Protokolls berücksichtigt werden, wird das Protokoll als Kommandozeilenparame-

Tab. 11.6 Aufrufbeispiele für `termshark`

Kommando	Funktion
`termshark -i eth0`	Kompletten Datenverkehr ausgeben, der über `eth0` gesendet und empfangen wird
`termshark -i eth0 -i eth1`	Kompletten Datenverkehr ausgeben, der über `eth0` und `eth1` gesendet und empfangen wird
`termshark -i eth0 tcp`	TCP-Datenverkehr ausgeben
`termshark -i eth0 icmp`	ICMP-Datenverkehr ausgeben
`termshark -r datei.pcap`	Mitschnitt in Datei `datei.pcap` zur Analyse öffnen
`termshark -r datei.pcap icmp`	ICMP-Datenverkehr aus Mitschnitt in Datei `datei.pcap` zur Analyse öffnen

ter am Ende des Programmaufrufs angegeben und dadurch von `termshark` als Filter interpretiert.

11.11 route

Das Kommando `route` kann die Routing-Tabelle ausgeben. Zudem ist es mit diesem Werkzeug möglich, Einträge in die Routing-Tabelle einzufügen und aus dieser zu entfernen. Das folgende Kommando gibt die Routing-Tabelle aus, ohne die Hostnamen aufzulösen.

```
route -n
```

Eine Standardroute legt das nachfolgende Kommando fest. In diesem Beispiel hat der Router die IP-Adresse 10.0.0.1.

```
route add default gw 10.0.0.1
```

Das Kommandozeilenwerkzeug `route` wird unter Linux zunehmend durch `ip` ersetzt.

11.12 ping

Das Kommandozeilenwerkzeug `ping` sendet eine oder mehrere ICMP Echo-Anfragen. Damit kann untersucht werden, ob ein Zielsystem erreichbar ist. Als Adresse für das zu überprüfende Ziel kann eine IP-Adresse oder ein Hostname angegeben werden.

Standardmäßig sendet `ping` kontinuierlich eine ICMP Echo-Anfrage pro Sekunde an die angegebene Zieladresse. Die Anzahl der zu sendenden ICMP Echo-Anfragen kann genauso wie die zu verwendende Netzwerkschnittstelle und das Intervall, also die Pause zwischen den ICMP Echo-Anfrage angegeben werden.

Das folgende Kommando sendet alle zwei Sekunden eine ICMP Echo-Anfrage über die Netzwerkschnittstelle `wlan0` an den Webserver des Springer-Verlages. Insgesamt sendet das Kommando fünf ICMP Echo-Anfragen.

```
ping -c 5 -i 2 -I wlan0 www.springer.de
```

Mit `ping6` existiert eine zum Vermittlungsprotokoll IPv6 kompatible Version von `ping`.

11.13 traceroute

Das Werkzeug `traceroute` ermittelt, über welche Router IP-Pakete bis zur Zieladresse weitergeleitet werden. Als Adresse für das zu überprüfende Ziel kann eine IP-Adresse oder ein Hostname angegeben sein. Das folgende Kommando ermittelt den Weg vom Router des lokalen Netzes zum Webserver des Springer-Verlages.

```
traceroute www.springer.de
```

Mit `traceroute6` existiert eine zum Vermittlungsprotokoll IPv6 kompatible Version von `traceroute`.

11.14 netstat

Das Kommandozeilenwerkzeug `netstat` (*network statistics*) ermöglicht es zu überprüfen, welche Ports auf dem lokalen System geöffnet sind und welche Netzwerkverbindungen zu entfernten Rechnern bestehen.

Das folgende Kommando zeigt an, welche Netzwerkdienste auf dem lokalen System unter welchen Portnummern über die Transportprotokolle TCP oder UDP erreichbar sind. Zudem gibt das Kommando für jeden Socket die numerischen Benutzer-IDs des Eigentümers aus.

```
netstat -tulpen | grep -v 127.0.0.1
```

Das Werkzeug `netstat` kann auch Routing-Tabellen der lokalen Netzwerkgeräte und statistische Daten zu den gesendeten und empfangenen IP- und ICMP-Paketen sowie zu den Verbindungen mit lokalen TCP- und UTP-Sockets ausgeben. Tab. 11.7 enthält einige Aufrufbeispiele für `netstat`.

Umfangreiche Informationen gibt `netstat` nur dann aus, wenn das Werkzeug mit den Rechten des Systemadministrators (*root*) aufgerufen wird. Da es mit `netstat` auch möglich ist, statistische Daten zu den Protokollen IP und ICMP abzufragen, arbeitet dieses Werkzeug nicht nur auf der Transportschicht, sondern auch auf der Vermittlungsschicht.

Tab. 11.7 Aufrufbeispiele für `netstat`

Kommando	Funktion
netstat -rn	Routing-Tabellen ausgeben
netstat -i	Statistische Daten zu allen Netzwerkgeräten ausgeben
netstat -s	Statistische Daten zu den Protokollen IP und ICMP sowie TCP und UDP ausgeben
netstat -ant	Zustände (siehe Abb. 8.5) der TCP-Verbindungen ausgeben
netstat -tlnp	Alle offenen TCP-Ports auflisten

11.15 nmap

Das Kommandozeilenwerkzeug `nmap` (*network mapper*) ist ein Portscanner. Mit diesem ist es möglich, die Portnummern auf dem lokalen System oder auf entfernten Systemen zu untersuchen. Das Werkzeug versucht herausfinden, welche Netzwerkdienste unter welchen Portnummern erreichbar sind. Damit ist es unter anderem möglich, offene Ports und eventuell unerwünschte, im Hintergrund laufende Netzwerkdienste zu entdecken. Zudem kann das Werkzeug die Versionsnummern der Netzwerkdienste und Informationen über das Betriebssystem herausfinden.

Das folgende Kommando testet alle Adressen im Klasse-C-Subnetz 10.0.0.0 auf Erreichbarkeit über `ping` und überprüft so in kurzer Zeit, welche Systeme im lokalen Subnetz erreichbar sind.

```
nmap -sP 10.0.0.0/24
```

Detaillierte Informationen zu den erreichbaren Netzwerkdiensten, deren Versionsnummern und Portnummern sowie Informationen zum laufenden Betriebssystem liefert das folgende Kommando:

```
nmap -A <Adresse>
```

Als Adresse für das zu überprüfende Ziel kann eine IP-Adresse oder ein Hostname angegeben sein.

11.16 dhclient

Der DHCP-Client `dhclient` ermöglicht die automatisierte Zuweisung logischer Adressen auf der Vermittlungsschicht von einem DHCP-Server mit Hilfe des Anwendungsprotokolls DHCP (siehe Abschn. 9.2).

Das folgende Kommando versucht, für die Netzwerkschnittstelle `eth0` von einem DHCP-Server eine Netzwerkkonfiguration zu erhalten.

```
dhclient eth0
```

Mit dem Kommandozeilenparameter −4 können explizit IPv4-Adressen angefordert werden. Alternativ fordert `dhclient` mit dem Kommandozeilenparameter −6 IPv6-Adressen an.

11.17 dig

Mit dem Werkzeug `dig` ist es möglich, die Server des Domain Name System (DNS) abzufragen. Das DNS (siehe Abschn. 9.1) ist ein Protokoll zur Namensauflösung. Das Werkzeug gibt die Antworten von DNS-Servern aus, die diese bei einer Namensauflösung zurücksenden. Auf diese Weise erleichtert `dig` die Fehlersuche im DNS-System.

Das folgende Kommando führt eine Namensauflösung für den Hostnamen `www.springer.de` durch und gibt die Antwort des verwendeten DNS-Servers aus.

```
dig www.springer.de
```

11.18 ftp

Ein FTP-Client für die Kommandozeile ist `ftp`. Damit ist es möglich, mit Hilfe des Anwendungsprotokolls FTP (siehe Abschn. 9.7) von FTP-Servern Dateien herunterzuladen und zu diesen hochzuladen.

Beim folgenden Kommando versucht der FTP-Client, eine Verbindung mit einem FTP-Server über Portnummer 21 am System mit dem Hostnamen `ftp.kernel.org` aufzubauen.

```
ftp ftp.kernel.org 21
```

11.19 nc

Das Kommando `nc` bzw. `netcat` ermöglicht die Interaktion mit verschiedenen Netzwerkdiensten und gilt als eine Art Schweizer Taschenmesser für Netzwerkadministratoren. Mit diesem Werkzeug lassen sich Netzwerkdienste analysieren und Daten direkt zwischen Systemen versenden. Die Möglichkeiten sind so vielfältig, dass an dieser Stelle nur eine kurze Auswahl an Beispielen erfolgt.

Das folgende Kommando fordert die Webseite auf dem Webserver des Springer-Verlages an und gibt die Antwort des Servers auf der Kommandozeile aus.

```
echo -e "GET / HTTP/1.1\nHost: springer.de\n"
 | nc springer.de 80
```

Das folgende Kommando überprüft die Erreichbarkeit einiger Portnummern auf dem lokalen System.

```
nc -zv localhost 21 22 23 25 53 80 110 443
```

Um eine beliebige Datei (unverschlüsselt) mit nc über ein Netzwerk zu versenden, genügt es auf dem empfangenden System mit dem Kommandozeilenparameter -l einen Server zu starten. Wichtig sind noch die Angabe einer freien Portnummer (in diesem Beispiel 8888) und einer Zieldatei.

```
nc -l 8888 > /tmp/zieldatei
```

Das folgende Kommando überträgt als Client eine Quelldatei zum angegebenen System und der angegebenen Portnummer.

```
nc localhost 8888 < /tmp/quelldatei
```

11.20 netperf

Eine Möglichkeit, um die Übertragungsrate zwischen zwei Computern innerhalb einer festgelegten Zeit zu messen, bietet netperf. Das Kommandozeilenwerkzeug benötigt zur Messung der Übertragungsrate den Server netserver. Dieser wird bei der Installation von netperf üblicherweise automatisch installiert und gestartet. Das folgende Kommando prüft, ob netserver aktuell läuft.

```
netstat -pan | grep netserver
```

Das folgende Kommando startet netserver manuell und legt die Portnummer fest, unter der der Server erreichbar sein sein wird.

```
netserver -p [<Portnummer>]
```

Die Messung der Übertragungsrate geschieht durch einen Aufruf des Clients netperf. Die Syntax von netperf ist:

```
netperf -H <Adresse> -p [<Portnummer>]
-l <Sekunden> -f M
```

Die Adresse kann eine IP-Adresse oder ein Hostname sein.
Der Kommandozeilenparameter `-l <Sekunden>` ermöglicht
die
Angabe der Test-Länge in Sekunden. Der Kommandozeilenparameter `-f M` verbessert die Lesbarkeit des Ergebnisses, denn er
legt fest, dass die Übertragungsrate in MB/s ausgeben wird.

11.21 nslookup

Wie `dig` ermöglicht es das Kommandozeilenwerkzeug
`nslookup`, bei Servern des Domain Name System (DNS) nach
einem Domainnamen zu fragen und so die zugehörige IP-Adresse
zu erhalten.
Das folgende Kommando führt eine Namensauflösung für den
Hostnamen `www.springer.de` durch und gibt die Antwort des
verwendeten DNS-Servers aus.

```
nslookup www.springer.de
```

11.22 ssh

Das Anwendungsprotokoll SSH ermöglicht die Fernsteuerung von
Rechnern und ist eine sichere Alternative zu Telnet. Es ermöglicht
eine verschlüsselte und damit sichere Verbindung zwischen unterschiedlichen Rechnern über ein unsicheres Netzwerk. Die Syntax
des SSH-Clients `ssh` ist:

```
ssh [-l <Benutzername>]
[-p <Portnummer>] <Adresse>
```

Die Adresse kann eine IP-Adresse oder ein Hostname sein. Ist keine Portnummer angegeben, versucht der Client, eine Verbindung zu einem Netzwerkdienst an Port 22 herzustellen. Ist beim Aufruf von ssh kein Benutzername festgelegt, versucht der Client, sich mit dem aktuellen Benutzernamen am SSH-Server anzumelden.

11.23 telnet

Mit telnet ist es möglich, über das Anwendungsprotokoll Telnet (siehe Abschn. 9.3) Rechner fernzusteuern. Die Syntax von telnet ist:

```
telnet <Adresse> [<Portnummer>]
```

Die Adresse kann eine IP-Adresse oder ein Hostname sein. Ist keine Portnummer angegeben, versucht der Client, eine Verbindung zu einem Netzwerkdienst an Port 23 herzustellen.

Zur Fehlersuche bei lokalen oder entfernten Netzwerkdiensten ist telnet ein hilfreiches Werkzeug. Beispiele sind Web-Server, FTP-Server oder SMTP-Server. Ein weiteres Einsatzgebiet ist die Administration von Datenbanken.

Die Kommunikation via Telnet erfolgt im Klartext. Das bedeutet, dass auch Passwörter unverschlüsselt zwischen Client und Server übertragen werden. Telnet eignet sich darum nur in sicheren Umgebungen zur Fernsteuerung von Rechnern oder Analyse von Netzwerkdiensten. Eine sichere Alternative zur Fernsteuerung von Rechnern ist ssh. Eine alternative Lösung zur Fehlersuche bei lokalen oder entfernten Netzwerkdiensten ist das Werkzeug nc.

Glossar

Anycast Eine Anycast-Nachricht wird an einen einzelnen Teilnehmer aus einer Gruppe von Teilnehmern in einem Netzwerk gesendet

ARP Address Resolution Protocol. Protokoll zur Adressauflösung. Übersetzt IP-Adressen in MAC-Adressen

Arpanet Vorläufer des heutigen Internets mit dezentraler Struktur und Paketvermittlung

ASCII American Standard Code for Information Interchange. 7-Bit-Zeichenkodierung

ATM Asynchronous Transfer Mode. Veraltete Vernetzungstechnologie für WANs

Baud Geschwindigkeit, mit der ein Symbol pro Sekunde übertragen wird

Bit Kleinstmögliche Informationseinheit. Zwei mögliche Zustände

Bluetooth Funksystem zur Datenübertragung auf kurzen Distanzen

BPDU Bridge Protocol Data Unit. Nachricht des STP

Bridge Netzwerkgerät der Sicherungsschicht mit zwei Schnittstellen, das physische Netze verbindet

Broadcast Eine Broadcast-Nachricht wird an alle Teilnehmer in einem Netzwerk gesendet

Byte Gruppe von 8 Bits

© Springer-Verlag GmbH Deutschland, ein Teil von Springer Nature 2022
C. Baun, *Computernetze kompakt*, IT kompakt,
https://doi.org/10.1007/978-3-662-65363-0

CRC Cyclic Redundancy Check. Verfahren zur Bestimmung einer Prüfsumme

Dezimalsystem Stellenwertsystem mit der Basis 10

DNS Domain Name System. Protokoll zur Namensauflösung

Dualsystem Stellenwertsystem mit der Basis 2

Ethernet Kabelgebundene Vernetzungstechnologie für LANs

CSMA/CA Medienzugriffsverfahren von WLAN

CSMA/CD Medienzugriffsverfahren von Ethernet

FDDI Fiber Distributed Data Interface. Von ATM und Ethernet weitgehend verdrängte kabelgebundene Vernetzungstechnologie, die Lichtwellenleiter als Übertragungsmedium verwendet und dadurch eine maximale Ausdehnung von 100 km ermöglicht. Das Medienzugriffsverfahren basiert ähnlich wie bei Token Ring auf einem Token-Rahmen

Forwarding Weiterleiten von IP-Paketen durch einen Router anhand der Informationen in dessen lokaler Weiterleitungstabelle

FTP File Transfer Protocol. Anwendungsprotokoll zum Austausch von Dateien

GAN Global Area Network. Verbindet WANs

Gateway Protokollumsetzer. Ermöglicht Kommunikation zwischen Netzen, die auf unterschiedlichen Protokollen basieren. Beispiele sind VPN-Gateways

Glasfaser siehe Lichtwellenleiter

Header Zusatzinformationen vor den Nutzdaten

Hexadezimalsystem Stellenwertsystem mit der Basis 16

HTTP Hypertext Transfer Protocol. Anwendungsprotokoll zur Datenübertragung

Hub Repeater mit mehr als zwei Schnittstellen

ICMP Internet Control Message Protocol. Protokoll zum Austausch von Informations- und Fehlermeldungen über das IP

IEEE Institute of Electrical and Electronics Engineers. Berufsverband von Ingenieuren der Elektrotechnik und Informatik, der Standards u. a. für Computernetze definiert

IP Internet Protocol. Protokoll der Vermittlungsschicht

IP-Adresse Logische Adresse auf der Vermittlungsschicht

ISO International Organization for Standardization. Internationale Organisation für Normung

ISP Internet Service Provider. Anbieter bzw. Dienstleister, der eine Anbindung zum Internet bereitstellt

Koaxialkabel Zweipolige Kabel mit konzentrischem (koaxialem) Aufbau zur Übertragung elektrischer Impulse

LAN Local Area Network. Lokales Computernetz

Leitungcode Definiert die Art und Weise, wie Signale auf dem Übertragungsmedium übertragen werden

Lichtwellenleiter Kabel mit Quarzglas- oder Kunststofffasern zur Übertragung von Licht

MAC-Adresse Physische Adresse auf der Sicherungsschicht

MAN Metropolitan Area Network. Verbindet LANs

Modem Netzwerkgerät der Bitübertragungsschicht und Sicherungsschicht, das digitale Signale auf eine Trägerfrequenz im Hochfrequenzbereich aufmoduliert und demoduliert

MSS Maximum Segment Size. Maximale Anzahl Nutzdaten in Bytes in einem TCP-Segment

MTU Maximum Transmission Unit. Maximale Paketgröße der Vermittlungsschicht, die ohne Fragmentierung in einem Rahmen der Sicherungsschicht übertragen werden kann

Multicast Eine Multicast-Nachricht wird an eine Gruppe von Teilnehmern in einem Netzwerk gesendet

NAT Network Address Translation. Verfahren zur automatisierten Anpassung der Adressen von Vermittlungsschicht und Transportschicht durch einen Router oder Gateway, um ein (privates) Netz über eine öffentliche Adresse mit dem öffentlichen Netz zu verbinden

Nibble Gruppe von 4 Bits bzw. ein Halbbyte

NTP Network Time Protocol. Anwendungsprotokoll zur Synchronisierung von Uhren zwischen Computersystemen

Oktalsystem Stellenwertsystem mit der Basis 8

Oktett siehe Byte

OSI Open Systems Interconnection. Schichtenmodell der ISO

OSPF Open Shortest Path First. Link-State-Routing-Protokoll auf Basis des Dijkstra-Algorithmus

Paket Nachrichteneinheit auf der Vermittlungsschicht

PAN Personal Area Network. Privates Netz mit geringer Reichweite

Piconetz Netz aus Bluetooth-Geräten. Ein Master regelt den Medienzugriff

PoE Power over Ethernet. Verfahren zur Stromversorgung von Netzwerkgeräten über das Twisted-Pair-Kabel

POP3 Post Office Protocol. Anwendungsprotokoll zum Auflisten, Abholen und Löschen von Emails

PowerLAN Netzwerktechnologie, die das Stromnetz eines Gebäudes als gemeinsames Übertragungsmedium verwendet

Powerline siehe PowerLAN

PPP Point-to-Point Protocol. Protokoll der Sicherungsschicht um Punkt-zu-Punkt-Verbindungen aufzubauen, aufrecht zu erhalten und zu beenden. Wird typischerweise in leitungsvermittelnden Netzen u. a. von Telefonmodems und ISDN-Anschlussgeräten verwendet

PPPoE PPP over Ethernet. PPP-Rahmen werden innerhalb Ethernet-Rahmen gekapselt. Wird typischerweise von (A)DSL-Modems und Kabelmodems verwendet

Protokoll Vereinbarung von Kommunikationsregeln

Prüfsumme Mittel zur Gewährleistung von Datenintegrität

Rahmen Nachrichteneinheit auf der Sicherungsschicht

Repeater Netzwerkgerät der Bitübertragungsschicht mit zwei Schnittstellen, das LANs vergrößert, indem es die Signale weiterleitet, ohne sie zu analysieren

RIP Routing Information Protocol. Distanzvektor-Routing-Protokoll auf Basis des Bellman-Ford-Algorithmus

RJ45 Anschlusssystem für Twisted-Pair-Kabel

Router Netzwerkgerät der Vermittlungsschicht, das Pakete zwischen logischen Netzen vermittelt. Zudem ermöglicht ein Router die Verbindung eines LAN mit einem WAN

Routing Erstellung der Weiterleitungstabelle in einem Router mit Hilfe eines Protokolls wie z. B. RIP oder OSPF

RTT Round Trip Time (Rundlaufzeit). Die Zeit, die eine Datenübertragung benötigt, um von der Quelle zum Ziel und zurück übertragen zu werden

Scatternetz Zusammenschluss mehrere Piconetze

Segment Nachrichteneinheit auf der Transportschicht

SMTP Simple Mail Transfer Protocol. Anwendungsprotokoll zum Versand von Emails

Socket Plattformunabhängige, standardisierte Schnittstelle zwischen der Implementierung der Netzwerkprotokolle im Betriebssystem und den Anwendungen. Ein Socket besteht aus einer Portnummer und einer IP-Adresse

Spannbaum Zyklenfreier Graph

SSH Secure Shell. Anwendungsprotokoll zur Fernsteuerung von Rechnern

STP Spanning Tree Protocol. Protokoll der Sicherungsschicht, mit dem Bridges sich auf einen auf einen Spannbaum einigen

(Layer-2-)Switch Bridge mit mehr als zwei Schnittstellen

(Layer-3-)Switch Router für den ausschließlichen Betrieb innerhalb eines LAN. Bietet keine Möglichkeit das LAN mit einem WAN zu verbinden

Telnet Anwendungsprotokoll zur Fernsteuerung von Rechnern

TCP Transmission Control Protocol. Verbindungsorientiertes Transportprotokoll

Token Ring Veraltete kabelgebundene Vernetzungstechnologie für LANs

Topologie Logische oder physische Verbindungsstruktur eines Computernetzes

Trailer Zusatzinformationen nach den Nutzdaten

Twisted-Pair Kabel zur Übertragung elektrischer Impulse, deren Adern paarweise miteinander verdrillt sind

UDP User Datagram Protocol. Verbindungsloses Transportprotokoll

Unicast Eine Unicast-Nachricht wird an einen einzelnen Teilnehmer in einem Netzwerk gesendet

Unicode Mehrbyte-Zeichenkodierung

VLAN Virtual Local Area Network. Logisches Teilnetz auf der Vermittlungsschicht

VPN Virtual Private Network. Logische Teilnetz innerhalb öffentlicher Netze. Anwendungsmöglichkeit auf der Sicherungsschicht, Vermittlungsschicht und Transportschicht

WAN Wide Area Network. Verbindet MANs

WEP Wired Equivalent Privacy. Veralteter Sicherheitsstandard für WLAN

WiMAX Wireless Metropolitan Area Networks. Funknetzstandard für MANs

WLAN Wireless LAN. Funknetzstandard für LANs. In diesem Buch steht WLAN immer für drahtlose Netzwerke, die den IEEE 802.11 (WiFi) Standards entsprechen

WPA(2|3) Wi-Fi Protected Access. Sicherheitsstandard für WLAN

Literatur

1. Ballmann B (2012) Network Hacks. Springer Vieweg, Heidelberg
2. Beijnum, van I. (2007) IPv4 Address Space. The Internet Protocol Journal. Volume 10. Issue 3
3. Chen K, Xue Y, Samarth S, Nahrstedt K (2003) Understanding Bandwidth-Delay Product in Mobile Ad Hoc Networks. Elsevier. http://cairo.cs.uiuc.edu/publications/papers/elsevier2004-bdp.pdf
4. DEC (1984) DDCMP. Functional Specification, Phase IV, Version 4.1
5. Gumm H, Sommer M (2011) Einführung in die Informatik. Oldenburg, München
6. Hompel M, Büchter H, Franzke U (2008) Identifikationssysteme und Automatisierung. Springer, Berlin Heidelberg
7. IEEE – Registration Authority OUI Public Listing. http://standards.ieee.org/develop/regauth/oui/public.html
8. Kappes M (2013) Netzwerk- und Datensicherheit. 2. Auflage, Springer Vieweg, Wiesbaden
9. Kerner H (1992) Rechnernetze nach OSI. Addison-Wesley, Bonn
10. Khorov E, Levitsky I, Akyildiz I (2020) Current Status and Directions of IEEE 802.11 be, the Future Wi-Fi 7. IEEE access
11. Koutny M, Mlynek P, Misurec J (2013) Analysis of CSMA/CA used in Power Line Communication. IEEE
12. Kurose J, Ross K (2008) Computernetzwerke. Vieweg+Teubner, Wiesbaden
13. Lienemann G, Larisch D (2011) TCP/IP Grundlagen und Praxis. Heise, Hannover

© Springer-Verlag GmbH Deutschland, ein Teil von Springer Nature 2022
C. Baun, *Computernetze kompakt*, IT kompakt,
https://doi.org/10.1007/978-3-662-65363-0

14. Mandl P, Weiß J, Bakomenko A (2010) Grundkurs Datenkommunikation. 2. Auflage, Vieweg+Teubner, Wiesbaden

15. Medhi D (2007) Network Routing: Algorithms, Protocols, and Architectures. Morgan Kaufmann

16. Meinel C, Sack H (2009) Digitale Kommunikation: Vernetzen, Multimedia, Sicherheit. Springer, Berlin Heidelberg

17. Nurmi D, Wolski R, Grzegorczyk C, Obertelli G, Soman S, Youseff L, Zagorodnov D (2009) The Eucalyptus Open-source Cloud-computing System. IEEE

18. Peterson L, Davie B (2008) Computernetze. dpunkt, Heidelberg

19. Rahnema M (2008) UMTS Network Planning, Optimization, and Inter-Operation with GSM. Wiley

20. Rech J (2008) Ethernet. Heise, Hannover

21. Rech J (2012) Wireless LANs. Heise, Hannover

22. Riggert W (2014) Rechnernetze. 5. Auflage, Hanser, München

23. Root Server Technical Operations http://www.root-servers.org

24. Roth J (2010) Prüfungstrainer Rechnernetze. Vieweg, Wiesbaden

25. Sauter M (2018) Grundkurs Mobile Kommunikationssysteme. 7. Auflage, Springer Vieweg, Wiesbaden

26. Scherff J (2010) Grundkurs Computernetzwerke. 2. Auflage, Pearson, München

27. Schreiner R (2009) Computernetzwerke. Hanser, München

28. Tanenbaum A S, Wetherall D J (2012) Computernetzwerke. 5. Auflage, Pearson, München

29. Tanenbaum A S (2003) Computernetzwerke. 4. Auflage, Pearson, München

30. Trick U, Weber F B (2015) SIP und Telekommunikationsnetze. 5. Auflage, De Gruyter Oldenbourg, Berlin

31. Wi-Fi Alliance introduces Wi-Fi 6. https://www.wi-fi.org/news-events/newsroom/wi-fi-alliance-introduces-wi-fi-6

32. Wikipedia. Fehlerkorrekturverfahren. http://de.wikipedia.org/w/index.php?title=Fehlerkorrekturverfahren

33. Wikipedia. CSMA/CD. http://de.wikipedia.org/wiki/CSMA/CD

34. Wikipedia. Velocity factor. https://en.wikipedia.org/wiki/Velocity_factor

35. Zisler H (2016) Computer-Netzwerke. 4. Auflage, Rheinwerk Verlag, Bonn

Stichwortverzeichnis

© Springer-Verlag GmbH Deutschland, ein Teil von Springer Nature 2022
C. Baun, *Computernetze kompakt*, IT kompakt,
https://doi.org/10.1007/978-3-662-65363-0

Printed in the United States
by Baker & Taylor Publisher Services